ANNETTE C. ANTON

Der Griff zur Tasche

Das Buch

Frauen ergeht es mit ihrer ersten Handtasche wie mit der ersten großen Liebe: Man vergisst sie nicht und kann sich ein Leben ohne sie nur schwer vorstellen. Kritisch beäugt von den Männern, ist die Handtasche ein unersetzbarer Begleiter in allen Lebenslagen. In diesem typisch weiblichen Gebrauchsgegenstand spiegelt sich vor allem die Identität der Trägerin wider. Farbe, Form und Inhalt verraten, wer sie ist, wer sie vielleicht gerne sein würde - und wer sie auf keinen Fall sein will. Unterhaltsam, witzig und informativ erzählt Annette C. Anton über den wichtigsten Gegenstand im Leben einer Frau und was es mit ihr und ihrem besten Stück auf sich hat.

»Ein vergnügliches Was-Sie-schon-immer-über-Handtaschen-wissen-wollten,-aber-nie-zu-fragen-wagten aus augenzwinkernden Lifstyle-Betrachtungen!«

Amica

Die Autorin

Annette C. Anton, geboren 1962 in Pforzheim, hat in Stuttgart und San Diego Anglistik und Germanistik studiert. Nach ihrer Promotion arbeitete sie zunächst als Dozentin an der Hochschule für Gestaltung in Schwäbisch Gmünd und als Redakteurin bei Reader's Digest und war dann Lektorin beim Aufbau-Verlag. Annette C. Anton lebt in Berlin und ist als Literaturagentin tätig.

ANNETTE C.
ANTON

Der Griff zur Tasche

oder warum Frauen nie ohne gehen

Diana Verlag

Das Buch erschien bereits mit dem Titel
»Das Handtaschenbuch«

FSC
Mix
Produktgruppe aus vorbildlich bewirtschafteten Wäldern und anderen kontrollierten Herkünften
Zert.-Nr. SGS-COC-1940
www.fsc.org
© 1996 Forest Stewardship Council

Verlagsgruppe Random House
FSC-DEU-0100
Das FSC-zertifizierte Papier *München Super* für Taschenbücher aus dem Diana Verlag liefert Mochenwangen Papier.

2. Auflage
Taschenbucherstausgabe 08/2005

Printed in Germany 2005
Umschlagillustration: Getty Images/Gavin Reece
Umschlaggestaltung: Hauptmann & Kompanie, München, Zürich
Satz: HanseatenSatz-bremen, Bremen
Druck und Bindung: GGP Media GmbH, Pößneck
Gedruckt auf chlor- und säurefreiem Papier
ISBN-10: 3-453-35090-1
ISBN-13: 978-3-453-35090-8
http://www.diana-verlag.de

Inhalt

Beziehungen

Das Verhältnis einer Frau zu ihrer Handtasche ähnelt einer Liebesbeziehung: Selten sind die vollkommenen Formen von Symbiose und Loyalität, wenn Frauen über eine lange Zeit hinweg derselben Tasche treu bleiben. Ist ein derartiger Zustand aber eingetreten, so bemerken die Frauen für gewöhnlich gar nicht, wie glanzlos und abgegriffen ihr ständiger Begleiter inzwischen ist. Er ist ihnen in all den Jahren an den Arm gewachsen, als sei er ein Teil von ihnen, sodass sie lieber die abgewetzten Stellen mit Lederfett aufpolieren, den Riemen zum Reparieren geben und den durchgescheuerten Boden ausbessern lassen, als sich je auf Dauer von ihrem guten Gefährten zu trennen. Der Gedanke an eine neue Tasche ängstigt diese Frauen fast maßlos, denn in ihrer alten kennen sie sich seit Jahren aus, und so wird es mit einer neuen nie wieder sein. Ohne hineinsehen zu müssen, ertasten sie Lippenstift, Handy und Hausschlüssel, und das schafft Vertrauen. Meist ist dieses Vertrauen so stark, dass es die Liebe zu einer neuen Tasche ganz einfach nicht zulässt.

Häufiger sind allerdings Beziehungen, in denen Gelegenheitsflirts in Designerläden, Boutiquen und exklusiven Kaufhäusern zu tatsächlichen Gefühlsverwirrungen führen und sogar One-Night-Stands mit dem eleganten Abendtäschchen hin und wieder einfach passieren. Es gibt auch Frauen, die mehr oder weniger offen einen gänzlich promisken oder polygamen Umgang pflegen. Ständig haben sie eine andere Tasche am Arm, manchmal passend zur Kleidung, häufiger aber zur Stimmung. Sie scheren sich kein bisschen darum, ob sie darin auf Anhieb finden, was sie suchen, oder ob sie am Vorabend die Puderdose von der einen in die andere umgeräumt haben, denn viel wichtiger ist der Reiz des Neuen, der Kick, wenn man um eine Ecke biegt und sich mit dieser tollen neuen Fendi-Tasche im Schaufenster der örtlichen BMW-Niederlassung spiegelt.

Das vorherrschende Beziehungsmodell ist jedoch – mit den Männern wie mit den Taschen – die serielle Monogamie: Man wird der einen müde und legt sich eine andere zu. Dazwischen durchläuft man meist eine kurze, von Reue und schlechtem Gewissen, aber auch von Aufregung und Neugierde geprägte Phase, während der man sich beider bedient. Dann, nachdem man sich noch ein paar sentimentalen Erinnerungen hingegeben hat (»Ach, mit ihm habe ich 1997 sämtliche 1792 Stufen des Eiffelturms erklommen!« oder Ähnliches), schmeißt man den Klassiker Noe von Louis Vuitton in den Müll, oder bei noch gutem Zustand gibt man den einst edlen Beutel vielleicht in eine Online-Auktion, und schon ist man fortan nur noch mit einer blauseidenen Bulgari Logomania unterwegs und fühlt sich cool, frei und frisch verliebt und stört sich nicht im Geringsten an der eigenen Flatterhaftigkeit.

Serielle Monogamie

Wenn man ehrlich zu sich selbst ist, so kann man schnell ermitteln, welchem Typ Frau bzw. welchem Typ Handtaschenträgerin man angehört. Wer zum ehrlichen Eingeständnis erst überlistet werden muss, kann den hinten angehängten Handtaschen-Psychotest machen. Ohne großes Nachdenken kann ich mich in die große Gruppe der seriellen Monogamistinnen einreihen. Eine Tasche nach der anderen wird angepeilt und umworben, erobert, leidenschaftlich begehrt und verehrt, schließlich redlich geliebt, dann allmählich zerschlissen, immer häufiger schlecht behandelt (was einem Leid tut und peinlich ist, vor allem in der Öffentlichkeit) und zu guter Letzt – nach einer Periode geduldig ertragener Langeweile – abserviert und entsorgt. So folgte nach einem kurzen Intermezzo mit einem runden Krokokoffer (selbstverständlich falsch) ein voluminöses Exemplar von Coccinelle (grünes Nylon) auf einen taubenblauen Nubuk-Shopper und eine große Tasche von Hester van Eeghen (schwarze Samtblumen auf weißem Wildleder) auf Carolyn Price (geblümte Seide), nur unterbrochen durch einen heftigen Sommerflirt mit einem Täschchen von The Skipping Girl, gehäkelt aus neon-orangefarbenem, reißfestem Nylongarn.

Am aufregendsten ist natürlich die Phase, wenn sich die Beziehung anbahnt, man die Tasche tagelang umschleicht. Nicht immer ist es nämlich Liebe auf den ersten Blick. Manchmal erregt ein Detail oder auch die Gesamterscheinung die Aufmerksamkeit, aber man ist sich seiner Sache keineswegs sicher, kommt also am nächsten Tag zurück, betritt das Geschäft, ignoriert die Tasche zunächst und versichert sich, dass man alle anderen Taschen im Laden lange nicht so anziehend und aufregend findet, bis man sich ihr wie beiläufig zuwendet – natürlich um die Verkäuferin oder gar mögliche Konkurrentinnen über die wahren Absichten hinwegzutäuschen.

Der erste Moment der Wahrheit kommt, wenn man die Tasche in die Hand nimmt oder sich über die Schulter hängt. Da kann es mit der Verliebtheit schlagartig vorbei sein, wenn das Objekt der Begierde nämlich – leider oft unmittelbar ersichtlich – einfach nicht zu einem passen will. Das ist eine fehlende Grundkompatibilität, die weder allein mit der Tasche noch ausschließlich mit einem selbst, sondern einzig mit dem Zusammenspiel von beidem zu tun hat. Es ist so, wie wenn man nach einem angemessenen Balzvorlauf mit einem interessanten, gut aussehenden und auch nicht ganz ungeschickten Mann im Bett landet und dabei trotz aller glücklichen Voraussetzungen, die er und auch man selbst mitbringt, ständig das Gefühl hat, es läuft alles schief. Die Selbstverständlichkeit, die zwei Körper miteinander entwickeln können, fehlt ganz und gar, und das Gefühl, dass er oder man selbst lauter unverzeihliche Fehler begeht, drängt sich so sehr in den Vordergrund, dass einen plötzlich alles stört: Da wächst ihm ein Haar aus dem Ohr, das man beim wochenlangen Herumflirten nicht entdeckt hat (oder war es nur einfach noch nicht so lang?), und man selbst hat innerhalb der letzten drei Stunden mörderische Cellulitis an den Oberarmen bekommen. Man fragt sich, warum er die Zimmerdecke dunkelgrün gestrichen hat oder warum direkt neben Oscar Wilde der *Siebenkäs* von Jean Paul im Bücherregal steht. Wenn ein Mann so gut küssen kann, warum kann er dann sonst nichts, denkt man mit wachsender Panik, aber die fiesen Teufel des Selbstzweifels zwacken mit ungebremster Vehemenz: Das Licht betont mein Doppelkinn, er findet meine Unterwäsche hässlich, er ist mit den Gedanken bei seiner Ex, und ich war seit siebzehn Monaten nicht mehr im Sportstudio oder – noch schlimmer: Ich mache grundsätzlich etwas falsch, kein Wunder, ich bin ja auch seit Monaten aus der Übung. Hoffentlich ist das alles schnell vorbei.

Bei der Tasche ist es schnell vorbei: Man stellt sie rasch wieder ins Regal zurück und hofft, dass einen keiner beobachtet hat. Vorher guckt man noch schnell zur Beruhigung aufs Preisschild: Hätte ich mir sowieso nicht leisten können. Besser so. Jetzt ist meist der Moment, in dem man die zuvor aussortierten Kandidaten nochmals einer eingehenden – aber natürlich negativ ausfallenden – Prüfung unterzieht und daraufhin den Laden rasch, aber nicht überstürzt verlässt. Die Verliebtheit vorher war der beste Part, die Enttäuschung nachher hält sich in Grenzen, und die nächste Tasche kommt bestimmt. Das ist ein prima Gefühl, und man wäre froh, wenn einem der ein oder andere schale »Morgen danach« auf ähnlich einfache Art und Weise erspart geblieben wäre.

Sollte nun aber das Halten und Umhängen der Tasche zur vollsten Zufriedenheit ausfallen, dann gilt es, eine weitere Hürde zu nehmen. Man muss die Tasche jetzt öffnen. Innere Werte wie Futter, Einteilung und zusätzliche Fächer sind von enormer Wichtigkeit. Nie werde ich vergessen, wie unglücklich ich war, als ein wunderschönes Woody-Cow-Köfferchen von Hester van Eeghen mir hohnlachend sein dunkelbraunes Seidenfutter zeigte, und zwar genau in dem Braun, das ich niemals werde gut finden können, obwohl man sich, auch ohne ein *fashion victim* zu sein, in den letzten Jahren schon auf die indiskutabelsten Braun- und Beigetöne hat einlassen müssen, weil es die Klamotten und die Schuhe, die man wollte, einfach in gar keinen vernünftigen Farben gab. Zum Glück begriff die Verkäuferin sofort, was los war, bat mich zu warten und flitzte in den Keller, um mir exakt dasselbe Modell mit einem leuchtend grünen Innenfutter zu bringen. Alles war gut, und nachdem der kleine Koffer dann auch über mehrere Innenfächer verfügte und den bei mir unerlässlichen DIN-A4-Test bestanden hatte, kaufte ich ihn ohne weiteres Zögern (auch wenn mein Freund mir später vorrechnete, dass man für dieses Geld einen gebrauchten Kleinwagen aus einem frühen 90er-Baujahr bekommen oder viereinhalb Monate lang Lebensmittel kaufen kann).

Es kommt aber auch vor, dass man den Laden doch wieder unverrichteter Dinge verlässt, mehrfach wiederkehrt, sich andere Taschen in den Kopf setzt und wieder aus demselben schlägt, verzweifelt auf ein Sonderangebot oder ein plötzlich auftauchendes Schild »Mängelexemplar« oder »kleine Fehler« nebst Preisreduzierung hofft und schließlich – wenn man es gar nicht mehr aushält – die Tasche trotzdem erwirbt, und das auch noch zum regulären Preis. Deshalb kaufe ich Taschen gerne, wenn ich auf Reisen bin und tags darauf um 5.30 Uhr (lange bevor der erste Laden öffnet) am Flughafen sein muss. So reduziert man die selbstquälerische Werbungsphase auf ein Minimum, und für Gewissensbisse bleibt ebenfalls keine Zeit. Die meisten meiner Taschen erstand ich an letzten Urlaubstagen oder in Städten, wo ich nur einen Tag Aufenthalt hatte. Vielleicht ist es auch einfach der Reiz der fremden Umgebung, der einen schneller nachgeben und zu einem Entschluss kommen lässt. So wie man sich eben bei einem Urlaubsflirt verhält. Der Unterschied freilich ist, dass man sich die Tasche für die nächsten Monate ans Bein bzw. ans Handgelenk bindet, also beim Kauf einen kühlen Kopf behalten sollte, während man Paolo, Jean-Luis oder Kevin mit einer falschen Telefonnummer und einer frei erfundenen E-Mail-Adresse dauerhaft in die Bedeutungslosigkeit entlassen kann.

Urlaubsflirts

Der Urlaub stellt überhaupt in jeder Hinsicht eine Ausnahme dar. Schon als Kind, wenn man mit den Eltern in die Ferien fuhr, bekam man Dinge geschenkt, um die man unter normalen Umständen kämpfen musste: Sonnenbräune, Aufmerksamkeit, Pizza auf die Hand, Fremdsprachenkenntnisse, Plastiksandalen – und eben Taschen. Bereits in jungen Jahren brachte ich aus jedem Urlaub einen solch unverbindlichen Flirt mit: einen mit farbenfrohen Elefantenmotiven geprägten Ledersack aus der Türkei, aus Jugoslawien einen wollenen Beutel mit großen weißen Zotteln und Zöpfen, die sich zu langen gedrehten Tragekordeln auswuchsen, ein eigenartig steifes, wassermelonenscheibengroßes, schlangenledernes Ding vom Grand Canyon, eine kleine bestickte Teppichtasche aus der Schweiz, vom Ludwigsburger Weihnachtsmarkt einen hellen kleinen Lederzylinder, der im Lauf der Jahre nachdunkelte und perfekt zu meiner Schultasche und zu meinem Federmäppchen passte, die aus demselben Material gefertigt waren, und viele mehr.

Im Urlaub sind wir toleranter als sonst. Dort gefällt uns, was zu Hause vor unseren kritischen Augen nie bestehen könnte. Unter dem strahlend blauen Himmel, in der tropischen Sonne, zwischen Eingeborenen und unter Palmen, vor Paellapfannen und neben Pastatöpfen sieht das ethnische Modell toll aus. Zumal auch wir andere Geschöpfe sind. Wir schlingen uns Saris um den gebräunten Leib und lassen unser fades Blondhaar in hundert kleine, perlenbewehrte Zöpfe flechten, wir wiegen uns selbstvergessen zu Sambarhythmen und Gamelanklängen und verwechseln Folklore mit Authentizität. So sehr wollen wir ein Teil der fremden Kultur sein, die wir sofort als malerischer, ursprünglicher, ästhetischer als die eigene begreifen, dass wir uns mit Dingen umgeben, für die wir zu Hause im Indian Shop um die Ecke nur ein verächtliches Schulterzucken übrig hätten. Im Urlaub ergibt das alles einen Sinn, aber zurück in Berlin oder Hamburg, wieder angekommen im Kontext der Alessi-Klobürste und der Barbour-Jacke, zwischen den alten *Ambiente-Heften* und den Chet-Baker-CDs wirken die während der Fernreisen erworbenen Sächelchen merkwürdig deplatziert. Hier und jetzt sind wir wieder Kulturmenschen, die Zivilisation hat uns zurückerobert, und aus dem Sari machen wir schnell einen Bettüberwurf fürs Gästezimmer. Und die Taschen? Die wollen wir zum Strenesse-Kostüm auch nicht mehr tragen, denn sie wirken nun plötzlich albern, frivol, es fehlt ihnen – wie dem Zopfgebilde auf dem Kopf – am nötigen Ernst, den der Alltag der mitteleuropäischen Frau so dringend erfordert.

Wie diese Taschen in unserer gewohnten Umgebung nicht mehr präsentabel sind, so sind auch unsere Urlaubsflirts vor unseren Freundinnen nicht vorzeigbar. Schließlich musste Luigi einfach nur in den Hügeln der Toskana gut aussehen, im Hauptseminar über Heideggers *Holzwege* gäbe er eine eher schlechte Figur ab, auch wenn er gar nichts sagen würde.

Mein erster Urlaubsflirt war ein mit dreizehn Jahren heftigst pubertierender Knabe. Ich mit meinen elf Jahren war ihm in jeder Hinsicht wahnsinnig überlegen und stand unheimlich über all dem Kram, der mit Jungs und Mädchen zu tun hatte (was natürlich das Ergebnis vollkommener Unerfahrenheit und fehlender diesbezüglicher Herzensregungen war). Wir waren zu Ostern im Urlaub an der Adria, das Jahr, der Lauf der Sonne und die damit einhergehende Erwärmung von Luft und Wasser waren also noch nicht so richtig fortgeschritten. Für uns als Familie bedeutete das, dass wir nicht von früh bis spät unter dem Sonnenschirm am Strand liegen und lesen konnten, was wir am liebsten gemacht hätten, sondern dass wir in eine gewisse Interaktion mit unserer Umgebung treten mussten. Während meine Eltern Boccia spielten und einen Heidenspaß dabei hatten, wurde ich dringend aufgefordert, mich mit einem pickeligen Lümmel namens Edgar zu beschäftigen. So wurde Edgar eine Art Zwangsbekanntschaft, aber durchaus unter den gleichen Vorzeichen, unter denen Urlaubsflirts auch im erwachsenen Leben und mit mehr eigenem Zutun stattfinden. Am menschenleeren Strand, in der ausgestorbenen Ferienanlage, im elf Grad kalten Wasser des Mittelmeers, wohin das Auge auch schweifte, Edgar war weit und breit – von seinem und meinem Vater einmal abgesehen – das einzige männliche Wesen.

War mein Urlaubsflirt mit Edgar noch unter dem Protektorat, ja eigentlich durch die handfeste Vermittlung meiner Eltern zustande gekommen, vollzog sich mein nächstes Ferientechtelmechtel bereits heimlich und hinter ihrem Rücken. Micki war der Cousin unserer deutschen Vermieterin. Selbstverständlich waren wir wieder an der Adria, dieses Mal auf der jugoslawischen Seite. Der entscheidende Unterschied zu allen bisherigen Familienurlauben bestand darin, dass ich jetzt schon vierzehn war und der Urlaubsflirt unglaubliche achtzehn Jahre. Die Grundkonstellation blieb die Gleiche: Micki kam in die engere Wahl, weil es außer zwei Mittzwanzigern (Polizisten aus Nürnberg), die ich als uralt, nahezu mumifiziert wahrnahm, niemanden sonst im Haus oder am Ort gab. Micki war einfältig bis zur Gemeingefährlichkeit. Seine Freizeitbeschäftigung – außer »Sonnen« – bestand darin, dass er in den von ihm und seiner Cousine konsultierten Sexpostillen den dort abgebildeten Nackedeis mit Kugelschreiber überdimensionale Brustwarzen, lange Zungen und erigierte Penisse anmalte. Das faszinierte und erregte mich genau einen Abend lang. An den folgenden Abenden hätte ich viel lieber meine Nase wieder in mein Buch gesteckt. (Ich las tatsächlich den ganzen Urlaub lang *Vom Winde verweht,* obwohl ich schon nach drei Tagen damit durch war. Im Nachhinein kann ich mir das nur so erklären, dass ich alle Szenen mit Rhett Butler etliche hundert Mal gelesen haben muss, wahrscheinlich der bereits erwähnten adoleszenten Erregung wegen – offensichtlich ein Leitmotiv dieses Urlaubs.)

Vermutlich wäre mir viel erspart geblieben, wenn ich mir in diesem Urlaub auf einem der vielen Märkte in Dubrovnik, Split oder Mostar einfach eine Tasche gekauft und mich mit dieser beschäftigt hätte. Aber die Pubertät wirbelt ja gerne Prioritäten durcheinander und bringt im Stimmungsgefüge einiges ins Rutschen. So sah ich mich unversehens auf das andere Geschlecht geworfen, statt mich an den Gegenstand zu halten, der als Einziger als »a girl's best friend« durchgeht. Gegen Rhett Butler (dunkel, sinnlich, verwegen) war Micki freilich eine peinliche Witzfigur (blonde Fußballerdauerwelle, südbadischer Dialekt, Sonnenallergie). Leider blieb er das auch, wenn man Rhett Butler nicht zum Vergleich bemühte. Ich kann mich an kein Wort erinnern, das Micki und ich während all der langen Abende, die wir auf der Veranda einander gegenüber saßen, gewechselt hätten. Mit Sicherheit weiß ich, dass es zu keiner körperlichen Annäherung, zu keinem Kuss, keinem Händedruck kam, und das nicht nur, weil meine Eltern uns fast rund um die Uhr bewachten.

Vermutlich suchte ich Abend für Abend die Erregung dieser ersten Nacht und fand sie nicht mehr. Eine Erregung, die im Übrigen tagsüber zusätzlich durch billige Schundromane geschürt wurde, die ich unter der Couch in unserem Zimmer gefunden hatte und deren Lektüre ich irgendwie in die verschiedenen *Vom-Winde-verweht-Repetitorien* einbaute. Trotzdem war nach diesem Urlaub einiges anders: Ich war jetzt ängstlich darauf bedacht, dass mein Bikini-Oberteil nicht verrutschte, und mein Vater hatte mir beigebracht, wie man Pickel ausdrückt.

Weder Edgar noch Micki hätte ich in meiner häuslichen Umgebung präsentieren können. Am Urlaubsort waren sie gerade noch tolerierbar, verpflanzt in einen anderen Kontext hingegen unvorstellbar. Edgar war aus Hannover, und die Chancen, dass er in Pforzheim auftauchte, waren gleich null. Ganz anders bei Micki: Südbaden war von Nordbaden nicht weit entfernt, und ich verbrachte Wochen in panischer Angst, dass er unvermittelt vor dem Schultor aufkreuzen könnte, was mich ultimativ blamiert hätte. Zum Glück hörte ich nie wieder von ihm.

Verständlich, dass aus einem solchen Beginn keine dauerhafte Beziehung hervorgehen kann. Man muss bei solchen Liebeleien schon froh sein, wenn sie überhaupt bis zum Ende des Sommers halten. Danach geht das Leben nach der Devise »aus den Augen, aus dem Sinn« einfach weiter. Bei den Urlaubsbekanntschaften lässt sich diese Rückkehr zur Normalität meist leichter bewerkstelligen als bei den Taschen. Noch nie ist es mir – oder irgendjemandem, den ich kenne – passiert, dass der Sommerflirt sich als »Stalker« oder als männliche Ausgabe von Glenn Close in *Eine verhängnisvolle Affaire* entpuppt hätte. Zudem bleibt Enzo natürlich viel lieber in seinem kalabrischen Dorf und heiratet irgendwann die Bäckerstochter, als dass er uns bis nach Mülheim an der Ruhr hinterherläuft. Dabei könnte man die Urlaubstaschen, die in den allermeisten Fällen ja doch eklatante Fehlgriffe sind, ebenso stressfrei loswerden wie die Kerle, beispielsweise, indem man sie einfach am Tag der Abreise auf der Toilette in der Abflughalle liegen lässt. Dort werden noch ganz andere Sachen entsorgt, wie Slavenka Drakulic in *Das Liebesopfer* beschreibt.

Auf der Flughafentoilette betrachtet die Heldin dieses Romans, die gerade ein Jahr in New York verbracht hat, am Tag ihres Rückflugs nach Warschau ein letztes Mal den abgetrennten Kopf ihres Geliebten (übrigens eine Art maßlos verlängerter Urlaubsflirt). Eingewickelt in ein Geschirrtuch, in eine Keksbüchse verfrachtet und dann in einen Pappkarton gesteckt, hat sie ihn zum Flughafen mitgeschleift und entledigt sich des Kopfes in einem finsteren Flur, wo sie ihn in eine Mülltonne stopft. Den restlichen Körper – Geist und Seele hat José ausgehaucht, als sie ihn im Schlaf mit einem Kissen erstickte – verteilte die besessene Heldin bereits in einer Nacht- und Nebelaktion über halb Manhattan, nachdem sie ihrer Gier, sich den toten Liebhaber einzuverleiben, freien Lauf gelassen, alle zehn Fingerkuppen mit dem Rasiermesser abgetrennt und lange Streifen Fleisch aus dem Unterarm herausgeschnitten und alles roh verzehrt hatte.

Doch an einer solchen Radikalität, die wir bei den Männern oft mühelos aufbringen, mangelt es uns bei den Taschen, was immerhin plausibel erklärt, warum die meisten von uns so viel Stauraum in der Wohnung benötigen.

Promiskuität

Wer Geschmack am Urlaubsflirt findet und diesen körperlichen und geistigen Ausnahmezustand in den Alltag hinüberretten möchte, der wird früher oder später bei der Promiskuität landen. Ebenso notorische Fremdgeherinnen und unbelehrbare Ehebrecherinnen. Singles, die auf der Suche nach dem Richtigen sind oder Spaß an ihrem Dasein haben, so wie es ist, haben gar keine andere Wahl als die Promiskuität, wenn sie nicht in sexueller Abstinenz versauern wollen. Bei den Handtaschen liegt der Fall ein ganz klein wenig anders. Hier hat man die Wahl, und es ist weniger eine Frage der Notwendigkeit als vielmehr des Temperaments, ob eine Frau derselben Tasche die Treue hält oder bei jeder nur erdenklichen Gelegenheit und an jedem Tag zu einer anderen greift. Manche Frauen schätzen eben weniger den zuverlässigen Begleiter als die Tatsache, dass die Tasche farblich zu den Klamotten oder den Schuhen passen muss oder dass jeder Tag andere Bedürfnisse mit sich bringt (mal regnet es in Strömen, mal hat man viel zu transportieren usw.) und damit immer andere Taschen erfordert. Andere Frauen sind schlicht gelangweilt, wenn sie sich jeden Tag dieselbe Tasche über die

Schulter hängen und finden, das sei in etwa so, wie wenn man jeden Tag eine Schuluniform anziehen müsste. Für diese Frauen bleiben Individualität und Abwechslung auf der Strecke.

Mehr Abwechslung in jeder Hinsicht, vor allem aber im Bett, favorisieren die so genannten It-Girls. Der Begriff ist so alt wie das It-Girl selbst, datiert also zurück in eine Zeit, in der man das Wort »Sex« noch nicht offen aussprach, sondern hinter vorgehaltener Hand sagte: »She wants it« oder »She takes it whenever she can get it«. Leider hat die deutsche Sprache einen solch wunderbaren Begriff nicht hervorgebracht, vermutlich ist sogar das Phänomen des It-Girls auf England begrenzt. Bei uns in Deutschland sind erst in den letzten Jahren ähnliche Wortschöpfungen aufgekommen und mit ihnen die entsprechenden Frauen: Luder, Schlampen, Partygirls. Ihnen allen sagt man wie den It-Girls, die nach wie vor die britischen Gemüter stark beschäftigen, einen ausschweifenden Lebenswandel und stets wechselnde Liebhaber nach. Überall sind sie dabei und haben in Mode- und Insiderfragen die Nase vorn, was einfach ist, weil sie sich sonst um nichts kümmern müssen. Sie suhlen sich in Mousse au Chocolat, schlafen aus bis nachmittags und wollen nicht sagen, wer die Väter ihrer Kinder sind. Manchmal heiraten sie irgendeinen vergleichsweise alten, aber reichen Mann und sind dann weg vom Fenster. Die alternative *fashion industry* bedient sich ihrer gern, um einen neuen Trend auszurufen. So posierten beispielsweise die bekanntesten It-Girls Amerikas, Nicky und Paris Hilton, im Herbst 2002 in der hippen Zeitschrift *Cheapdate* im billigen Second-Hand-Fummel, und schon wurden vermuffte, farblich und auch sonst nicht zusammenpassende Flohmarktklamotten, in denen man normalerweise nicht tot überm Zaun hängen möchte, zum modischen *must-have* erklärt.

Wie aber halten es die It-Girls mit den Handtaschen? Nicky und Paris Hilton jedenfalls haben sie in Massen, und man sieht auf den Fotos in den Klatschspalten fast niemals eine bestimmte Tasche zweimal bei ihnen, so enorm ist die Anzahl der Modelle, die sie verschleißen. Ob bei den beiden wohl begehbare Taschenschränke in die Wohnungen eingebaut sind, so wie Carrie Bradshaw, Imelda Marcos und ich über einen begehbaren Schuhschrank verfügen, der eigentlich fast ein Zimmer ist? Oder ob sie den ganzen Plunder nach einmaligem Gebrauch für einen wohltätigen Zweck versteigern lassen? Das britische It-Girl Tamara Beckwith besitzt, wie sie gerne zugibt, eine große Sammlung *vintage bags,* also – nicht von ihr – gebrauchter Taschen. Kein Wunder, sie kann ja auch auf eine stattliche Anzahl an Männern zurückblicken, die andere Frauen vor ihr gehabt und abgelegt haben. »Warum sollte ich etwas wollen, was jede andere auch hat? Ich habe ein paar ganz tolle gebrauchte Handtaschen, von denen niemand weiß, was sie gekostet haben, und außerdem kann es mir damit nicht passieren, dass plötzlich jemand mit derselben Tasche aufkreuzt«, sagt Beckwith über ihre Taschen und hat freilich Recht, lässt dabei aber außer Acht, dass eine Frau, die mit einem Modell aus der aktuellen Louis-Vuitton-Kollektion auf einer Party auftritt, genau diesen Effekt erzielen will, nämlich dass jede weiß, was das, das da an ihrem Arm baumelt, wert ist. Zudem entlarvt sie ihre Trophäensammler-Haltung dadurch, dass sie zwar behauptet, nicht zu wollen, was »jede andere auch hat«, dabei aber durchaus genau das will, was eine andere *vor ihr* hatte.

Trotzdem wirkt das Sammeln gebrauchter Taschen weniger verwerflich, als wenn eine Frau offen zugibt, dass sie viele neue Taschen besitzt, und zwar einfach, weil sie das gut so findet. Ersteres kann man noch mit schrulliger Sammelleidenschaft entschuldigen, Letzteres wirkt irgendwie moralisch dubios. Wie beispielsweise bei meiner Freundin Caro, der ich insgeheim unterstelle, es faustdick hinter den Ohren zu haben. Weshalb mir immer leicht mulmig wird, wenn ich sie länger als eine Viertelstunde mit meinem Freund alleine lassen muss. Damit tue ich ihr sicher Unrecht. Caro lacht viel und laut, ist sehr blond, sehr intelligent und trägt immer unglaublich kurze Röcke, wodurch ihre etwa acht Meter langen Beine noch viel länger wirken. Frühjahr um Frühjahr saugt sich mein Blick an Caros Ober- und Unterschenkeln fest, wenn wir die ersten unbestrumpften Mittagessen im Freien einnehmen, und ich suche ihre Haut Millimeter um Millimeter nach Cellulitis oder Besenreisern ab, aber da ist nichts. Das Wort Krampfadern wird in Caros aktivem Wortschatz niemals vorkommen. Weil wir richtig gute Freundinnen sind, nehme ich das je nach Stimmung mit erstauntem Wohlwollen oder wohlwollendem Erstaunen zur Kenntnis und danke dem Modeschöpfer für lange Beinkleider und blickdichte Strumpfhosen.

Eines aber verstört mich an Caro nachhaltig, und das ist die Tatsache, dass sie jedes Mal, wenn wir uns sehen, eine andere Tasche dabeihat. Oft ist es eine Sporttasche (von irgendetwas muss man solche Beine ja kriegen), meistens aber wechselnde kleine Handtaschen. »Ach, die hat mir Sarah / Matthias / meine Mutter geschenkt«, beantwortet sie meine interessierten Nachfragen. »Die ist schön, gell?« Niemals scheint es vorzukommen, dass diese Menschen ihr eine Tasche schenken, die ihr nicht gefällt oder die nicht zu ihr passt. Das macht mich neidischer als die acht Meter langen Beine, denn ich stelle mir vor, wie es wäre, wenn Sarah / Matthias / meine Mutter mir eine Tasche schenken würden. So ganz krass würden sie wohl nicht danebenliegen, aber durch irgendein Detail, die Farbe, die Form, den Verschluss, was auch immer, wäre der Missgriff doch vorprogrammiert. Da suche ich mir die eine Tasche, die ich dann ein bis zwei Jahre in Gebrauch habe, doch lieber selber aus. Das alleine ist schon heikel genug.

Caro hingegen schmeißt jeden Morgen unbekümmert ihren Lippenstift, ihr Handy, ihre drei Kreditkarten und ihren Autoschlüssel in eine jeweils andere Tasche und macht sich auf den Weg ins Büro. In all den Jahren, die ich sie jetzt schon kenne, hat Caro noch niemals ihre Lippenstiftmarke oder -farbe gewechselt (Christian Dior 563 Colonial). Sie hat meist nur zwei bis drei Paar Schuhe gleichzeitig in Gebrauch und trägt sie stets auf, und sie ist auch sonst keine Verschwenderin. Darüber hinaus ist sie, wie sie sagt, seit zwölf Jahren glücklich verheiratet. Wenn da nicht die Sache mit den vielen Handtaschen wäre.

Zusätzlich verblüfft mich, dass es keinerlei Gesetzmäßigkeit zu geben scheint, wann Caro welche Handtasche trägt. Auf ihre Kleidung oder ihre Schuhe hat sie die Taschen gewiss nicht abgestimmt, denn ich habe schon alle möglichen Kombinationen an ihr gesehen, und auch vom Wetter scheint ihre Wahl unbeeinflusst. Sie kann sommers wie winters eine Wolltasche tragen, die aus einer Schweizer Armeedecke gefertigt ist, oder ein kleines buntes Kunststoffding mit aufgenähten Plastikblumen, einen schlichten roten Lederbeutel, der Grifflaschen wie eine Einkaufstüte hat, oder ein orangefarbenes Webpelzungetüm, das entfernt an einen gehäuteten Orang-Utan erinnert. Auffallend ist, dass ihre Handtasche – egal welche – immer einen eigenen Stuhl neben Caro benötigt, weswegen wir im Café oder Restaurant nie an einen Zweiertisch können. Und obwohl die Tasche dann so prominent neben ihr hockt wie ein zusätzlicher Gast, scheint sie keinen weiteren Gedanken mehr daran zu verschwenden und sieht den ganzen Mittag oder Abend über kein einziges Mal hinein.

Caro bekommt prustende Lachanfälle, wenn ich ihr sage, dass ich meine Tasche manchmal ganz aus- und dann wieder einräume und mich bei solchen Aktionen außer von zwei gebrauchten Tempotaschentüchern von nichts trennen kann. »Was hast du bloß wieder für einen Krempel dabei?«, begrüßte sie mich neulich heiter, als wir uns mittags bei unserem Lieblingsthai verabredet hatten, und deutete ungeniert auf meine Handtasche. »Alles, was ich so brauche«, erwiderte ich und stierte beleidigt in die Speisekarte. So etwas hatten bislang nur Männer zu mir gesagt, aber noch niemals eine Frau. War Caro ihrem innersten Wesen nach vielleicht ein Kerl? Hatte sie womöglich ein Sexualleben wie ein Mann? Stand sie etwa zwei Minuten nach dem Geschlechtsakt wortlos auf, zog sich an und ging nach Hause? Und mit wem um alles in der Welt hatte sie Sex, wenn sie *danach* nach Hause ging? Hielt sie sich vielleicht eine männliche Mätresse, von deren Diensten sie in der Mittagspause ab und an Gebrauch machte? Dachte auch sie alle paar Minuten an Sex, wie man das von Männern kennt? »Wie geht es Matthias?«, fragte ich scheinheilig. »Prima!«, strahlte die arglose Caro. So kam ich nicht weiter.

Ich beschloss, das Ganze beim nächsten Mittagessen offensiv anzugehen. »Also Caro, weißt du«, fing ich an, »ich habe da so meine ganz eigene Theorie zu Frauen mit vielen Handtaschen.« »Aha«, sagte Caro nicht weiter interessiert und riss den Mund auf, um eine große California Roll auf einen Happs hineinzubefördern. »Ja, ich glaube, dass Frauen, die nicht einer Tasche die Treue halten können, auch ihrem Mann oder Freund nicht treu sind.« »Was!?«, rief Caro, während ein dickes Maki-Sushi-Stück von ihren Stäbchen fiel und in die Sojasoße platschte. »Du hast sie ja nicht mehr alle, und guck mal, wie ich jetzt aussehe!« Caro war mehr verdattert als ernsthaft sauer. Während ich an meinem schlechten Gewissen und dem übrig gebliebenen Sushi kaute, stapfte sie in ihrem einen von drei Paar Schuhen und ohne ihre Handtasche (!) zur Toilette. Von dort kam sie lange nicht zurück. Danach war alles wie vorher, obwohl die Sojasoßen-Flecken nicht ganz herausgegangen waren. Das besagte Thema haben wir nie wieder angeschnitten.

Weil ich Caro nicht mehr auf ihre vielen Handtaschen ansprechen kann, lässt sich auch nicht in Erfahrung bringen, ob sie sich bei der Trennung von ihnen ähnlich quält wie so viele von uns. Vielleicht muss sie sich einfach seltener trennen, weil sie so irre viele Taschen im Gebrauch hat. Möglicherweise schmeißt sie nie eine weg. Ähnlich wie bei mir und meinen Schuhen: Die Chance, dass man bei über hundert Paaren welche komplett vergisst, ist größer als die Gefahr, dass man sich je von einem Paar trennen muss, weil man es aufgetragen hat. Meine Handtaschen muss ich hingegen mit schöner Regelmäßigkeit dauerhaft entsorgen.

Dumping

Die Entsorgung ist natürlich etwas, woran man in der Anfangsphase gar nicht denken mag. Denn schön sind die Tage, wenn man eine neu erworbene Tasche erstmals benutzt und dauernd Angst um sie hat: Hoffentlich regnet es nicht, diese Hitze schadet bestimmt dem Leder, niemals werde ich sie in der Economy Class unter den Vordersitz stopfen (bis einem die Stewardess unmissverständlich zu verstehen gibt, dass der Pilot nicht starten wird, wenn man weiterhin darauf besteht, die Tasche auf dem Schoß festzuhalten), hoffentlich fällt dem Kellner nichts drauf, kann dieser Rüpel in der U-Bahn nicht aufpassen und so weiter und so fort. Begegnet man Freundinnen, stellen sich sofort Komplimente ein: »Ist die aber schön!« »Wo hast du denn diesen tollen Beutel her?« »Mensch, immer hast du so super Taschen.« Das tut gut, das macht stolz und glücklich. Ganz anders natürlich die Männer der Freundinnen: »Jetzt sag doch was, Stefan, findest du Annettes Tasche nicht auch sensationell?« »Na ja«, lautet die lapidare Antwort. Vielleicht auch: »Sehr eckig.« »Sehr rund.« »Sehr bunt.« »Sehr weiß.« »Warum muss die so groß sein? Machst du damit gerade einen Umzug?« Oder: »Sieht aus wie ein Sofa.« Witzig.

Ganz anders die Stimmung, wenn die Liebe nachlässt oder die Tasche gar rapide und unvorteilhaft altert. Abgeschabtes Leder wird verziehen, unter dem Futter hervorquellendes, zellstoffartiges Füllmaterial nicht. Kaputte Reißverschlüsse und abgerissene Henkel führen zu schweren Zerwürfnissen, und die Reparatur vermag nur kurzfristig den Frieden wiederherzustellen, falls man das gute Stück überhaupt noch der Ausbesserung für wert befindet. Manchmal nimmt man schon das kleinste Manko zum Anlass für den ultimativen Rauswurf (Wenn dieser blöde Verschluss noch einmal klemmt!), oder man setzt eine letzte Trennungsfrist (Okay, nach Kenia nehme ich dich noch mit, ist ja sowieso total staubig dort, aber danach wirst du abserviert!). Eigenschaften und Bestandteile, die man früher charmant fand, werden plötzlich als extrem störend diagnostiziert.

So hatte ich es immer als etwas Besonderes erachtet, dass sich meine Carolyn-Price-Tasche nicht schließen ließ, nicht etwa, weil sie defekt gewesen wäre, sondern weil das Modell so konzipiert war, dass es oben offen stand. Unter ästhetischen Gesichtspunkten ergab das durchaus einen Sinn: Man konnte nämlich zu jeder Zeit (und nicht nur man selbst, auch jeder andere) das tiefburgunderfarbige Seidenfutter mit den unzähligen aus Seide gefertigten und aufgenähten roten Seidenrosen – komplett mit grünseidenen Blättchen – bewundern. Wann immer ich durch eine Taschenkontrolle musste, zum Beispiel am Flughafen, im Jüdischen Museum oder bei der Buchmesse, sammelte ich haufenweise Komplimente, gelegentlich sogar spitze Begeisterungsschreie wie bei der Handgepäckkontrolle am Flughafen in Los Angeles: »Adorable!« Die Tasche wies fünf kleine Seitenfächer auf, aber auch von diesen ließ sich keines schließen, noch nicht einmal mit einem Druckknopf, von einem Reißverschluss ganz zu schweigen. Über all dies sah ich beim Kauf – geblendet von der großen Schönheit der aus dem Stoff eines alten Seidenkimonos gefertigten Tasche – hinweg. Nur leider verlor diese Preziose ihre anfängliche Steifheit, die auch die Seitenfächer geschlossen hielt, und wurde zuerst biegsam, dann weich und schließlich lappig. Jetzt störte es mich ungemein, dass jeder sehen konnte, dass ich morgens außer allen üblichen Handtaschenutensilien zwei mit Salami belegte Vollkornbrote und ein paar dicke Wollsocken zur Arbeit schleppte. Immer häufiger sah ich Menschen in der U-Bahn mit glasigem Blick in meine Tasche starren, und irgendwann hatte ich das Gefühl, dass das kein sicherer Zustand mehr sei, fürchtete um mein Portemonnaie und ertappte mich wiederholt dabei, wie ich die klaffende Öffnung meiner Handtasche ängstlich mit einer Hand zuhielt.

Inzwischen liegt, was einmal mein ganzer Stolz war, unbeachtet und noch nicht einmal vollständig ausgeräumt in einer großen Kiste in meiner Wohnung, in der auch andere Gegenstände mit ungeklärtem Aggregatzustand eine temporäre Bleibe gefunden haben. Den Todesstoß brachte ich ihr unabsichtlich bei, und zwar ziemlich genau ein Jahr, nachdem ich sie im kunstgewerblichen Argyle Center in Sydney aus Carolyn Prices Besitz in meinen überführt hatte. Ich stellte im Flur meinen heftig tropfenden Schirm neben meiner Handtasche ab, und das antike Seidenmaterial sog die entstehende Lache vom Parkettboden auf, bis sich ein stattlicher feuchter Fleck auf der Tasche gebildet hatte, in dem die Farben zerflossen und der zudem noch einen hässlichen Wasserrand hinterließ. Ein derartiges Missgeschick hätte bei einer neuen Tasche vermutlich einen hysterischen Weinkrampf zur Folge gehabt, viel wahrscheinlicher ist aber, dass es bei einer neuen Tasche erst gar nicht zu einer Gedankenlosigkeit mit solch verheerenden Folgen gekommen wäre. Und bei dieser Tasche natürlich auch nicht, wenn ich sie noch lieb gehabt hätte wie am ersten Tag.

Ihr erster Tag war mein letzter in Australien gewesen, und ich brachte es aus lauter Beschützerinstinkt nicht übers Herz, sie nach dem Erwerb sogleich zu benutzen, vielmehr ließ ich mir die Tasche von der sehr netten Carolyn Price höchstpersönlich einpacken, und zwar so, als ob sie erst noch eine Sahara- und eine Antarktisexpedition überstehen müsste, bevor man sie ihrer kultiviert-zivilisierten eigentlichen Bestimmung zuführen würde. Mit ihrer riesigen Umverpackung aus Seidenpapier, Kartonagen und einer Papiertüte bugsierte ich die Tasche unter den mitleidigen Blicken der anderen Reisenden an Bord der Maschine von Singapore Airlines, wo nicht nur die Sitze, sondern auch die Gepäckfächer für kleinwüchsige Asiaten und deren klitzekleine Handgepäckstücke gemacht sind. Zur Strafe für mein voluminöses Übergepäck – beim Einchecken hatte ich noch vehement insistiert, dass ich dieses Gepäckstück keinesfalls als »fragile« oder was auch immer am Schalter aufgeben könne, sondern es entweder bei mir führen oder den Rest meines Lebens auf dem australischen Kontinent verbringen müsste – hatte die missgünstige Singapore-Airlines-Bedienstete mich auf diesem 24-Stunden-Flug neben dem dicksten Mann der ganzen Welt platziert. Er quoll derartig von seinem Sitz auf meinen, dass ich schon deshalb ständig im Gang stehen musste. Obwohl mich das irrsinnig ärgerte und auf Dauer zermürbte, vor allem nachts, als alle Passagiere durch drei Spielfilme und mehrere asiatische Gerichte betäubt selig schnarchten – allen voran der Fettkloß, der inzwischen schon drei Sitze überwuchert und die zarte Frau zu seiner Linken vermutlich unter seinen Speckwülsten erstickt hatte –, so muss ich doch ehrlich zugeben, dass das wunderliche Arrangement auch seinen Vorteil hatte, der nämlich darin bestand, dass ich viertelstündlich nachsehen konnte, ob meinem Liebling im Gepäckfach auch bestimmt nichts passiert war, sich kein anderes Gepäckstück auf ihn draufgewälzt, sich keine Flüssigkeit aus einer irgendwo verborgenen lecken Flasche in seine Richtung ergossen hatte oder Ähnliches.

Diese wunderbare Tasche, mit der ich so viele zärtliche Erinnerungen verband und die ich nach Europa gebracht hatte wie ein auf einem fremden Kontinent adoptiertes Baby, gerade sie also war mir plötzlich so egal. Fast war ich sogar ein bisschen wütend auf sie, dass sie es durch Disziplinlosigkeit (das würdelose Lappigwerden und das dümmliche Aufklaffen) und Wehrlosigkeit (das passive Aufsaugen einer Regenwasserpfütze) so weit getrieben hatte, dass ich sie schon nach einem Jahr nicht mehr lieben konnte außer mit dieser widerwilligen Liebe, die hauptsächlich aus einer Art genervtem Mitleid besteht, und das wir so gut aus der letzten Phase von Liebesbeziehungen kennen. Das Mitleid kommt dadurch zustande, dass wir bereits wissen, dass Micha oder Paul bald nicht mehr allabendlich auf unserem Sofa einschlafen oder in unserer Küche laut klappernd Nudelgerichte zubereiten werden, und das Genervtsein stellt sich dadurch ein, dass wir Micha oder Paul gegenüber einen Wissensvorsprung haben und es uns ärgert, dass sie nicht begreifen, was es geschlagen hat, wir es ihnen ergo bald werden sagen müssen, was uns mindestens einen Samstagabend, wenn nicht eine ganze Woche versauen wird.

Das gute Stück von Carolyn Price nahm den Liebesentzug wie eine alternde Diva zur Kenntnis. Mit einem letzten Rest von Stolz bewaffnet, ließ es sich in die große Kiste abschieben und zwingt mich hin und wieder dazu, es von dort hervorzuholen, wenn ich etwas suche, das sich immer noch in seinem Inneren verborgen hält, so wie jüngst mein Reisenähset oder eine alte Tube Handcreme. Sie ist die einzige meiner Taschen, die ich nicht weggeworfen habe, vielleicht weil ich sie einmal so sehr liebte und weil dadurch ihre Fallhöhe so groß wurde, dass ich selbst erschrocken war, wie schnell sie diese durchmaß.

Treue Gefährten

Ein zuverlässigerer Begleiter als Männer sind Taschen allemal. Schon deshalb, weil es keinerlei räumliche oder örtliche Beschränkung gibt. Sie passen mit uns in den Kinosessel und auf den Bundesbahn-Sitzplatz und in die Achterbahn; wir nehmen sie mit auf die Toilette, zum Zahnarzt, zur Entbindung, auf die Intensivstation, in seltenen Fällen sogar mit ins Grab, so beispielsweise die russische Greisin »Taschen-Nele« in einer Erzählung von Ljudmila Ulitzkaja. Wo der Mann draußen bleiben muss oder will, darf und kann die Handtasche mit. Auch wenn man nur eben um ein Uhr nachts den Hund ausführt oder sich ein Päckchen Zigaretten zieht, die Handtasche muss dabei sein, weil es doch irgendwie merkwürdig aussieht, wie sie da so allein in der Garderobe herumsteht, während man selbst im Begriff ist, die Tür hinter sich ins Schloss zu ziehen. Neulich fuhr ich für ein paar Tage mit dem Rucksack an die Ostsee und nahm meine Handtasche mit, was zugegebenermaßen bescheuert aussah, aber ich konnte sie einfach nicht zurücklassen. Ich habe sie sogar an den Strand und zu sechseinhalbstündigen Wanderungen mitgezerrt, sodass sie am Ende ziemlich ramponiert war, aber so können wir wenigstens auf ein lückenloses Beisammensein und gemeinsam erlebte Tage zurückblicken, und das ist irgendwie prima.

Wir gehen samstagvormittags ungeschminkt und mit fettigen Haaren zum Supermarkt, und wenn wir unterwegs feststellen, dass wir die Hausschuhe noch tragen oder der eilends übergezogene Pulli nicht ausreichend warm ist, so ist dies noch längst kein Grund zur Umkehr. Niemals jedoch würden wir den Gang zum Supermarkt ohne Handtasche antreten, und zwar aus dem ganz einfachen Grund, weil wir gar keinen Gang je ohne Handtasche antreten würden. Auch nicht den letzten. Darf man Handtaschen eigentlich mit in die Gefängniszelle nehmen? Oder aufs Schafott? Und wie sieht es mit Feuerbestattungen aus? Mit in die Todeszelle darf die Handtasche jedenfalls nicht, wenn wir Alfred Hitchcocks *Bei Anruf Mord* Glauben schenken, der im England der 1950er-Jahre spielt und bei dem sich ein großer Teil der Handlung um die Handtasche der zum Tod verurteilten Grace Kelly dreht. Nach der Hinrichtung, so teilt man ihrem Gatten mit, könne er die Handtasche seiner Frau auf dem Polizeirevier abholen.

Wie wir unsere Tasche wählen, verrät viel darüber, wie wir uns unseren Begleiter wünschen. Die wenigsten von uns wollen einen ausgeflippten Exzentriker, auch wenn wir mit dem Gedanken an einen Schriftsteller, Rock- oder Filmstar oder koksenden Drei-Sterne-Koch gerne kokettieren und uns nächtelang ausmalen, wie es wohl wäre, für immer mit einem solch originellen Exemplar des männlichen Geschlechts zusammen zu sein. Wird es ernst, entscheiden wir uns hingegen schnell für den Hauptbuchhalter, den Softwareingenieur oder den fest angestellten Architekten. Was Solides halt, über das sich auch die Mutter freuen kann. Auf diesem simplen, aber unmittelbar einleuchtenden Prinzip beruht der große Erfolg der New Yorker Handtaschendesignerin Kate Spade. Prinzessin Spade hat ein unschlagbares Talent, das Selbstverständliche neu zu erfinden, seien es Schuhe, Handtaschen, Briefpapier oder sich selbst. Sogar der englischen Sprache kann sie durch sparsame Verwendung und Klangharmonie einen erfrischend neuen Ton abgewinnen, so wie auf ihrer Homepage, die im Sommer 2002, untermalt von einem großen hüpfenden Wasserball, verkündete: »Kate Spade – she happily bounced off to the Cape.« Edle Einfalt, schlichte Größe, bestenfalls die Andeutung eines Binnenreims.

Harmonie und Schlichtheit sind auch die Hauptmerkmale ihrer Kreationen, wobei sie es stets versteht, den elementaren Charakter der von ihr gestalteten Accessoires zu betonen. Ihre Handtaschen sind qualitativ hochwertig, grundsolide, ohne bieder zu sein, praktisch, aber trotzdem interessant. Zuweilen sind Kate Spades Taschen bunt gemustert oder aus besonders exquisiten Materialien wie Shantung-Seide gefertigt. Sie mögen schlicht sein, aber sie sind ganz sicher keine Simpel. Kates Kreationen lassen uns nicht im Stich. Sie klemmen nicht, und sie fallen nicht auseinander, und sie glänzen an unserer Seite, ohne sich in den Vordergrund zu drängen. So bleibt stets gewährleistet, dass die Aufmerksamkeit uns und nicht primär ihnen gilt; allenfalls wird das Interesse über sie auf uns gelenkt, aber keinesfalls umgekehrt. Sie sind genau, wie wir sie uns wünschen: zuverlässige Begleiter, sachlich und solide, *no nonsense* – höchstens ein kleiner Schuss Ironie darf sie umgeben.

Auch wenn wir selbst romantisch veranlagt sind, das allzu verspielte Modell – ob als Mann oder als Tasche – wollen wir nicht an unserer Seite wissen. Vielleicht halten wir das in schwachen Momenten für eine gute Lösung, im Ernstfall jedoch entscheiden wir dagegen. Mein Ernstfall stellte sich ein, als ich über den immer samstags stattfindenden Flohmarkt von Paddington, einen Stadtteil von Sydney, schlenderte und ziemlich wild entschlossen war, eine neue Handtasche zu erstehen. Wenn nicht hier, wo sonst sollte man originelle Einzelstücke und rare *vintage bags* finden? Am Stand einer ortsansässigen Designerin sprang mir das Modell »Oyster« ins Auge. Die handgenähte Tasche, selbstverständlich ein Unikat, war ohne Zweifel wunderschön: Der große Pompadour-Beutel war aus hellblauer, dunkelblauer und violetter Seide sowie meergrünem und türkisfarbenem Organza gefertigt. Er fasste sich einfach großartig an und sah auch über die Schulter gehängt lässig und zugleich schick aus. Der Name schien mir – im Hinblick auf die aquamarine Farbgestaltung und als Anspielung darauf, dass die wirklichen Schätze im Inneren zu finden sind – mit viel Bedacht gewählt. Darüber, dass ihm das Rückgrat fehlte, er also ohne jedes verstärkende Element, sogar ohne festen Boden gefertigt war, sah ich großzügig hinweg, nicht aber darüber, dass die Henkel der Tasche aus zwei zwar breiten, aber doch sehr zarten blasslila Bändern bestanden, die gefährlich an dekoratives Geschenkband erinnerten. Ich hegte den Verdacht, dass »Oyster« mitnichten so voll gepackt werden durfte, wie es ihre Größe nahe legte, und dass die beiden fragilen Bänder bei der erstbesten Gelegenheit reißen würden. Ich versprach der Designerin, die Tasche sofort in bar zu bezahlen, wenn sie mir bis zum Abend zwei tragfähigere Henkel annähte. »But no, darling«, bekam ich zu hören, »this is part of the concept and I won't change it.« So wurde aus »Oyster« und mir leider nie ein Paar, obwohl viele wichtige Grundvoraussetzungen stimmten. Das Wichtigste fehlte eben: Zuverlässigkeit. »Oyster« war schön, aber Schönheit ist nicht alles. Die

Tasche sah gut in einer Auslage aus, aber den Ernstfall wollte man nicht mit ihr proben. Am Abend, als ich nach vielen Einkäufen (eine Handtasche war leider nicht dabei) und etlichen leckeren Mahlzeiten den Flohmarkt im letzten Licht der untergehenden Sonne verließ, lag »Oyster« noch immer in ihrer Auslage, fast ganz allein, da all die kleinen Beutel und Rucksäckchen, Brieftaschen und Börsen, die sie um die Mittagszeit noch umgeben hatten, inzwischen eine Käuferin und Besitzerin gefunden hatten.

So ist es nicht weiter verwunderlich, dass man mehr und mehr junge Frauen statt mit einem verspielten und einzig auf seine Äußerlichkeit bedachten Accessoire mit einer super robusten, aus alten Lastwagenplanen gefertigten Umhängetasche von Freitag oder einem stabilen Rucksack von Eastpak sieht. Das sind Behältnisse für die Siebensachen, wie sie die Kerle tragen. Auf ihre breiten Gurte, die Größe ihrer Innenfächer und auf ihre Klettverschlüsse ist Verlass. Obwohl man darin mehr verstauen kann, als man jemals an einem Tag braucht, hat man bei den schräg umgehängten Taschen und den auf dem Rücken getragenen Rucksäcken immer noch beide Hände frei, was eine Frau doch ziemlich unbesiegbar macht. Dass diese Modelle in jeder Hinsicht auf die Bedürfnisse einer heutigen Frau zugeschnitten sind, wurde mir deutlich, als ich ein neues Fahrrad kaufte – das erste nach 17 Jahren – und unschuldig nach dem Verbleib des Gepäckträgers fragte. Das höhnische Gegacker der beiden Fahrradverkäufer belehrte mich, dass man so etwas »nicht mehr hat«. Den Weg vom Fahrradladen nach Hause trat ich also noch mit meiner Handtasche über der Schulter an, unter dem ungläubigen Kopfschütteln der beiden so leicht zu erheiternden Herren.

Vom nächsten Tag an hatte ich fortan jeden Morgen beim Verlassen der Wohnung die Wahl zwischen einem Rucksack, der zwar zugegebenermaßen in einem sehr unschicken Altrosa gehalten, aber immerhin wasserfest war, und einer Umhängetasche, die durch Stabilität und ein trendiges Blau sowie einen Tragegurt, an dem man vermutlich eine Boeing 747 zum Mond schleppen könnte, überzeugte und bei der die Werbeaufschrift »Bloomsbury – Publisher of the Year 1999 & 2000« nur unwesentlich störte. Ich war stolz, die beiden zweckdienlichen Gerätschaften aus den Tiefen eines Schrankes hervorgekramt zu haben. Jüngere Menschen jedoch wie meine Praktikanten, studentische Gäste der auf dem Nachhauseweg im Prenzlauer Berg abzuradelnden Straßencafés oder die bereits im Teenie-Alter befindlichen Söhne und Töchter meiner Freundinnen betrachten diese Behältnisse mit einer Mischung aus Mitleid und Resignation – genau wie meine Turnschuhe. Die falschen Marken! Noch schlimmer: überhaupt keine Marken! Stattdessen Werbeträger unbekannter – notfalls peinlicher – Institutionen, nämlich der University of California in San Diego und des britischen Verlages Bloomsbury, den diese markenversessenen Rotzlöffel immerhin als Originalverlag von Harry Potter erkennen könnten. Von wegen *No Logo!* Das blöde Logo bedeutet dieser Jugend alles, und auf meinen total praktischen und herrlich geräumigen Taschen fehlt es schmerzlich. Das Körpergefühl und die seelische Stabilität, das einem die Taschen zu geben vermögen – irgendwo zwischen italienischer Partisanin und Lara Croft –, ist dennoch unschlagbar gut.

Fast würde man sich wünschen, dass Sylvia Plaths depressive Heldin aus ihrem Roman *Die Glasglocke* eine Messenger-Bag besessen und damit dieses gute Gefühl schon gekannt hätte, denn dann wäre ihr sicher eine Menge erspart geblieben. Neunzehn Jahre alt, neu in New York und ausgestattet mit einem Stipendium für höhere Töchter, bei dem sie ein bisschen in die Redaktion eines Modemagazins hineinschnuppern darf, ist ihr ganzer Stolz eine Handtasche aus schwarzem Lackleder, die exakt zu ihren Lacklederpumps und ihrem Lacklędergürtel passt. Die hysterische Besessenheit, mit der sie bei Bloomingdale's für diese Sachen Geld ausgibt, folgt als logische Konsequenz aus einem Leben, bei dem nichts Wichtigeres Priorität zu erlangen vermag, jedenfalls nichts, was sich außerhalb von Esthers hermetisch von der Außenwelt abgeriegelter Existenz abspielt. So führt zwar der Prozess gegen Julius und Ethel Rosenberg, die während der McCarthy-Ära Anfang der 50er-Jahre in den USA wegen angeblicher Spionage zum Tode verurteilt wurden, zu einem neurotischen Zucken von Esthers gequälter Seele, dies ist aber von keiner anderen Qualität als die Reaktion, die ein abgebrochener Absatz oder Fingernagel auslöst.

Bevor Esther schließlich in eine geschlossene Abteilung kommt, verbringt sie einen Tag am Strand bei Boston, und während der Leser noch rätselt, ob diese Szene mit ihrer Befreiung oder ihrem Selbstmord enden wird, hat sie schon längst die Ausweglosigkeit ihrer Situation erkannt. Als Zeichen dieser Ausweglosigkeit stellt sie ihre Pumps auf einen Baumstamm an den Saum des Meeres und beschließt, ins Wasser zu gehen, als die Flut kommt. Aber die Kälte des Wassers und die Schäbigkeit des ganzen Unterfangens lassen sie umkehren. Ihre Handtasche, die sie erst ganz zum Schluss weggelegt hat und sofort, nachdem sie ihren Entschluss rückgängig gemacht hat, wieder vom Boden aufhebt und an sich nimmt, ist ebenso ein Zeichen der Enge und des Gefangenseins in der weiblichen Rolle geworden wie ihre schicken Schuhe. Obwohl diese Accessoires nun jedes Sinnes entleert sind und es keinen Unterschied macht, ob man sie besitzt oder nicht, und ob sie zueinander passen oder nicht, wenn außen herum alles sinnlos ist, sind sie doch die letzten Dinge, mit denen sich Esther ans Leben klammert, bevor sie endgültig versucht, ihm ein Ende zu setzen. Wie anders hätte dieses Leben ausgesehen, wenn Esther nicht als Debütantin und Praktikantin in den frühen Fünfzigern, sondern wie James Camerons *Dark Angel* als taffer Fahrradkurier in einer nahen Zukunft in New York hätte ums Überleben kämpfen müssen. Die echten Gefahren, die in den Straßenschluchten lauern, die klobigen Schuhe und der robuste *backpack* hätten ihr sofort und ein für alle Mal jeglichen Suizidgedanken ausgetrieben.

Kindheitstraumata

Aber so existenziell muss der Unterschied gar nicht sein, den ein Rucksack macht. Ich empfehle folgenden Selbstversuch. Ziehen Sie an einem der ersten warmen Tage im Jahr ein leichtes Sommerkleid an, dazu ein Paar Flip-Flops mit dicken Sohlen, und packen Sie Ihren gesamten Krempel von Ihrer Handtasche in einen Rucksack um. Nicht in so ein hysterisches kleines City-Rucksäckchen (womöglich noch von Chanel oder MCM!), das auch auf dem Rücken von zierlichen Frauen so aussieht, als säße dort eine besonders große Kakerlake, Spinne oder Bettwanze und strecke sämtliche Beine von sich, sondern in einen *backpack* von ausreichender Größe (DIN-A4-Test!). Hängen Sie sich einen Riemen über die Schulter und lassen Sie den Rucksack schief und lässig baumeln. Fertig ist das neue, sofort verjüngende Lebensgefühl. Je nach Grundstimmung verlieren Sie auf einen Schlag fünf bis fünfzehn Jahre. Dieses Glücksgefühl einfach genießen und den nächsten Spiegel weiträumig meiden.

Führen Sie obigen Selbstversuch jedoch nur nach reiflicher Überlegung durch, falls Sie mit dem Tragen von Rucksäcken traumatische Kindheitserinnerungen verbinden. Mein Kollege Christian und ich stellten nämlich bei einem abendlichen Kneipengespräch fest, dass unsere glückliche und weitgehend sorgenfreie Kindheit von rabenschwarzen Schatten durchzogen war, die sich auf alle Tage gelegt hatten, an denen wir im Alter zwischen sieben und vierzehn Jahren mit unseren Eltern wandern mussten. Gewandert wurde an allen Sonntagen, an denen es nicht wie aus Kübeln goss oder 25 Grad unter null hatte, und da wir in Süddeutschland wohnten, bedeutete das: 51 von 52 möglichen Sonntagen im Jahr.

Besonders tief empfundenes kindliches Unglück resultierte aus der Kleidung, die wir dabei tragen mussten. Neben den obligatorischen Bundhosen (beiger Cord bei mir, Leder bei Christian) gehörten Wadenstrümpfe (rot!) und Wanderschuhe zur Ausrüstung. Ich besaß tatsächlich einen original Berchtesgadener Trachtenjanker, der sicher ein Vermögen gekostet hatte, in dem mich meine Mutter und meine Patentante allerliebst fanden, der aber bestimmt meine lebenslange Abneigung gegen alle roten Kleidungsstücke auslöste und mich zwangsläufig in die Arme des Komplementärkontrasts – Grün – trieb. Christian musste sicherlich ein Hütchen mit einem Gamsbart tragen. Das allerdings hat er mir nicht erzählt, irgendetwas mussten wir an jenem Abend in der Kneipe schließlich noch für uns behalten, um einen Rest von Würde und Selbstachtung zu bewahren.

Die Verkleidung zermürbte, aber wahre Panik provozierte bei uns beiden ein kleiner, vollkommen unschicker, uncooler Rucksack. (Ach, was sage ich, das Wort »cool« war damals im deutschen Sprachgebrauch noch gar nicht vorhanden!) Wurde der Rucksack hervorgeholt und uns Kindern auf den Rücken gebunden (ein eher symbolischer Akt: meistens beförderte ich bloß eine Schachtel Kekse und ein Schweizer Messer), war klar, dass man nicht binnen der nächsten zwei Stunden zurück sein würde. Es grenzte an seelische Grausamkeit, dass Christian und ich auf diese Weise fast alle Folgen der Augsburger Puppenkiste verpasst haben (da es damals noch keine Videorekorder gab) und diese Erfahrung mit Mitte dreißig nachholen mussten. (Noch heute können wir keine Muschel vom Strand aufheben, ohne »Mupfel« zu sagen, was die Beziehung zu unseren Partnern zuweilen stark belastet.)

Die damaligen Rucksäcke waren aus einem strapazierfähigen Leinenstoff, und es gab sie nur in einer Farbe, einer Art Gebirgsjägergraugrün, dafür aber in verschiedenen Größen. Meiner war klein, und stutzig machte mich, dass meine Eltern sich nie so ein Ding umhängten, ergo nur ich mich regelmäßig auf der Schwäbischen Alb zum kompletten Affen machte. (Was so natürlich nicht stimmt, weil dort der Wanderverein unterwegs war, dessen Mitglieder alle aussahen wie ich – und schlimmer.) Mein Rucksack war tatsächlich ein Sack, er besaß keinen festen Boden und hatte außer dem Namen wenig mit den heutigen Eastpak- oder Jack-Wolfskin-Modellen gemeinsam.

Den Sack konnte man mit einer durch Ösen geführten Kordel oben zuschnüren, und darüber ließ sich noch eine Klappe mittels einer Schnalle befestigen, was unpraktisch war und beim Öffnen immer zu einem endlosen Gereiße und Gezerre führte. Manche Modelle hatten noch kleine Seitentaschen, die ähnlich umständlich zu öffnen und zu schließen waren wie die Klappe, und das war's dann auch schon. Nichts an diesen pseudopraktischen Behältnissen ließ sich sicher verschließen (keine Reiß- oder Klettverschlüsse! Waren die damals noch nicht erfunden oder noch zu teuer?), sodass man besser gründlich in den Rucksack sah, bevor man arglos hineingriff und in einen fiesen Weberknecht oder eine Haselmaus fasste. Wasserfest war das Material natürlich auch nicht: Ein heftiger Regenschauer, und die Leibnizkekse verwandelten sich in einen aufgeweichten Brei, während der Weberknecht jämmerlich ertrank.

Der unansehnliche, schlapp am Kinderrücken hängende Sack, der alles verkörperte, was rückschrittlich, altbacken, langweilig war, und zudem den Muff von 1000 Jahren in sich trug, hatte natürlich auch nicht diese tollen gepolsterten Tragegurte seiner heutigen Nachfahren, sondern steifledernе Riemen, die mit einer fusseligen weißen Masse nur unzureichend gefüttert waren. Ich verstehe das nicht, damals flog man doch schon zum Mond, und als Ergebnis hatte meine Mutter kurz darauf eine Teflonpfanne, aber der Rucksack sah aus wie zu Zeiten des Wandervogels. So musste ich noch geschlagene 15 Jahre warten, bis ich in den USA, wo sie inzwischen die Erkenntnisse aus dem Schneidern der Raumanzüge offensichtlich auf das Gestalten von Rucksäcken übertragen hatten, endlich einen vernünftigen *backpack* im *supply store* meines Colleges erwerben durfte.

Also, falls auch Sie Jahre Ihres jungen Lebens fremdbestimmt und unglücklich auf den Wanderwegen des Harzes oder des Hunsrücks herumgestapft sind und vielleicht keine beglückende und befreiende US-amerikanische College-Erfahrung Ihr Eigen nennen können, dann überlegen Sie es sich lieber gut, ob Sie je wieder Ihre Arme durch zwei Schlaufen stecken wollen.

Live life wild and dangerous!

In einem Interview mit der *Berliner Zeitung* vom 12. Juli 2002 wundern sich die beiden Handtaschendesignerinnen Constance Hildebrandt und Katrin Fischer, dass Stefan Raab ihre anlässlich des »Pulleralarms« eigens für ihn kreierte Tasche »glatt abgelehnt« habe. Aus der äußerlich normal aussehenden Umhängetasche springt nämlich beim Öffnen ein Kunststoff-Penis heraus. Mädels, natürlich wollte Stefan Raab diese Tasche nicht! Abgesehen davon, dass es kaum einen Sinn ergibt, einem Mann – es sei denn, er ist Handtaschenfetischist oder Transvestit (was beides bei Stefan Raab ausscheidet) – eine Handtasche zu schenken, so ist es doch vollkommen ausgeschlossen, dass ein primäres Geschlechtsorgan sie ziert. Schaut man auf die Homepage der beiden fantasiebegabten und talentierten Lederfacharbeiterinnen, so scheinen auch die Kreationen »Brust« und »Po« nicht allzu sehr gefragt zu sein. Über »Erotika«, eine Art kleinen City-Rucksack, der aus einem BH und einem dazu passenden Höschen, verbunden durch Strapse, besteht, sagen seine Schöpferinnen, dass in die Körbchen je ein Brötchen und in den

Slip eine Banane passt. Warum man sein Bauarbeiter-Frühstück in einem Set Reizwäsche herumtragen soll und Geldbörse und Schlüssel – von zig anderen Utensilien, die man ja vielleicht gerne mit sich tragen würde, ganz zu schweigen – in die Hosentaschen stopfen muss, darüber schweigen sich die beiden patenten Frauen leider aus.

Vielleicht wollen wir mit einer Tasche – stets unbewusst, würde ich meinen – auf unsere Sexualität oder unsere Weiblichkeit hinweisen, aber wir wollen dies nicht plump, direkt und offensichtlich tun, sondern subtil. Wir entblößen in der Öffentlichkeit schließlich auch nicht unseren Busen oder unseren Po – es sei denn, wir heißen Bette Middler oder Cher –, sondern wir tragen ein durch Wonderbra gestütztes Dekolleté, enge Hosen oder ein raffiniert geschnittenes Kleid. Hinweis und Verweis, Andeuten und Erahnenlassen sind die Methoden, die zum Erfolg führen, Bloßlegung und Enträtselung nehmen hingegen jeden Zauber und lüften das Geheimnis, bevor es überhaupt eines werden konnte. Daher die biedere Langeweile und große Abgetörntheit, die sich am FKK-Strand unweigerlich Bahn bricht. Also tragen wir keine Handtaschen, die unsere Unterwäsche oder unseren Busen parodieren, sondern Modelle mit Leoparden-, Tiger- und sogar Kuhfellmuster (besonders hingewiesen sei auf das wundervolle Stück »Elefant« mit Raubtieroptik und großem Elefanten von Hildebrandt und Fischer), um zu zeigen, wie wild, ungezügelt, kühn, ja wie gefährlich wir sind.

Die Agentin Sydney fliegt im Pilotfilm der amerikanischen Serie *Alias* nach Asien, um dort einen Auftrag zu erledigen. Sie färbt sich die Haare feuerrot (gefährlich!), wirft sich in ein veritables Schlampen-Outfit (Tarnung!) und reist mit wenig Gepäck – einer Handtasche im Raubtierlook (wild!). Wenn das nicht Temperament, Action und Spannung signalisiert, was dann?

In einer besonders bewegenden Folge von *Sex and the City* sehen wir, wie PR-Agentin Samantha – das Luder im Frauen-Kleeblatt dieser Serie – ihr Haus auf der Upper East Side verlässt. Sie trägt ein weit ausgeschnittenes, eng anliegendes rotes Kleid und Schuhe mit hohen Absätzen – und eine Handtasche mit Leopardenmuster. Samantha, so will uns diese Aufmachung klar machen, ist auf Männerfang. Prompt dreht sich, noch bevor sie die ersten fünf Meter zurückgelegt hat, ein Prachtexemplar von Mann nach ihr um und folgt ihr nach kurzem Zögern. Samantha, ganz der überlegene Profi in solchen Situationen, hat inzwischen ihre Schritte verlangsamt und ist vor einem Schaufenster stehen geblieben. Der Mann, von ihr später als »Draufgänger« bezeichnet, spricht sie an, sie tauschen die Telefonnummern, sie verabreden sich. Beute umzingelt, Raubzug erfolgreich. (Eine selbstironische Brechung erfährt diese Episode erst später, als nichts aus der Affäre wird, weil sein Penis zu groß ist.)

Alles an Samanthas sorgfältig bis ins letzte Detail komponiertem Outfit und Auftritt – von der Leopardenhandtasche bis zum hoch erhobenen Kopf – signalisiert: Ich bin die Jägerin und du die Beute. Wegrennen ist zwecklos. Dass die Beute sich als eine Nummer zu groß für das Raubtier erweist, kommt im besten Dschungel vor.

Size matters

Aber es muss nicht gleich die Raubtieroptik sein, mit der wir ein bestimmtes Lebensgefühl zum Ausdruck bringen. So hielt ich beispielsweise mehr als ein Jahr lang einer limettengrünen großen Coccinelle-Tasche aus Wasser abweisendem Nylon die Treue, die als besonders originelles und gleichzeitig ungemein praktisches Detail über einen eingearbeiteten olivgrünen Seesack verfügte. Das verwegene Äußere und das grundsolide Innere der Tasche waren aneinander festgenäht und damit untrennbar miteinander verbunden. Die Handtasche war ein perfekter Spiegel dessen, was ich in der damaligen Lebensphase signalisierte: Farbe und Material der äußeren Hülle deuteten auf einen gewissen Wagemut und auf Unkonventionalität hin, während der eingebaute Beutel, der sich bombensicher verschließen ließ, mein Sicherheitsbedürfnis symbolisierte. Verwegenheit und Wagnis, ja – Exzentrik um jeden Preis, nein.

Für dieses Lebensprinzip, dem sich wohl die meisten Frauen verschrieben haben, gibt es mehrere Gründe. Einer ist die bereits genannte Zuverlässigkeit, die wir von unseren Taschen erwarten. Es muss zwar nicht passieren, dass ein besonders schrilles Modell gleich auseinander fällt, nur weil wir eines Tages sieben Bücher und ein Lunchpaket hineinstopfen, aber so ganz trauen wir ihm doch nicht. Ein anderer Grund wurde ebenfalls bereits erwähnt: Wir wollen das Zentrum der Aufmerksamkeit sein, wir wollen glänzen, und das kleine – oder größere – Ding an unserer Seite soll uns dabei gefälligst nicht die Show stehlen. Frauen, die durch Accessoires auffallen wollen, sollen Hüte tragen.

Im Zweifel hält man es am besten immer wie der Engländer Georges Bryan Brummell, der Prototyp des Dandy, dem wir unter anderem Schwarz als Modefarbe verdanken. »Beau« Brummell gab bereits zu Beginn des 19. Jahrhunderts eine Parole aus, die bis heute ihre Gültigkeit nicht verloren hat: »Alles vermeiden, was Lärm macht oder die Blicke auf sich zieht.« Diese solide Grundregel lässt sich in heutiger Zeit mühelos auf Handtaschen wie auf Männer übertragen. Daher gilt bei Handtaschen eine ganz einfache Maxime: Je größer sie sind, desto eher eignen sie sich für den täglichen Gebrauch, denn desto mehr steht ihre Strapazierbarkeit, Solidität und Handhabbarkeit im Vordergrund. Ausgefallene Formen, ungewöhnliche Materialien, Applikationen, wilde Muster und unnötiges Dekorum sind bei sehr großen Taschen selten zu finden. Wozu sollte man darauf auch Wert legen, wenn das Wichtigste doch ist, dass sie als Handgepäck noch zugelassen werden, obwohl wir sie so voll stopfen, dass sie nahezu 20 Kilo wiegen und unbeteiligten männlichen Betrachtern den Eindruck vermitteln, wir seien Flüchtlinge aus einem Krisengebiet und mit unserem gesamten Hab und Gut unterwegs.

Das soll selbstverständlich nicht heißen, dass die Schönheit solcher Taschen zugunsten ihrer praktischen Aspekte auf der Strecke bleibt. Ganz im Gegenteil: Die Schönheit liegt gerade darin, wie der Handtaschendesigner die praktische Seite gelöst hat. Sehen Sie sich nur einmal die größten Taschen von Kate Spade, Hermès, Furla oder Mandarina Duck an. Das sind Handtaschen von wahrlich monströsen Ausmaßen, und man ist beim Betrachten dieser Gebilde in einem Laden sofort im Zweifel, ob man sich nicht vielleicht doch in die Reisegepäckabteilung verirrt hat. Natürlich sind diese Kreationen wunderbar und der Traum einer jeden Frau. Und natürlich kommen Kommentare wie »Ha, ha, Annette, wo will denn diese Tasche mit dir hin?« ausschließlich von Männern.

Freilich gibt es auch hässliche große Taschen und Frauen, die behaupten, dass man keine Tasche in einer vernünftigen Größe und mit der notwendigen Stabilität erstehen kann, die gleichzeitig ästhetische Kriterien erfüllt. Ein solcher Fall ist meine Freundin Isabelle, eine sehr modebewusste junge Frau, die aber die Jagd nach der richtigen Tasche bereits vor geraumer Zeit aufgegeben hat. Isabelle ist Sachbuchlektorin in einem großen Verlag und schleppt jeden Tag Manuskripte von gigantomanischen Ausmaßen von ihrer Wohnung ins Büro und zurück.

Das Behältnis, das sie, seit ich sie kenne, dafür benutzt, ist ein riesiges Ungetüm aus grauem Leder, das im Lauf der Jahre Risse, Falten und Runzeln bekommen hat, bei dem es inzwischen ein Vorne und Hinten gibt und das irgendwie ein eigenes Leben zu führen scheint. Manchmal erschrecken Leute in der U-Bahn oder im Bus, wenn Isabelle einsteigt, weil sie glauben, sie führe einen Babyelefanten oder ein ausgewachsenes Warzenschwein spazieren. Sicher ist, wie alles in Isabelles Schränken, auch dieses Monstrum ein teures Stück, aber das sieht man ihm leider nicht an. Eher verhält es sich damit so wie mit einigen ihrer Kleidungsstücke, zum Beispiel dem neuen Wintermantel. Gerade als ich ihr unaufdringlich meine finanzielle Hilfe anbieten wollte, da sie offensichtlich in eine Situation geraten war, in der sie ihre Bekleidung aus dem Fundus der Heilsarmee rekrutieren musste, waren wir im Restaurant angekommen, und Isabelle zog das kleine filzige rote Etwas aus (mit dem sie gefährlich dem Mädchen im roten Mantel aus *Schindlers Liste* ähnlich sah und ganz offensichtlich nicht nur mein Mitleid, sondern auch das von Passanten erregte), und ich sah das Moschino-Schild. In etlichen Läden, in denen ich mir noch nicht einmal ein Paar Socken leisten kann, konnte ich mich vergewissern, dass Isabelle locker einen nicht unbeträchtlichen vierstelligen Betrag für das enge Mäntelchen mit den zu kurzen Ärmeln hingelegt hat.

Obwohl ich sie nie gefragt habe, hege ich bei dem tragbaren Taschenelefanten einen ähnlichen Verdacht. Und nur der Vollständigkeit halber füge ich noch hinzu, dass Isabelle geschieden ist, und ihre Ehe mit einem besonders glamourösen Exemplar der Szene noch nicht einmal sieben Monate gehalten hat, während das Warzenschwein gerade in sein siebtes Jahr geht. Auch wenn ich glaube, dass das Warzenschwein und ich nie Freunde werden können und dass ich beim leisesten Schwächeanfall des Monstrums Isabelle sofort zum Kauf einer anderen Handtasche überreden werde, so ist es doch auch offensichtlich, dass sie auf diesem Gebiet genau den zuverlässigen Begleiter gefunden hat, den sie braucht, während der Slam-Poet, Rockstar, Performance-Künstler oder was immer er auch war, noch immer von spätvormittags bis nachts Joints raucht und sich wundert, warum keiner mehr den Abwasch macht, die Unterhosen wäscht und die Brötchen verdient. Derweil schlummert der Babyelefant geduldig unter Isabelles Schreibtisch, räkelt sich schlaftrunken, wenn er merkt, dass er gebraucht wird, und grunzt glücklich, wenn am späten Abend der Nachhauseweg eingeschlagen wird.

One-Night-Stands

So viel zum Eigenleben großer Taschen und der damit einhergehenden Dynamik in der Beziehung zu ihnen. Ganz anders ist das Verhältnis einer Frau zu einer kleinen Handtasche. Je kleiner Taschen sind, desto exquisiter sind meist ihr Material und ihre Verarbeitung. Ein von Hand mit Federn besetzter oder mit Pailletten, Perlen und Strass bestickter Shopper wäre nicht nur zu schwer und »too much«, sondern mit Sicherheit auch vollkommen unbezahlbar. Also findet man aufwändige Handarbeit, teure Materialien und ausgefallene Ideen vorzugsweise bei Abendtaschen.

Die kleinen Gebilde sind oft wahre Kunstwerke wie die Täschchen von Miguel aus der Schweiz, der beispielsweise in einer limitierten Auflage von nur 6 Stück kleine Abendtaschen aus emaillierten Silberplättchen fertigt oder ein filigranes Silberherz mit einem Ebenholzgriff versieht und in eine Art durchsichtiges Kunststoffröckchen steckt. Judith Leibers zuweilen hart am Rande des Kitsches angesiedelte Täschchen und *Minaudieres* aus kostbaren Materialien, die sie in den 60er-, 70er- und 80er-Jahren designt hat, sind heute gefragte Sammlerobjekte. Viele von ihnen haben mit Halbedelsteinen verzierte Verschlüsse oder sind mit Swarovski-Kristallen besetzt und innen mit Spiegeln sowie kleinen Kämmen ausgestattet. Vor allem die aus farbenfrohem Leder gefertigten Kollektionen der 80er-Jahre erfreuen sich allergrößter Beliebtheit. Wer es lieber avantgardistisch mag, der kann sich mit Maryann Scandiffios Abendtasche aus rostfreiem Stahl bewaffnen, und für den eher traditionell ausgerichteten Geschmack gibt es unter anderem bei Ludwig Nowotny in echtem Wiener Petit-Point bestickte Abendtaschen mit ganz reizenden altmodischen Motiven.

Für den täglichen Gebrauch sind diese Kreationen undenkbar, und nicht nur aus dem unmittelbar augenfälligen Grund, dass außer zwei Opernkarten und einer Kreditkarte rein gar nichts in sie hineinpasst. Ihr exzentrisches, manchmal fast schon freakiges Äußeres in Kombination mit ihrem hochsensiblen Inneren hat seinen Platz in unserem Leben, jedoch nur ab und an und auch dann nur für eine begrenzte Zeit. One-Night-Stands eben. Ihr Gebrauch resultiert aus einer – meist durchaus kalkulierten – Laune. Anders als der Urlaubsflirt sind sie zwar im Licht des nächsten Tages, in einem für sie fremden, uns aber vertrauten Kontext, zwar nicht plötzlich lächerlich, zu jung, zu alt, grau oder hässlich, aber sie wirken wie eine Übertreibung. Eine Nacht lang waren sie vollkommen in Ordnung, da man sie an nichts messen konnte oder wollte, aber der nächste Morgen und die Erfordernisse, die dieser zwangsläufig mit sich bringt, machen uns unmissverständlich klar, dass es so nicht weitergehen kann und dass dem gerade begonnenen Verhältnis keine Zukunft beschieden ist, noch nicht einmal ein Wiedersehen. Viele Abendtäschchen erleiden – ebenso wie viele Abendkleider – genau dieses Schicksal. Sie werden ein einziges Mal bemüht, und danach gibt man sie in einen exklusiven Secondhandladen oder wirft sie in die finsterste Ecke des Garderobenschranks. Diese Behandlung, ja die ganze Kurzlebigkeit der Beziehung steht in einem eklatanten Widerspruch zum tatsächlichen Wert der Taschen, für die man beträchtliche Summen hinblättert, nur um sie wie ein Feuerwerk an einem Abend abzubrennen.

Mehr noch als einem One-Night-Stand ähneln diese Affären bei genauerer Betrachtung der Beziehung oder Nicht-Beziehung, die eine Frau mit einem Callboy oder bezahlten

Liebhaber verbindet. Beide Seiten wissen, dass es nur um Sex geht, wobei die eine Seite eine professionelle Dienstleistung erbringt und die andere Seite dafür bezahlt. Es wäre töricht zu erwarten, dass aus einer solchermaßen vertraglich vereinbarten Nacht in der Folge eine Freundschaft fürs Leben wird oder dass man plötzlich entdeckt, dass man statt zu vögeln doch lieber das Kreuzworträtsel der *New York Times* zusammen lösen will. Wenn sich beide Seiten an die Spielregeln halten, kann das eine prima Nacht werden, gerade weil man es mit einem Fremden zu tun hat und gerade weil man nichts zu verlieren hat – und gerade weil man dafür bezahlt.

Bis dahin mag das abgeklärt und weltläufig klingen, aber, ehrlich gesagt, hat mir die Idee des Abendtäschchens nie eingeleuchtet. Deshalb besitze ich auch nur eines, und das datiert aus dem Jahr 1985 und kam nur ein einziges Mal zum Einsatz. Es ist aus schreiend türkisgrünem (ja, ja, falschem!) Schlangenleder, hat einen elaboriert verzierten Schnappverschluss und keinen Griff, dafür ein albernes und daher zum Glück im Tascheninneren versenkbares Kettchen aus Gold, das wohl als Ersatzhenkel herhalten soll, wie mir bei seinem einmaligen Gebrauch schnell und schmerzlich klar wurde. Es muss damals, vor nunmehr 18 Jahren, ein Abend-Outfit gegeben haben, zu dem diese Tasche gepasst hat. Wie das aussah, habe ich nahezu vergessen. Was mir allerdings im Gedächtnis blieb, ist, dass ich das kleine doofe Ding überaus unpraktisch fand. Zum einen ging noch nicht einmal eine Packung Tempotaschentücher hinein, sondern bestenfalls zwei individuelle Tempos, die man zuvor einer raffinierten Falttechnik unterzogen hatte. Geld war darin nur in gebügelten Scheinen und selbstverständlich ohne Geldbörse unterzubringen; Wechselgeld in Münzen gab man am besten gleich als Trinkgeld oder schmiss es in den nächsten Mülleimer, denn man hätte magischer Fähigkeiten bedurft, um es irgendwie in diesem Witz von einer Tasche verschwinden zu lassen.

Zum anderen aber, und das wog schwerer, werde ich nie das unangenehme Gefühl vergessen, wie es war, sich dieses dumme Täschchen unter den Arm zu klemmen. Die Hälfte der Zeit an jenem Abend verging mit Panikattacken, ob ich das gute Stück mitsamt dem Geld, das mir mehrere Gläser Sekt sowie die Taxifahrt nach Hause bezahlen sollte, nicht vielleicht schon unbemerkt verloren hatte, und die andere Hälfte der Zeit bemühte ich mich, keinen Krampf im Oberarm zu bekommen. Je weiter der Abend fortschritt und je stärker mich der Hunger plagte (linke Hand hält Teller, rechte Hand hält Gabel, Glas balanciert auf Fensterbrett, wohin aber mit der Tasche?), desto undamenhafter verschob ich die Tasche nach oben unter meine Achsel, wo ich endlich das Gefühl hatte, dass sie dort unverrückbar stecken bleiben konnte, und zwar unabhängig davon, wie unelegant oder unbeholfen das aussehen mochte. Die einzige Alternative wäre gewesen, sie zwischen die Knie zu klemmen, und das ging nun wirklich nicht. Überflüssig zu erwähnen, dass das kleine Etwas seit jener Nacht, in der ich es immerhin noch nach Hause brachte, ohne es zu verlieren, hinter drei Türmen von Schuhkartons ein ewiges Grab gefunden hat.

Mein Vorschlag zur Lösung dieses und ähnlich gelagerter Probleme wäre die Abendtasche zum Mieten, also ein ehrliches Bekenntnis dazu, dass man ein Ding für seine Dienste für eine Nacht bezahlt und danach zurückgibt. Keine komischen Gefühle, keine Gewissensbisse, sondern pure Dienstleistung und sinnvolle Eingliederung in den Wirtschaftskreislauf. Nie wieder One-Night-Stands, die ohnehin bloß auf einem missverstandenen archaischen Tauschgeschäft beruhen. Merkwürdigerweise scheint dies noch niemand in eine gewinnbringende Geschäftsidee umgesetzt zu haben. Und obwohl sich Männer in Amerika an jeder Ecke einen »Tuxedo« leihen können (inzwischen auch bei uns, aber nicht an jeder Ecke) und es sogar Nobelpreisträger gibt, die die Preisverleihungsfeier keines Frackerwerbs, sondern lediglich eines Frackentleihs für würdig befinden, scheint noch nie eine Frau auf die Idee gekommen zu sein, sich – egal zu welchem Anlass – eine Abendtasche zu leihen. Ich kenne Frauen, die haben in anderer Leute Schuhe geheiratet, Kolleginnen, die wochenlang in geborgter Kleidung ins Büro kommen, und eine Freundin, die sich regelmäßig meinen Badeanzug nimmt, aber ich weiß tatsächlich von keiner einzigen Frau, die sich jemals auch nur für eine Nacht ein Abendtäschchen – egal wie winzig klein und bedeutungslos – ausgeliehen hätte.

Irgendwie ist das nur logisch, denn ich kenne auch keine einzige Frau, die sich jemals einen Callboy bestellt oder sich in sonst einer Form Sex mit Geld erkauft hätte, vom Erwerb eines Vibrators einmal abgesehen. Stattdessen kennen wir alle die Geschichten von den One-Night-Stands, und irgendwann hat man so viele davon gehört (oder erlebt), dass man Gesetzmäßigkeiten und Muster darin erkennt. Da gibt es den Morgen danach, an dem man sich kurz fragt, was das eigentlich war, das sich da in den letzten Stunden abgespielt hat. Er hat keinen Zettel hinterlassen, außer dem Vornamen wissen wir nicht viel von ihm, und offensichtlich hat er sich während unserer postkoitalen Bewusstlosigkeit aus dem Haus geschlichen. In unserem tiefsten Inneren sind wir jedoch heilfroh, dass er nicht plötzlich mit Brötchen in der

Tür steht und glaubt, dass dies der Beginn einer wunderbaren Freundschaft sein könnte.

Oder es gibt Geschichten wie die meiner Freundin Suse, die sich auf der Hochzeit ihrer Schwester einen der Trauzeugen für eine Nacht griff. Suse, die Ältere der beiden Schwestern, war es nämlich leid, dass die Eltern in der Tischansprache nun schon zum wiederholten Male darauf herumgeritten waren, dass sie doch sehr hofften, dass auch sie – Suse – bald in feste Hände komme und in den Hafen der Ehe einfahre. Nachdem jedes nur erdenkliche Klischee in dieser Rede bemüht worden war und Suse mit wachsendem Zorn und Ennui zugehört hatte, nahm sie ihre ganz persönliche Rache und strahlte noch Tage später in der Erinnerung daran. Beim klassischen One-Night-Stand geht es nämlich – auch wenn er diskret vollzogen wird – in erster Linie um Lustgewinn durch Selbstdarstellung. »Der One-Night-Stand«, so klärt uns der Sexualwissenschaftler Volkmar Sigusch auf, »befriedigt vor allem ein narzisstisches Bedürfnis.« Es dürften also eigentlich nur glückliche Menschen aus solchen Begegnungen hervorgehen.

Am häufigsten aber sind solche Geschichten, in denen der Katzenjammer das gute Gefühl überwiegt. Sei es, weil die Frauen sich sofort beim ersten Mal verlieben (soll ja vorkommen), oder sei es, weil es mangels Kompatibilität und Vertrautheit oder wegen unangenehmem Körpergeruch, Löchern in den Socken oder störender und nicht auszublendender Angewohnheiten, von denen man vorher nichts ahnen konnte, doch nicht die prickelnde Nacht wurde, die es hätte werden sollen. Ja, die meisten One-Night-Stands sind streng genommen Flops. Ähnlich wie Bunjee-Jumping. Irgendjemand hat einmal behauptet, es gebe einem den ultimativen Kick, aber eigentlich hat man nur Angst: vorher, währenddessen und hinterher auch noch. Der Schlag in die Magengrube und das hüpfende Herz fühlen sich genauso an, wie wenn man plötzlich auf der Autobahn feststellt, dass einen ein 5er-BMW von rechts überholt oder wenn man auf der Kreditkartenabrechnung sieht, dass einem ungefähr jeder dritte Posten doppelt in Rechnung gestellt wurde. Panik, Schweißausbruch.

Zum einen ist das Abendtäschchen natürlich deshalb so klein, weil das eleganter ist und weil dieses kleine Format seine Trägerin wie eine Elfe aussehen lässt und nicht wie das schwer schleppende Lastentier, das sie tagsüber darstellt. Zum anderen will eine Frau mit einem Abendtäschchen sagen: Sieh her, alles was ich brauche, trage ich bei mir, nämlich am Leib, und in der kleinen Fortsetzung meines Leibes, diesem kleinen Behältnis, bewahre ich nur einen Lippenstift und einen 50-Euro-Schein auf (und vielleicht ein Kondom oder zwei). Das ist alles, was ich für einen gelungenen Abend und eine leidenschaftliche Nacht benötige. Mehr nicht, auch keine Unterwäsche, für die unter dem hautengen Abendkleid ohnehin kein Platz wäre. Genau das jedoch habe ich nie verstanden. Gerne nehme ich zu den rauschendsten Ballnächten, den illustersten Empfängen (zu denen mich keiner mehr einladen wird, der den Absatz zu Ende gelesen hat), zu Gartenpartys in lauen Sommernächten und zu Rockkonzerten in Fußballstadien eine warme Strickjacke mit und eine Unterhose zum Wechseln, vielleicht auch noch ein paar flache Schuhe, falls man mit dem Fahrrad da ist oder es weit bis zur nächsten Bushaltestelle hat. Außerdem brauche ich mein Brillenetui samt Brille (falls ich feststelle, dass ich fast niemanden kenne und die wenigen bekannten Gesichter im Gewühl finden muss), ein Reisenähset (falls beim Tanzen –

oder beim Essen – eine Naht platzt), die Dose mit losem Puder nebst Puderpinsel (auch das perfekteste Make-up beschert einem nicht die ganze Nacht lang den begehrten Matt-Look), das Handy (falls man sich noch mit jemandem, der gerade woanders ist, für später verabreden will), die Parfümflasche, den Deoroller, einen Stadtplan, Autoschlüssel, Papiere und Führerschein, den Büroschlüssel (falls man lieber dort übernachten will), Aspirin und Kohletabletten, einen Notizblock und einige Stifte, Visitenkarten, den Reisepass (falls man mitten in der Nacht durch zwingende Umstände in die Schweiz einreisen muss) und so weiter und so fort. Überflüssig zu sagen, dass ich immer Unterwäsche trage, auch unter den dünnsten Kleidchen gerne große, turnhosenartige Baumwollmonstren mit Bein, die man mühelos bis unter die Achselhöhlen ziehen kann.

Fazit: Ich – und nicht nur ich, sondern vermutlich fast jede Frau – will auch oder gerade an einem solchen Abend einen zuverlässigen, belastbaren Begleiter. Die Abendtasche kann mir persönlich gestohlen bleiben.

Die Sache mit dem Ex

Mag ein entscheidender Vorteil von Urlaubsflirts und One-Night-Stands darin bestehen, dass der Abschied von ihnen leicht fällt, so sieht das bei einer richtigen Beziehung völlig anders aus. Je mehr Zeit man zusammen verbracht hat, desto schwerer fällt es, sich zu trennen. Nicht viele Frauen schaffen es, eine abgelegte Handtasche in den Hausmüll zu stopfen. Die meisten bewahren ihre alten Taschen in irgendeiner

Form auf oder geben sie ordentlich gesäubert und abgebürstet in die Altkleidersammlung, was mir wiederum ein unerträglicher Gedanke ist. Es ist mir völlig egal, ob jemand meinen geschnürten, pinkfarbenen Jean-Paul-Gaultier-Rock aus dem Jahr 1990 aufträgt, aber der Gedanke, dass eine andere meine Coccinelle-Tasche oder meinen Picard-Koffer betatschen und ihre Sachen darin herumtragen könnte, ist mir zutiefst zuwider. Es ist wie mit den Ex-Freunden. Man weiß, dass sie über kurz oder lang wieder eine Beziehung eingehen werden, doch man möchte gar nicht so genau wissen, mit wem, und man will es sich schon gar nicht im Detail mit ansehen müssen. Ob er glücklich wird oder nicht, ist dabei fast egal, denn dass es überhaupt eine andere Frau nach uns gibt, ist unbegreiflich und unverständlich und entsetzlich und unendlich viel schlimmer als die Tatsache, dass es andere Frauen vor uns gegeben hat.

Am ehesten kommt man über alles hinweg, wenn man eine angemessene Frist von Trauer und Trost verstreichen lässt. Als böser Fehler erweist sich im Übrigen die Rückkehr zum Ex und auch zur Ex-Tasche. In meinem Leben ist dabei eindeutig ein Muster zu erkennen: Ich halte so lange an der alten Tasche fest, bis die neue umzingelt und schließlich erworben ist. Dann mache ich kurzen Prozess mit der alten. Zum Umräumen meiner Utensilien von der alten in die neue Tasche warte ich immer bis zum Abend, damit ich, während ich mich dieser Tätigkeit schuldbewusst, aber auch genüsslich hingebe, eine Screwball-Comedy oder einen alten Marilyn-Monroe-Film ansehen kann. So hat die ganze Aktion etwas Beiläufiges wie Bügeln oder Stopfen, und der vernichtende Aspekt, das Schlussmachen mit der vorigen Tasche, tritt in den Hintergrund.

Dieses Verfahren hat sich bewährt und schont meine Nerven. Leider lässt es sich nur bedingt auf den Umgang mit Männern übertragen. Vielleicht wäre eine Entsprechung noch am ehesten darin zu sehen, dass man auch, wenn man mit einem Mann und nicht mit einer Tasche Schluss macht, eine andere Beschäftigung, zum Beispiel Essen oder Spazierengehen in den Vordergrund stellt. Dann nämlich müssen sich Kopf, Schultern, Arme und Beine auf ihre Funktion konzentrieren und dürfen nicht schlapp und hilflos herunterhängen. Unterstützend wirkt zudem eine gewisse Öffentlichkeit, etwa ein gut besuchtes Restaurant oder ein Park oder der Zoo, denn mit Sicherheit hat eine solche Umgebung den Effekt, dass der Mann – konfrontiert mit der unausweichlichen Wahrheit – nicht ungehemmt drauflosweint, nicht zuschlägt oder sich zu sonst irgendetwas hinreißen lässt, das er nachher bereuen würde. Fast alle Frauen können bestätigen, dass Männer sich in würdelosere Formen der Selbsterniedrigung versteigen als wir, um dem Schicksal des Verlassenwerdens zu entgehen. Indem man ihnen quasi vor Publikum den Laufpass gibt, beschützt man sie vor allzu unsinnigen Äußerungen und übertriebenen Reaktionen. Öffentliche Dumping-Aktionen sind also kein Akt der Rücksichtslosigkeit oder Ausdruck mangelnden Taktgefühls, sondern im Gegenteil ein Zeichen weiblicher Fürsorge und Humanität.

Aber wie wir ebenfalls alle wissen, ist es mit dem offiziellen Schlussmachen nicht vorbei. Meist beginnen danach Tage, Wochen, zuweilen sogar Monate und Jahre quälender Telefonanrufe, bittender Briefe, flehentlicher E-Mails, drängender SMS und jämmerlicher Besuche. Männer von Freundinnen, die in Sätzen wie »Gib mir mal die Butter« oder »Fahr doch auf dem Nachhauseweg auch gleich das Auto durch die Waschanlage« nie zu einem »bitte« in der Lage waren, schäumen nun über vor »please, baby, baby, please«. Alle Koseworte der ersten drei Beziehungswochen werden aufs Neue bemüht, und wir stehen ratlos da und sehen und hören uns das alles an. Weil wir keine seelenlosen Monster sind und uns die Trennung selbstverständlich ebenfalls zu schaffen macht, sind wir zuweilen in Versuchung, dem Gebettel und Geheule nachzugeben. Die Kerle dürfen wieder an unseren gedeckten Abendbrottisch, auch in unser Bett und vor unseren Fernseher, wobei ein ungutes Gefühl bleibt, und irgendwann kommt dann doch der endgültige Rauswurf, der ultimative Schlussstrich. Das ist alles nicht schön und auch für den Umgang mit Handtaschen nicht zu empfehlen, denn es wird nie wieder wie früher, und der Grund, warum wir diese Tasche nicht mehr am Arm hängen haben wollen, wird uns jetzt in jedem Moment deutlich, viel stärker noch als vor der eigentlichen Trennung. Und hier sind wir wieder beim Akt des Entsorgens: Es ist vielleicht doch für alle Beteiligten besser, wenn das gute Stück für immer in der Mülltonne versinkt, als dass es aus Mitleid ein irgendwie geartetes »shelf-life« führt.

Umgekehrt verbietet sich natürlich für uns als Verlassene die Rückkehr zum Ex. Alle kennen das grauenhafte Gefühl, wenn man gerade frisch verlassen wurde, es überhaupt nicht fassen kann und nur einen Gedanken hat, nämlich den, dass einem mit einem Schlag die Existenzgrundlage entzogen wurde und es nun überhaupt nicht mehr weitergehen wird. Das ganze Leben, die Welt, das Planetensystem, das Universum wird zum Stillstand kommen und in ein bodenloses Nichts zusammenfallen, weil ER gesagt hat: »Du, ich finde wir sollten uns trennen.« Alle anderen Szenarien erscheinen im Vergleich mit diesem einen entscheidenden Satz wie eine Banalität: Ein Meteorit wird in fünfzehn Stunden auf der Erde einschlagen und sie vernichten? Natürlich wird man diese letzten Stunden mit IHM verbringen. Es wird eine tödlich verlaufende, seltene Krankheit diagnostiziert, die einem noch ein Jahr lässt? Natürlich fahren wir sofort mit IHM in die Karibik. Arbeitslosigkeit, Brechdurchfall, Folter mit glühenden Zangen – alles würde man gerne auf sich nehmen, nur um dieses Gefühl verschwinden zu lassen, nur um diesen vernichtenden Satz ungesagt zu machen. Es dauert meist Wochen, bis man merkt, dass man noch lebt, und Monate, bis man feststellt, gar nicht so schlecht. Diese Wochen und Monate gilt es, zu überstehen, ohne dass man weich wird, zurückrennt und an seiner Tür kratzt.

In einer amerikanischen Frauenzeitschrift sah ich neulich einen Psychotest: »Are you a dumper or a dumpee?« (»Sind Sie diejenige, die sitzen lässt, oder die Sitzengelassene?«) Eine Frage, die sich in Bezug auf die Taschen leicht und zu unserer Zufriedenheit beantworten lässt: Wir Frauen sind die »dumpers«. Sosehr wir unsere Taschen als zuverlässige Lebensgefährten schätzen, so froh sind wir, dass wir die Oberhand über sie haben: Wir entscheiden, wann Schluss ist.

Das erste Mal

An ihre erste Handtasche erinnern sich die allermeisten Frauen wie an die erste Liebe oder das erste Mal. Und wie in der Liebe ist mit der ersten Handtasche eine magische Schwelle überschritten: Wenn man nicht gerade ein traumatisches Erlebnis damit verbindet, kann man sich ein Leben »ohne« danach nicht mehr vorstellen.

Auch ich habe an meine erste Handtasche eine deutliche Erinnerung, obwohl sie eigentlich eine Halstasche war, ein kleines geflochtenes Bastkörbchen, rund, mit einem festen Boden, oben offen und ohne Deckel. An einer Seite war das Körbchen mit buntem Bast großflächig mit Zitronen und Orangen bestickt. An diesem entzückenden sommerlichen Gefäß war eine Kordel befestigt, und meine Mutter erwarb es bei einem Urlaub an der Adria und hängte es mir kurzerhand um den Hals, genau wissend, dass so die Chancen, dass ich es verlieren oder bei der erstbesten Gelegenheit irgendwo abstellen und vergessen würde, relativ gering waren. Meine Mutter kaufte sich eine erwachsene Variante dieser Tasche, und selbstverständlich trug sie ihre nicht um den Hals. Es war unser erster Italienurlaub zu dritt, es waren die Sechzigerjahre, und Bikini bedeutete in jenem Alter, dass man unten eine kleine Hose trug und oben nichts.

Ich war vier, und kaum etwas sonst aus diesem Urlaub blieb in meinem Gedächtnis haften (außer der Farbe meines Sandeimers, was wahrscheinlich tief blicken lässt), aber an dieses Körbchen kann ich mich sehr gut erinnern. Nicht nur an seine Gestalt und seinen Geruch, sondern vor allem an das tiefe Glücksgefühl, das von seinem Besitz ausging. Tagelang überlegte ich mir genau, was ich in diese Tasche steckte und was draußen bleiben musste. Anfangs räumte ich sie abends aus und morgens wieder ein, bis ich bemerkte, dass es mich noch zufriedener machte, wenn ich sie gar nicht mehr leerte, sondern alles Mögliche kontinuierlich hinzufügte und nur gänzlich unbrauchbar Gewordenes – wie beispielsweise zerbrochene Muscheln oder mausetote, stinkende Einsiedlerkrebse – daraus entfernte. Bei unserem Rückflug aus dem Urlaub füllte mir die nette Lufthansa-Stewardess, die perfekt im Look der Sechzigerjahre gekleidet war (was natürlich damals noch kein Retro-Schick war, sondern echt), das Körbchen randvoll mit diesen irrsinnig leckeren weichen kleinen Fruchtkaramellen von Wissoll, die es außer in der Geschmacksrichtung Kirsche auch in Orange und Zitrone gibt. Und die stilisierten Orangen und Zitronen auf dem Bonbonpapier sahen genauso aus wie die Orangen und Zitronen auf meinem Körbchen. Das Glücksgefühl, das von dieser Beobachtung ausging, ließ sich kaum noch steigern, denn zum ersten Mal erschien mir das Leben einen geradezu romanhaften Sinn zu ergeben: Es hatte Querverweise, Wiederholungen und Parallelen. Es war so schön.

Erste Behältnisse

Spätere Beziehungen zu Behältnissen aller Art waren nie wieder so unbeschwert, da sie immer mit einem Zweck verbunden waren. Die Kindergartentasche, die uns in farbenfroher Zweckdienlichkeit ebenfalls vom Hals baumelte, diente in allererster Linie dazu, ein Sortiment an belegten Broten in den Kindergarten zu tragen. Meine Mutter warnte mich morgens eindringlich vor den »Langhaarigen« und »Linken«, das waren die älteren Schüler des Gymnasiums, an dem mein Weg in den Kindergarten, wenn ich ihn abkürzte, vorbeiführte, weil die uns kleineren Kindern angeblich die Pausenbrote abknöpften. Vermutlich war das eine zeitgemäße Variante der Geschichte vom schwarzen Mann, denn ich ging – den Umweg scheuend – trotz der Warnungen meiner Mutter täglich furchtlos an diesen Jungs vorbei, ohne dass sich je einer für mich oder meine Brote interessierte. Für den Transport anderer interessanter Dinge wie auf dem Nachhauseweg gesammelter Schnecken und Steine, Blätter und Hagebutten blieb kein Platz. (Man sollte natürlich annehmen, dass ich die Stullen auf dem Nachhauseweg nicht mehr in meiner Tasche hatte, aber zur allergrößten Verzweiflung meiner Mutter war das an fast jedem Tag der Fall.)

Dann die Schultüte: Sie ist freilich keine Handtasche im eigentlichen Sinn und kommt hier nur vor, weil man sie tatsächlich einen ganzen Tag lang an den Leib gepresst mit sich herumschleppte, sie einem also an diesem ersten Schultag wie eine Art geheuerter Bodyguard nicht von der Seite wich, zumal man sie auch noch mit beiden Händen festhalten musste. Schultüten sind bestimmt mit dem Hintergedanken so unpraktisch gestaltet, dass ein Kind erst gar nicht auf die Idee kommt, so ein mit Süßigkeiten beladenes Ding immer bei sich tragen zu wollen.

Und dann schließlich der Schulranzen. Florian Illies beschreibt in seinem Buch die ersten Scout-Schulranzen als ein Markenzeichen der Generation Golf in jungen Jahren, und bei der Lektüre dieses Kapitels wurde mir einmal mehr bewusst, warum mein Jahrgang dieser Generation nicht mehr angehören kann (obwohl viele von uns als erstes Auto einen Golf fuhren): Der Scout-Schulranzen lag noch in ferner Zukunft. Erst viele Jahre später sahen wir morgens frisch eingeschulte Zwerge an der Ampel und im Bäckerladen, die diese abwaschbaren, bunten Kästen auf dem Rücken trugen. Wir hingegen trugen lederne Schulranzen, die schon ohne Befüllung ein kriminelles Eigengewicht auf die Waage brachten. Es gab im Großen und Ganzen nur zwei Modelle. Das eine Modell wurde von optimistischen Eltern erstanden, die offenbar vermuteten, dass ihre hoffnungsvollen Sprösslinge die Tasche bis zum Abitur benutzen würden. Diese Schulranzen waren riesig und so konzipiert, dass man die beiden Tragegurte abmachen und dann, so etwa ab der fünften oder sechsten Klasse, die Tasche an einem Griff wie eine Aktentasche tragen konnte. Das andere Modell war ein lederner Ranzen, der sich in nichts anderes verwandeln ließ, aber dafür den Vorzug hatte, dass er nicht größer war als das Kind, das ihn tragen musste. So einen hatte ich.

Meinen Ranzen und mich verband vier oder fünf Jahre lang eine Zweckgemeinschaft, aber kein leidenschaftliches Verhältnis. Zugleich war er – abgesehen vom unvermeidlichen Turnbeutel – die einzige Tasche, die ich täglich, außer sonntags, trug. Das sommerliche Körbchen aus Italien hatte sich in der Zwischenzeit in einzelne Bastfäden aufgelöst und war durch andere während späterer Ferien erworbene Taschen und Beutel ersetzt worden, die alle wiederum ein Jahr darauf einen Nachfolger bekamen. Einen ständigen Begleiter, etwas, das wirklich dauerhaft den Namen »Handtasche« verdient hätte, besaß ich bis zu meinem siebzehnten Lebensjahr nicht, obwohl meine Mutter und etliche meiner Tanten mehrere Versuche unternahmen, mich an den Gebrauch des damenhaften Utensils zu gewöhnen. Es verhielt sich damit so ähnlich, wie wenn man versucht, einem Kind in diesem Alter beizubiegen, dass Fisch lecker schmeckt. Es geht einfach nicht, und über ein paar Fischstäbchen kommt kaum jemand vor seinem zwanzigsten Lebensjahr hinaus. Irgendwann gibt es dann eine Art Quantensprung, und man mag Fisch, bestellt ihn sogar freiwillig in einem Restaurant. Kurzum, fast kein Mädchen hat damals freiwillig eine Handtasche getragen. Wenn wir es mussten – zum Kirchgang, bei der Konfirmation oder anlässlich des Abschlussballs in der Tanzstunde – wurde die lästige Tasche irgendwann über irgendeine Bank- oder Stuhllehne gehängt und einfach vergessen, weil uns ihr Gebrauch so fremd war.

Erste Ahnungen

Der Grund, warum nicht nur ich, sondern auch alle meine Geschlechtsgenossinnen es ablehnten, Handtaschen zu tragen, lag – so fürchte ich – an den Jungs. Schon im Teenageralter entwickeln Männer Gewohnheiten und Haltungen, die sie als Erwachsene nicht etwa überdenken, als unreif abtun und dann über Bord werfen, sondern die sie im Gegenteil immer mehr zementieren und zelebrieren. In jenem zarten Alter, auch wenn es unangenehm ist, sich dies heute eingestehen zu müssen, waren wir Mädchen noch leicht von diesem männlichen Getue zu beeindrucken.

Jungs wie Männer tragen ihr Portemonnaie oder ihre Brieftasche entweder in der Gesäßtasche der Hose oder in der Brusttasche von Mantel, Sakko oder Jacke und damit auf jeden Fall außen am Körper – analog zu ihren Geschlechtsorganen. Sogar für die Zigarettenpäckchen fanden die Jungs meiner Generation einen Aufbewahrungsort und eine Transportform: Sie steckten im T-Shirt-Ärmel, und es mussten immer so viele Zigaretten aus der Schachtel bereits entnommen sein, dass das Feuerzeug gleich mit hineinpasste. Varianten dieser Beförderungsformen, die gerne bei Auslandsreisen erprobt werden, sind Brustbeutel oder Gürteltasche. Einem Mann genügt das. Er beschränkt sich auf das Notwendigste, alles andere wäre Ballast – und der Gebrauch einer Handtasche undenkbar.

Ganz anders bei Frauen, die gerne die kostbarsten Alltagsutensilien wie Geldbörse, Haus- und Autoschlüssel, Lippenstift, Schminkspiegel, Führerschein, Terminplaner, Mini-Nähset, Zahnseide, Kaugummi etc. etc. so gut wie möglich in einer Handtasche geschützt bei sich tragen – ebenfalls analog zu ihren Geschlechtsorganen.

Die beiden deutschen Designerinnen Desiree Heiss und Ines Kaag, die sich unter dem Namen Bless zusammengetan haben, loten in einigen ihrer intelligenten Kreationen das besondere Verhältnis zwischen weiblichem Körper und Tasche aus. Bless No. 04 ist beispielsweise eine Serie aus Taschenkleidung: eine Tasche mit Öffnungen, in die man hineinschlüpfen kann, in die man die Hände steckt oder in denen man etwas transportiert. Mit Tunnelzügen an verschiedenen Stellen kann die Kleidung/Tasche genau der Körpergröße und -form der Trägerin angepasst werden. Eine andere Kreation ist eine Art sehr großer Hose, die man als solche tragen kann, deren Beine sich aber auch unten am Saum zusammenfügen lassen, um sie wie eine Riesenumhängetasche über einer Schulter und quer über der Brust zu tragen. Zugleich verschwindet fast der ganze Körper hinter der großen Stoffmenge, sodass man nicht unbedingt ein weiteres Kleidungsstück braucht. Die Bag-Clothing-Serie von Heiss und Kaag zeigt »am Leib« den Widerspruch, der in jeder Tasche liegt: zeigen und zugleich verbergen, dabeihaben und dennoch verstecken. In äußerster Konsequenz des besonderen Verhältnisses, das Frauen zu ihren Taschen haben, wird bei Bless die Kleidung überflüssig – die Models, die die Bags vorführen, tragen noch nicht einmal Schuhe –, und die Grenzen zwischen Kleidung und Tasche, zwischen Körpernähe und Körperferne verschwimmen.

Wem die Modelle von Bless zu mutig geraten sind, wenn Sie also zum Beispiel täglich ins Büro müssen oder in den Außendienst oder dem Filialleiter der Bank, bei der Sie arbeiten, nicht erzählen wollen, dass Sie mit einer überdimensionierten Tasche und ein paar Schnürstiefeln vollkommen korrekt gekleidet sind, können Sie sich dennoch ein ähnliches Gefühl verschaffen. Die entsprechende Tasche muss nur weich und formbar, leicht zugänglich und an möglichst vielen Stellen des Körpers zu tragen sein. So beschrieb unlängst ein Verkäufer bei eBay die Mandarina Duck Task Bag als »Erweiterung des Körpers«, weil sie geräumig ist, es aber einem völlig freistellt, wie man sie in Beziehung zum eigenen Körper setzen, sprich tragen will.

Das Wort »body bag« begegnet einem gerne bei arglosen französischen, italienischen oder deutschen Handtaschendesignern, wenn sie von großen flachen Umhängetaschen sprechen ähnlich der, die Björk in *Dancer in the Dark* permanent dabeihat (erst vor Gericht und später im Gefängnis legt sie den Riesenbrotbeutel ab), oder von »Bauchtaschen«, also Taschen, die wie ein flacher Rucksack vor der Brust platziert werden. Im amerikanischen Englisch bezeichnet »body bag« allerdings einen anderen Gegenstand, nämlich die Leichensäcke, mit denen man tote Soldaten vom Ort der Kampfhandlungen abtransportiert. Hier verbirgt das euphemistische Wort, worum es geht, obwohl es bei genauer Betrachtung sehr akkurat den Gegenstand beschreibt: »body bag« – eine Tasche für eine Leiche.

Weil sie nicht wissen, was es mit diesem Etwas-verbergen-und-dennoch-immer-bei-sich-haben-wollen auf sich hat, ängstigen sich Männer vor Handtaschen: Sie sind ihnen nicht ganz geheuer. So trifft, was Freud 1919 in *Das Unheimliche* über das Kästchen schrieb, auch auf die Handtasche zu. Beide verbergen Unheimliches, was ihnen eine geheimnisvolle Aura verleiht: »Dies Unheimliche ist wirklich nichts Neues oder Fremdes, sondern etwas dem Seelenleben von alters her Vertrautes, das ihm nur durch den Prozess der Verdrängung entfremdet worden ist.« Sowohl das Kästchen als auch die Handtasche ermöglichen es einer Frau, inmitten des öffentlichen Raums ihr Intimstes, ihr Persönlichstes, ihr Innerstes verborgen zu halten.

»In jeder Handtasche steckt ein Monster«, so scheint die Botschaft des amerikanischen Comic-Künstlers Winsor »Silas« McCay zu lauten, der sich mit dem Unbewussten mindestens so gut auskannte wie sein Zeitgenosse Sigmund Freud.

In einem seiner Comicstrips verwandelt sich eine Krokodillederhandtasche, die zuvor seiner Besitzerin feuchte Träume beschert hat, in ein ganz kleines, auf ihrem Schoß ruhendes Krokodil, das aber in rasender Geschwindigkeit wächst und die alte Jungfer mit den sündigen Gedanken schließlich mit Haut und Haaren verspeist. Das letzte Bild zeigt, wie sie aufwacht und erleichtert ist, dass alles nur ein Traum war, dessen Ursprung sie nicht in ihren geheimen Wünschen und Gedanken, sondern im übermäßigen Verzehr von Käsetoast vermutet. Die Handtasche, die ein monströses Eigenleben entwickelt, entfaltet dabei eine wahrhaft unheimliche Aura.

Erste Ängste

Jene beunruhigende Aura der Handtasche registrierte ich erstmals als Teenager. Ich war fünfzehn und zu einer Geburtstagsparty eingeladen. Es waren die Siebzigerjahre, wir trugen Wrangler-Jeans und Fischerhemden und Turnschuhe. Die Busfahrkarte, den Hausschlüssel und einen Zehn-Mark-Schein stopften wir in unsere Hosentaschen und Dinge, die größer waren, in Plastiktüten oder brotbeutelartigen Armee-Umhängetaschen auf die Gepäckträger unserer Fahrräder. Die Mädchen sahen nicht nur von hinten aus wie die Jungs, und Handtaschen waren uncool. Handtaschen waren das Letzte, schon deshalb, weil man ständig beide Hände in die Taschen des US-Army-Parkas oder der Jeans versenken musste und keine Hand frei hatte, um das blöde Ding zu halten. Handtaschen waren die Insignien des Erwachsenseins und des Spießertums und damit unweigerlich nichts für uns, die wir Protestsongs hörten und uns heimlich ärgerten, dass wir altersbedingt alle Vietnam-Demos verpasst hatten. Unsere Mütter trugen Handtaschen, unsere Tanten, unsere Lehrerinnen, aber doch nicht wir!

In dieser Stimmung radelte ich zur Geburtstagsfeier eines Schulfreunds. Peter hatte an diesem Tag im Juli des Jahres 1977 nicht nur die Leute aus unserer Klasse und aus der Nachbarschaft eingeladen, sondern auch deren »feste« Freundinnen und Freunde – soweit vorhanden. Eigentlich gab es nur eine, die wir noch nicht kannten: Das bedauernswerte Geschöpf hieß tatsächlich Ingrid unter lauter Sabinen, Petras, Michaelas und Monikas und war die brandneue feste Freundin meines Banknachbarn Torsten. Ingrid trug zu unser aller Entsetzen eine gestärkte weiße Bluse mit schwarzen Pünktchen und einem zugeknöpften Stehkrägelchen, eine helle Bundfaltenhose und schwarze Lackschuhe, und als sie sich betont lässig auf die Brüstung der Terrasse setzte, konnten wir sehen, dass sie trotz der Affenhitze Feinstrumpfsöckchen trug. Im adrett gekämmten, langen blonden Haar steckte zur Abrundung des Gesamtbildes ein samtener Haarreif, und über der Schulter hing eine lacklederne Handtasche, die exakt zu den Schuhen passte.

Ingrid hatte ein glockenhelles Lachen, und offensichtlich störten sich die Jungs kein bisschen an dieser indiskutablen Aufmachung, sondern umrundeten die auf der Brüstung thronende Sirene, während wir anderen Mädchen zusehen konnten, wo wir blieben. Während unsere Hirne auf Rache sannen, ereignete sich etwas ebenso Schreckliches wie Wunderbares, das ich in seiner Gewaltigkeit niemals vergessen werde. Vor lauter Wegen-alles-und-jedem-Lachen und Haare-nach-hinten-werfen-ohne-dass-der-Samtreif-verrutscht war Ingrid der

Riemen ihrer Handtasche von der Schulter geglitten, beim nächsten Griff ins Blondhaar fiel das lacklederne Accessoire zu Boden, der Schnappverschluss sprang auf, und heraus kullerten ein Geldbeutel, ein Taschenspiegel, eine Packung Tempotaschentücher, ein Schlüsselbund, ein Schülerausweis, ein kleines Adressbuch und – zwei OB-Tampons »mini«.

Das Schweigen, das entstand, war das längste der Weltgeschichte, und natürlich half keiner der pubertierenden Rüpel der armen Ingrid beim Einsammeln ihrer Habseligkeiten, die im Halbkreis über die Terrasse verstreut waren. Aber auch von uns Mädchen bückte sich keine, denn, ehrlich gesagt, waren wir froh, dass das Schicksal uns auf diese Weise zu Hilfe gekommen war, zeigte dieser Zwischenfall doch, dass auch Ingrid in die Welt der Erwachsenen, wo es Lack, Samt, Flirts, Verehrer und Handtaschen gab, genauso wenig hineingehörte wie wir anderen, sosehr sie es auch vielleicht an diesem schwülen Sommertag schon wollte.

Dabei war es keineswegs so, dass Mädchen in unserem Alter grundsätzlich keine Handtaschen trugen. Es gab sie schon, aber sie waren uns fremder als Wesen von einem anderen Stern. Und es lag nicht unbedingt daran, wie »entwickelt« sie schon waren, es lag – so blöd das klingen mag – eher an ihrer sozialen Herkunft. »Die mit den Handtäschchen« nannte meine Mutter diese Mädchen – und damit war tatsächlich alles gesagt. »Die mit den Handtäschchen« wohnten in einem der zwei »Arme-Leute-Viertel« meiner nicht gerade imposant großen Heimatstadt, und ihre Eltern wurden gerne als »Asoziale« tituliert. Die halbwüchsigen Kinder der »Asozialen« gingen selbstverständlich nicht wie wir Sprösslinge aus den »guten Familien« und den »ordentlichen Elternhäusern« aufs Gymnasium, sondern in die Hauptschule.

Normalerweise hätte es da – außer im Konfirmandenunterricht – keine Berührungen gegeben, aber es verhielt sich damals so, dass unser Gymnasium wegen der so genannten »geburtenstarken Jahrgänge« nicht für alle Schüler zu jeder Zeit ein Klassenzimmer stellen konnte. Daher wurden unsere Klasse und noch eine weitere dazu verdonnert, für zwei Jahre zur »Untermiete« in die nicht weit entfernt gelegene Hauptschule zu übersiedeln. Ich hatte so viel von den »Asozialen« gehört, dass mich dieser Plan mit maßloser Angst erfüllte. Die erste große Pause im neuen Gebäude wurde dann auch prompt zum Fiasko: Wir Mädchen wurden grob angepöbelt und herumgeschubst, an den Haaren gezogen und in den Hintern gekniffen, unsere Jungs wurden von den Hauptschülern ordentlich vermöbelt. Die Hauptschullehrer guckten in die andere Richtung, und die Hierarchie auf dem Schulhof war von diesem ersten Schultag an geklärt. Von da an okkupierten wir einen winzigen Rand des Pausenhofs bei den Mülltonnen und versuchten, möglichst gar nicht aufzufallen.

Von unseren unterprivilegierten Mülltonnenplätzen aus – auf diesem Pausenhof waren eindeutig wir Gymnasiasten die Asozialen – konnten wir das Paarungsverhalten der Hauptschüler mit Staunen beobachten. Alle außer uns sahen so wissend aus wie Horst Buchholz und Karin Baal in *Die Halbstarken,* und obwohl es auf dem Schulhof selbst höchstens zu ein paar heftigen Knutschereien kam, passierte es doch alle paar Monate, dass die eine oder andere Hauptschülerin, die ja auch nur 13, 14 oder höchstens 15 war, schwanger wurde. Es waren eben »die mit den Handtäschchen«. Was konnte man da schon anderes erwarten? Das war es also, was unsere Mütter gemeint hatten: Die verluderten Töchter der sozial schwachen Eltern waren triebhafte Wesen. Und sie trugen an ihren verfrüht zum Einsatz gebrachten Handtaschen ebenso schwer wie an ihrer vorzeitigen Gravitas.

Und wir? Wir fürchteten und bewunderten diese wahrhaft exotischen Wesen, die erst ihre Täschchen schwangen, dann trotzig ihre Bäuche vor sich her trugen, wenn sich ihr Zustand ab dem fünften Monat partout nicht mehr verbergen ließ, und die später ihre Handtäschchen in den Ablagen der Kinderwagen verstauten, die sie nun manchmal, wenn sie ihre ehemaligen Klassenkameradinnen besuchten, hoch erhobenen Hauptes um 10.10 Uhr auf den Pausenhof schoben. Ob sie je ihren Hauptschulabschluss nachholten, erfuhren wir nicht, aber es interessierte uns auch nicht wirklich. Wir Gymnasiastinnen aus den »ordentlichen Elternhäusern« und den »guten Familien« schienen von dieser Welt Lichtjahre entfernt. Noch passte alles, was wir so brauchten, in die Taschen unserer Levis oder Wrangler. (Erst ein paar Jahre später erwarben viele der vermeintlich höheren Töchtern ihrerseits solide theoretische oder praktische Kenntnisse in Sachen Schwangerschaft und Abtreibung, wobei sie für Letztere wegen der strengen Gesetzeslage häufig bis nach Holland fahren mussten.)

Erste Liebe

In jener Phase unserer Entwicklung war es den meisten von uns Mädchen nicht ganz geheuer, was aus unseren Körpern und aus uns werden würde. Eines aber wussten wir mit Sicherheit: Man musste es aufhalten, solange man konnte, und es war unendlich viel besser, Fußball zu spielen und sich zu raufen, als über Körbchengrößen und Absatzhöhen zu sinnieren. Doch dann kam der Tag, an dem das nicht mehr so war. Es fing damit an, dass ich mir ein paar schwarze Wildlederpumps mit vier Zentimeter hohen Absätzen kaufte (das erste paar Schuhe in fünf Jahren, das nicht von Adidas war), und nur wenig später schenkte meine Tante Lisbeth mir die erste Handtasche, die ich als solche akzeptieren konnte.

Dabei bewies meine Tante große Sensibilität, denn die Tasche war eigentlich ein Beutel, den man sich lässig über die Schulter hängen konnte, ohne ein völlig neues Körpergefühl entwickeln zu müssen. Mit dieser Tasche konnte man allmählich in die Welt der Erwachsenen hinübergleiten, ohne dass man gleich die Kindheit aufgeben musste. Der Beutel, der wie der gute alte Turnbeutel genau die richtige Größe hatte, war aus unglaublich weichem, hellblauem Leder gefertigt, das ich später nie wieder bei einer Tasche, sondern bloß bei Handschuhen wiedergefunden habe. Seine beiden Schulterriemen, mit denen man ihn zugleich zuziehen konnte, wurden durch Messingösen geführt, und er hatte einen verstärkten Boden. Schön war auch, dass er wegen seiner weichen Knautschigkeit von Anfang an leicht gebraucht und nie steif und neu wirkte. Er ließ sich mit einer Selbstverständlichkeit tragen, die anderen derartigen Utensilien verlustig ging. Ich passte auf diese wunderbare erste Handtasche gut auf, ohne sie übertrieben zu schonen, und in vielerlei Hinsicht konnte man mit ihr gut üben, wie man Handtaschen behandeln muss. Mein hellblauer Lederbeutel und ich hatten eine wunderbare, mustergültige Beziehung, und wir haben uns gegenseitig nie im Stich gelassen. Weder habe ich diese Tasche je irgendwo vergessen noch hat sie mir ihre Dienste versagt oder mich in irgendeiner Weise blamiert. Die Zeit war reif, als wir uns trafen, und so wurden wir ein wirklich gutes Team.

Der Beutel hielt – welch ein Zufall – exakt genauso lange wie meine erste große Liebe. Er war sogar mit uns in unserem ersten gemeinsamen Urlaub in Südfrankreich (der erste Urlaub überhaupt, den ich, abgesehen von den Sprachferien in England, nicht mit meinen Eltern verbrachte). Als sich trotz Lederpflege und liebevoller Zuwendung das Unheil nicht mehr abwenden ließ, als die Ösen ausgerissen, die Riemen fast durchgescheuert waren und als unser zweiter Urlaub zu dritt sich zu einem mittleren Desaster ausgewachsen hatte, suchte sich mein Freund eine neue Freundin, und ich warf meinen hellblauen Lederbeutel in den Abfalleimer zu den Kartoffelschalen und Joghurtbechern. Ich konnte einfach nicht mit ansehen, wie er von Tag zu Tag immer mehr herunterkam und sein alter Charme nur noch ein Abglanz war.

Meine liebevollsten Erinnerungen an diesen Beutel verbinden sich mit einmaligen, einschneidenden und folgenreichen Ereignissen in meinem Leben: mit meiner Führerscheinprüfung und meinem Abitur. Beide Male war er dabei. Die Führerscheinprüfung war ausgerechnet im Januar. Es hatte über Nacht geschneit, und ich hatte eine Heidenangst wie nie zuvor und nie wieder danach im Leben, was vollkommen lächerlich, aber nicht zu ändern war. Der Beutel fand seinen Platz neben dem Fahrprüfer auf dem Rücksitz, wir fuhren los, und wie immer wusste ich den Unterschied zwischen rechts und links nicht, was aber merkwürdigerweise kein Grund war, um durch die Prüfung zu fallen. Wann immer ich mich versichern wollte, wie die Stimmung auf der Rückbank war, sah ich im Rückspiegel zuerst in das zwischen ausdruckslos und gequält changierende Gesicht des Fahrprüfers, der sich bemühte, gelangweilt aus dem Fenster zu sehen, und dann suchte mein Blick an seiner Seite das geduldige Beutelchen. Ich bestand die Prüfung, nachdem ich als allerletzte Übung im zweiten Anlauf rückwärts in eine wegen heftigem Schneetreiben nicht mehr zweifelsfrei als solche auszumachende Parklücke geschlittert war, was als gelungener Einparkversuch gewertet wurde.

Das Abitur war einer der seltenen Momente im Leben, in denen ich das Gefühl hatte, alles richtig zu machen und unfehlbar zu sein. Leider dauerte es alles in allem nur wenige Stunden, und das Gefühl der Unfehlbarkeit hielt nicht lange vor, aber immerhin hatte es sich eingestellt, und die Erinnerung daran wird auf immer mit meinem hellblauen Lederbeutel verbunden sein, den ich an jenem Tag das erste und letzte Mal in die Schule trug. An jenem Tag nämlich nahm ich zum ersten Mal in dreizehn Jahren, also meiner gesamten Schulzeit, keine Bücher und Hefte mit. Ich brauchte daher keine Schultasche, denn dies war der Tag, an dem sich zeigen würde, ob ich alles im Kopf hatte oder nicht, und es war der Tag, an dem sich mein weiteres Leben entscheiden würde. So griff ich mir, als ich morgens das Haus verließ, das Utensil, das definierte, wer ich künftig sein wollte: meine Handtasche.

Mit dieser ersten Handtasche verband mich viel, was mit der Frau, die sie mir geschenkt hatte, meiner Tante Lisbeth, zu tun hatte. Ihr Lebensentwurf als frei und ungebunden lebende Theaterschauspielerin mit einem riesigen Freundeskreis und einem Beruf, der sie förmlich zwang, sich jede Nacht um die Ohren zu schlagen, um dann morgens gründlich auszuschlafen, ausgiebig im Bett zu frühstücken und im Urlaub an die Côte d'Azur zu düsen, war genau die entgegengesetzte Idee zur Bausparermentalität meiner Eltern. Die prüften jeden Gegenstand vor seiner Anschaffung daraufhin, ob man ihn auch gut putzen, reinigen, abwaschen konnte. Wenn nicht, entschieden sie sich für etwas anderes, wobei ästhetische Kriterien in den allermeisten Fällen auf der Strecke blieben. Alles musste »praktisch« sein, und Wünsche und Ansinnen wurden gerne mit der Erwiderung »so ein Unsinn« quittiert, Bücher und Schallplatten galten als Staubfänger, der Schlaf vor Mitternacht war der beste und gegessen wurde grundsätzlich am Tisch. Mir bedeutete all dies nichts zu jener Zeit – und tut es heute noch nicht.

Von meinem mühsam ersparten Geld kaufe ich mir statt eines neuen Autos ein riesiges Acrylgemälde (Unvernunft!) und nehme jede zweite Mahlzeit auf dem Sofa ein (Anarchie!). Ich spüle nur unregelmäßig Geschirr (Armageddon!) und höre noch immer laute Musik (Zersetzung!). Ich gebe mir Mühe, mich über Rotweinflecken auf meinem neuen hellbeigen Cordanzug oder dem frisch bezogenen Bett nicht zu ärgern, nur damit ich nicht in der Spießerecke lande. Der in jungen Jahren eingetrichterte Kleingeist sitzt tief. Ich verzehrte mich schon damals – kurz vor dem achtzehnten Geburtstag und der seit fünf Jahren täglich herbeigesehnten Volljährigkeit – nach einer freieren Lebensform abseits von Eigenheim, Resopalbeschichtung und der Verpflichtung, vor 22 Uhr zu Hause zu sein.

Nicht jede Frau hat eine Tante Lisbeth, die eine bekannte Schauspielerin ist. Aber bestimmt kannte jedes junge Mädchen, das zu meiner Zeit erwachsen wurde, aus der Nähe oder aus der Ferne von Zeitschriften, Magazinen und Kinofilmen jemanden, der exakt nicht so war wie die Eltern und dafür all das verkörperte, wovon man träumte, wonach man sich sehnte. Meine Tante Lisbeth war nicht nur ein Teil der Boheme, sondern auch eine ungeheuer disziplinierte Arbeiterin, die ihre Texte, ihre Rollen mit Ausdauer, Perfektionismus und Besessenheit lernte. Durch sie wurde mir klar, dass das richtige Leben nicht in einer fernen Zukunft stattfand oder ausschließlich durch eine Liebesaffäre mit einem unerreichbaren Rockstar möglich war, sondern sich zu jeder Zeit mit den eigenen beschränkten Möglichkeiten in Teilen umsetzen ließ. Gute Schallplatten und Bücher, Theater, Lesungen und Konzerte gab es schließlich sogar in unserer Kleinstadt. Und dann schenkte sie mir auch noch die erste richtige Handtasche.

Erste abgelegte Exemplare

Das erste Mal ist wichtig und ungemein prägend – in jeder Hinsicht. Ich hatte einfach Glück mit meiner Tante Lisbeth und dem hellblauen Lederbeutel. Aber nicht alle hatten damals so viel Glück. Jutta, ein Mädchen aus der Nachbarschaft, die ich zuweilen auf dem Schulweg traf, bekam ihre erste Handtasche von ihrer Mutter, dazu noch eins ihrer alten, abgelegten Exemplare. Anscheinend dachte die Mutter, dass ein junger Mensch noch nicht wirklich eine eigene Handtasche braucht, schon gar keine neue oder teure. Dann hatte sie offensichtlich auch den entscheidenden Schritt in Juttas Entwicklung verpasst, der die Plastiktüten und Turnschuhe tragende Phase in die der Pumps und Umhängetaschen übergehen ließ. Oder sie dachte einfach, mit irgendeiner Tasche sei es schon getan. Das war es natürlich nicht. Jutta wies das sicher gut gemeinte Angebot, die alte Tasche »aufzutragen«, weit von sich. Es kam ihr wie die Offerte vor, den Lippenstift ihrer Mutter mitzubenutzen oder einen getragenen BH von ihr zu übernehmen. Wenn sie schon keine geeignete Tasche als Geschenk in den Schoß geworfen bekam – so wie ich –, so wollte sie sich doch wenigstens ihre erste Handtasche selbst aussuchen dürfen. Wir waren beide fassungslos, dass ihre Mutter ernsthaft zu einer solchen Grenzüberschreitung und einer so unsensiblen Handlung in der Lage war.

Viele Jahre später – ich war damals schon im Hauptstudium angekommen – schenkte meine Mutter mir einige ihrer alten Taschen. Ich beschloss, das Ganze nicht so eng zu sehen wie die Episode mit Jutta, hatte in dieser Zeit auch gerade keine vernünftige Handtasche und unternahm den Versuch, eine dieser Taschen zu benutzen. Den Tag werde ich nie vergessen, denn ich fühlte mich, als hätte mir jemand einen fremden Arm angenäht oder einen Fremdkörper implantiert. Ich besuchte in besagtem Semester kaum Seminare und verbrachte fast alle Tage in der Landesbibliothek, so auch jenen. Allein der Fußweg dorthin war eine Qual. Ich trug eine schwere Umhängetasche mit Büchern und Unterlagen und wusste nicht, wohin mit der Handtasche und warum ich sie überhaupt bei mir trug, außer um meiner Mutter, die in einer anderen Stadt lebte und mich gar nicht sehen konnte, einen Gefallen zu tun. Im Lesesaal, wohin ich die große Tasche nicht mitnehmen konnte, die Handtasche hingegen schon, lag sie vorwurfsvoll vor mir auf dem Tisch. Es war ein flaches, längliches, schwarzes, nicht besonders großes Ding.

Eigentlich eine schöne Handtasche, aber sie hatte nichts mit mir zu tun. Sie war mir fremder als ein Kosmonautenanzug, in den man mich an jenem Tag hätte stecken können, oder eine Glatze, die man mir hätte scheren können. Beides hätte niemals so viel Unbehagen ausgelöst wie dieser fremde Begleiter. Ich kam mir albern vor, sie mit auf die Toilette oder zur Bücherausgabe zu nehmen. (Die einzigen Frauen im Lesesaal mit solch kleinen Handtaschen, die sie über die Schulter gehängt mit sich herumtrugen, waren adrett gebügelte und gekämmte Juristinnen aus Tübingen, eine damals für uns schick angeschlampten Germanistikstudentinnen nicht akzeptable Spezies.)

Mittags ging ich wie immer in die grauenhaft schlechte Cafeteria und aß ein Stück Johannisbeerkuchen. Erst viele Stunden später stellte ich fest, dass ich von der Cafeteria nur mein Portemonnaie wieder mit in den Lesesaal gebracht hatte; die Handtasche hatte ich dort vergessen. Natürlich war sie in der Zwischenzeit gestohlen worden. Meine Haus- und Fahrradschlüssel fanden sich in meiner Manteltasche, sodass außer der Tasche selbst nur ein paar Tempotaschentücher und anderer leicht zu ersetzender Krimskrams weggekommen waren. Ich verspürte eine nur kurzfristig von schlechtem Gewissen durchzogene Erleichterung, wie sie vielleicht ein ganz gewissenloser Mensch fühlt, der einen anderen von einem bezahlten Auftragskiller aus dem Weg räumen lässt. Das war mein einziger Versuch, jemals die Tasche einer anderen Frau zu tragen.

Erste Begleiter aus zweiter Hand

Ganz anders ist da meine Freundin Petra, die ständig die Taschen anderer Frauen übernimmt, die sie in allen nur erdenklichen Secondhandläden kreuz und quer über den Globus ersteht. Zuletzt waren wir zusammen in einem sehr schönen und edlen Secondhandladen in Boston. Aber wie sehr die Sachen dort auch gereinigt und gewaschen sein mochten, der Geruch des Schon-einmal-getragen war nicht aus ihnen herauszutreiben. Als Teenager wirkte dieser ganz spezifisch vermuffte und verrauchte, von Mottenkugeln, Kampfer, Pfeifentabak und längst verflogenem Parfüm durchzogene, völlig unverkennbare Duft wie ein Aphrodisiakum auf uns beide. Er zog Petra und mich magisch an und versetzte uns in einen wahren Kaufrausch. Die Ernüchterung folgte stets bei mir zu Hause, wenn die von mir gebraucht erstandenen Kleidungsstücke zu grauenhaften Tobsuchtsausbrüchen seitens meiner Mutter führten. »Krankheiten« würde man von diesen Mänteln und Jacken und Kleidern bekommen, so ihre feste Überzeugung, und in jedem einzelnen Fall schmiss sie das vom mühselig zusammengehaltenen Taschengeld erworbene Kleidungsstück erbarmungslos in den Mülleimer. Auch der Hinweis, dass man es in die Reinigung bringen könne, half gar nichts, und das Argument »Sollen die Nachbarn denken, dass wir dir keinen neuen Mantel kaufen können?« hebelte alles aus. Was mich bewogen hat, hartnäckig weiterhin jede Menge Sachen zu kaufen, die von mir ungetragen durch die strenge Hand meiner Mutter in die Tonne wanderten, kann ich im Nachhinein nicht mehr rekonstruieren. Petra hingegen, ein Produkt der ersten antiautoritären Erziehungswelle, durfte ihre Secondhandklamotten selbstverständlich behalten *und* tragen. Und obwohl sie sich später die allergrößte Mühe gab, die Ergebnisse jener Erziehung (wie notorische Schlampigkeit und Unpünktlichkeit und als unkonventionell empfundene Essgewohnheiten) wieder abzulegen, so blieb doch unsere alte Liebe zu den gebrauchten Gegenständen bei ihr ein Leitmotiv ihres Lebens.

Deshalb also trotten wir nach wie vor eingehakt wie schon vor 25 Jahren über Flohmärkte und stürmen die Gebrauchtwarenläden. Mich stößt der Geruch dort heute eher ab, auch wenn er aus edlen Second-Hand-Boutiquen strömt. Die Schweißkomponente steht doch irgendwie sehr im Vordergrund. Ich liebe die chemischen Ausdünstungen fabrikneuer Ware und beschnüffle mit Vorliebe die großen, in Plastik eingeschweißten Pakete, aus denen das Personal bei H&M 300 identische Pullover zerrt. Kurzum, dieses von mir unbekannten Frauen bereits getragene Zeugs will ich nicht auf meiner Haut haben, was nichts mit »Krankheiten« zu tun hat, sondern mit einem durch das Erwachsenwerden geänderten Verhältnis zu intimem Besitz. Aber vielleicht rede ich mir das auch nur ein, und meine neuerliche Abneigung ist nur eine Spätfolge meiner Erziehung. Also dachte ich, zusätzlich inspiriert durch Petras Unbekümmertheit in dieser Frage, die vermutlich auch Nagelfeilen und Badeanzüge ohne mit der Wimper zu zucken gebraucht kaufen würde, etwas, das mir körperlich nicht so nahe ist wie ein Hemd oder ein Rock, käme gebraucht eher in Betracht, ergo eine Handtasche. (Ich könnte mir übrigens niemals vorstellen, Schuhe gebraucht zu kaufen, auch wenn sie garantiert nur einmal getragen sind, wie Edel-Second-Hands einem das gerne glauben machen wollen. Schuhe sind quasi wie mit dem Körper verschmolzen, sie sind wie lebensnotwendige Prothesen. Schon dass andere Menschen dieselbe Größen haben können, was zugegebenermaßen bei meiner Schuhgröße – 35 1½ – eher selten vorkommt, empfinde ich als Affront. Niemals würde ich jemandem meine Schuhe leihen, es sei denn, ich will sie nicht zurück, und genauso undenkbar ist es, dass ich mir je welche von jemandem borgen werde.)

Mit einer Handtasche, so dachte ich, hätte ich solche Probleme nicht, aber weit gefehlt. Petra und ich standen in Boston vor den schönsten Krokolederhandtaschen und vor tollen Gebilden aus dickem braunem Rindsleder, vor großen bestickten Teppichtaschen und schmalen, eleganten *clutches* aus Schlangenhaut, die bestimmt allesamt in einem längst vergangenen Jahrhundert aus der Alten Welt in die Neue gekommen waren, vor perlenbestickten Samtbeuteln und einem kleinen ledernen »Overnight«-Köfferchen, dessen blutrotes Satinfutter seine sündige Bestimmung unterstrich. Ihre Trägerinnen waren vielleicht im Zeppelin geflogen oder hatten den Atlantik auf einem Ozeandampfer überquert. Immerhin fand sich unter den im Jahr 1993 geborgenen 800 Gegenständen aus der 1912 gesunkenen Titanic nur eine fast vollkommen intakte lederne Damenhandtasche; die anderen waren garantiert mit ihren Trägerinnen in die Rettungsboote gewandert. Sie waren möglicherweise Revuegirls, Diseusen, Damen der Gesellschaft oder sogar Gräfinnen gewesen. Sie hatten geliebt, gelogen und gelacht, und ihre Taschen hatten mit Sicherheit viele ihrer Geheimnisse bewahrt. Jetzt waren sie schon lange tot oder saßen mit einem sicher vergleichsweise scheußlichen neuen Behältnis in irgendeinem Altenheim an der Ostküste, und nur ihre in diesem Laden in einer gläsernen Vitrine feilgebotenen Taschen kündeten noch von glamourösen Auftritten, Abendgesellschaften, Opernbesuchen, Teenachmittagen und Eisenbahnfahrten, von eleganten Kleidern und prächtigen Roben.

Aber auch wenn diese Taschen äußerlich nahezu intakt waren, wiesen sie doch alle in ihrem Inneren heftige Spuren des Gebrauchs auf. Meist waren ihre zartgelben oder hellbeigen Seidenfutter befleckt oder sogar eingerissen, ihre Verschlüsse schnappten nicht mehr mit diesem zutiefst befriedigenden Geräusch eines neuen Verschlusses zu, und ausgeleiert waren die Gummizüge der Unterteilungen und Seitenfächer. Während Petra spitze Schreie ausstieß und sich ein Modell nach dem anderen über die Schulter hängte oder in die Hand nahm und damit vor dem Spiegel herumschlenkerte, konnte ich mir noch nicht einmal vorstellen, wie es wäre, eine von ihnen täglich zu benutzen, obwohl sie mir allesamt sehr gut gefielen. Fast alle hatten nämlich eine vernünftige Größe und unterschieden sich schon dadurch wohltuend von den meisten der heutigen Kreationen. Vermutlich war damals einfach alles größer und nahm dadurch mehr Platz weg, was wiederum zwangsläufig größere Handtaschen nach sich zog. So war beispielsweise der Tampon noch nicht erfunden, und auch das Taschenbuch in seiner heutigen Form gab es noch nicht. Schlüssel waren riesige Ungetüme, und Regencapes ließen sich noch nicht auf die Größe einer Zigarettenschachtel zusammenfalten. Beim Betrachten und Betasten dieser Handtaschen fühlte ich mich, als ob ich durch ein Schlüsselloch sah oder ein fremdes, zerwühltes Bett eingehend studierte. Es erschien mir wie ein unangebrachter Übergriff, wie eine große Unanständigkeit, sich einer von ihnen zu bemächtigen und auch noch dafür zu bezahlen.

Petra kannte keine derartigen Skrupel, und nur die Tatsache, dass ich sie noch nie anders als knapp bei Kasse erlebt habe, hielt sie davon ab, sich außer einem absurd schweren, reisetaschenartigen Lederungetüm auch noch eine mittelgroße Bügeltasche aus Alligatorenhaut zu kaufen. Die Vorgeschichte dieser Tasche war ihr völlig schnuppe. Sie verschwendete keinen Gedanken daran, ob die Vorbesitzerin eine rachitische Tochter aus gutem Haus oder ein leichtes Mädchen aus dem Hafenviertel gewesen war, ob sie alt wurde und zufrieden entschlafen war oder ob sie jung ein gewaltsames Ende gefunden hatte. Petra lachte mich mit meinen fast schon abergläubisch anmutenden Bedenken einfach aus: »Das ist doch keine Organtransplantation!« Sie bezahlte mit ihrem letzten Bargeld und warf noch im Laden alles aus ihrer alten »alten« Handtasche heraus – Zigaretten, Stadtplan, einen angebissenen Bagel, ihr Tagebuch, ihre Geldbörse, den Hotelschlüssel, ein Nickituch – und in die neue »alte« Tasche hinein. Als wir zehn Minuten später im Café saßen, wühlte sie bereits in schönster Petra-Manier (»Wo ist mein Feuerzeug, verdammter Scheiß?«) darin herum, räumte sie halb aus, stopfte alles wieder hinein, als hätte es nie eine andere Tasche in ihrem Leben gegeben.

Vintage bags klingt zugegebenermaßen viel schöner als »gebrauchte Taschen«. Bringt *vintage* doch den durch das Alter erworbenen Verdienst und Adel zum Ausdruck, während »gebraucht« nach altem Plunder klingt und abwertend im Kontrast zu »neu« steht. Geht man unter www.thisiscollecting.com auf die Seite von Lorne Spicer, erfährt man in einem unmittelbaren und sehr persönlichen Bericht, was eine leidenschaftliche Sammlerin alter Taschen umtreibt. Da ich selbst mit gebrauchten Taschen nichts am Hut habe, muss ich mich auf Lorne Spicers Expertenmeinung verlassen, wenn sie sagt, dass keine Frau sich je wieder von ihrer Gebrauchttasche, die sie auf dem Flohmarkt oder bei eBay erstanden hat, trennen kann. Das ist ein interessanter Gedanke: Offenbar haben weder sie noch meine Freundin Petra die geringsten Skrupel, eine Tasche, die einmal einer anderen Frau gehört hat, zu kaufen und zu tragen. Zugleich aber ist es für sie ausgeschlossen, diese muffige Gebrauchttasche, zu der sie bei aller Liebe höchstens eine vermittelte Beziehung entwickeln können, je wieder an eine andere Frau weiterzuverkaufen. Wenn dies ein ehernes Gesetz ist, so hat keine Handtasche der Welt jemals mehr als zwei Besitzerinnen.

Liest man von den Summen, die die gute Lorne für ihre *vintage bags* hinblättert, kann man sich leicht ausrechnen, dass sie sich wohl von Erdnussbutterbroten und Leitungswasser ernähren muss, wenn sie nicht gerade eine größere Erbschaft angetreten hat. Um uns ihre Passion begreiflich zu machen, gibt es auf ihrer Internetseite etliche Fotos ihrer wunderbaren, oft extrem seltenen Stücke, und ich muss ehrlich zugeben, nachdem ich sie mir alle vergrößert und gründlich angesehen hatte, fand ich, dass so ein Erdnussbutterbrot eigentlich ganz nahrhaft und Leitungswasser durchaus wohlschmeckend ist. Zugunsten einer Sammelleidenschaft Verzicht bei den alltäglichen Dingen üben zu müssen, erschien mir erstmals im Leben eine Option.

Ein weiterer großer Vorteil von *vintage bags* ist, dass sie oft aus wundervollen Materialien bestehen, die sich heutzutage aus Gründen des Artenschutzes von selbst verbieten: Krokodil, Schlange, Alligator, Echse, Kobra (mit der charakteristischen helldunkel gestreiften Zeichnung). Wenn man sich eine solche Tasche gebraucht kauft, bewegt man sich zwar in einer Grauzone, oft sogar auf der Schattenseite der politischen Korrektheit, ist aber nicht ein ganz so großes Schwein, wie wenn man im Urlaub in einem Dritte-Welt-Land wissentlich eine Tasche aus solchem Material ersteht, durch den Zoll schmuggelt und durch dieses Kaufverhalten eine aktuelle Nachfrage erzeugt. Diese alten Taschen gibt es schließlich schon, und die Nachfrage nach ihnen haben vorige Generationen geschaffen. Man ist dann in einer ähnlichen Situation, wie wenn man den Persianer der Großmutter umarbeiten lässt und aufträgt. Man kann nicht verhindern, von Tierschützern darauf angesprochen, vielleicht sogar attackiert zu werden, aber so ein ganz großes schlechtes Gewissen braucht man deswegen nicht zu haben. Es ist in etwa wie in Florian Illies' Buch *Anleitung zum Unschuldigsein:* »Heute kaufe ich einen Tisch aus Tropenholz, einen Teppich, der in Kinderarbeit hergestellt wurde, und zehn Schachteln Eier aus einer Legebatterie«. So heißt das fünfte Kapitel, und außer der Kapitelüberschrift gibt es keinen Text. Weil wir gebildete, im weitesten Sinne engagierte und in der Gegenwart verhaftete Menschen sind, müsste uns automatisch zu diesem Thema etwas einfallen, aber vor lauter lustigem Hedonismus bleibt der Einfall aus. Für politisch Korrekte gibt es übrigens rindslederne Taschen mit Krokoprägung und Taschen aus Schlangenlederimitat. Es muss also niemand auf die wundervollen Muster und das haptische Erlebnis einer solch spröden (Schlange) oder buckeligen (Krokodil und Alligator) Oberfläche verzichten, aber dasselbe wie das echte tote Tier ist es nicht. Es gibt also viele Gründe, die für den Kauf einer Gebrauchttasche sprechen, und es gibt viele Frauen, die für ein grandioses altes Modell auch ihr letztes Erdnussbutterbrot hergeben würden. Und trotzdem glaube ich, dass ich nicht die einzige Handtaschenträgerin bin, die die erste und letzte Besitzerin ihres treuen Begleiters sein möchte. Man nimmt schließlich nicht alles aus zweiter Hand, oder?

Erste Reinfälle

Dafür entdeckte ich irgendwann bei eBay die Handtaschen-Auktionen für mich, nachdem ich zunächst lange der Versuchung widerstanden hatte. Das Ersteigern macht absolut süchtig und war zunächst deshalb ein so großartiges Hobby, weil es lange Zeit nicht zum gewünschten Erfolg führte, mir also die Frustration erspart blieb, eine muffige, fleckige, zerkratzte, bejammernswert gebrauchte Tasche, für die ich vergleichsweise Unsummen bezahlt hatte, aus einem Postpaket zu zerren. Als es endlich so weit war erwies es sich als halb so schlimm. Ich hatte mich einige Tage zuvor bis um zehn Uhr abends in kleinen Gebotsschritten an eine gebrauchte, lederne Handtasche von Salvatore Ferragamo herangerobbt. Ich lieferte mir mit einer anderen Frau ein Bietgefecht, das ich irgendwann entnervt dadurch beendete, dass ich einen großen Sprung nach vorne wagte, um dadurch zu demonstrieren, dass ich wild entschlossen war, diese Tasche zu ersteigern. Darauf tat sich, anders als ich es sonst so oft erfahren hatte, in der letzten halben Stunde gar nichts mehr. Mein 15-Euro-Sprung hatte den gewünschten Effekt, und ich war die glückliche Gewinnerin einer grün-gelb-orange-lila gemusterten Designerhandtasche, die ich in neuem Zustand schon wegen ihres Preises von über 600 Euro nie in Erwägung gezogen hätte. Jetzt aber gehörte sie mir. Ich wickelte den Kaufvorgang ab, und schon eine Woche später klingelte der Postbote in unserem Großraumbüro.

Claudia und Maike brachten sich in Lauerstellung: »Oh, eine private Postsendung, ausziehn, ausziehn! Wer ist denn Dirk Manuel Kuntze?« Okay, es stand tatsächlich »Dirk Manuel Kuntze« auf dem Absender, aber man musste sich deshalb ja nicht gleich ausschütten vor Lachen. Ich schaffte es, den ganzen langen Arbeitstag das Paket nicht zu öffnen, denn dies erschien mir eine derart intime Handlung, dass ich nie und nimmer dabei beobachtet werden wollte. Vor Jahren hatte mir einmal eine italienische Redakteurin, der ich bei einer Story über Unterwäsche zugearbeitet hatte, einen Stringtanga als Geschenk geschickt, der relativ unvermittelt aus einem etwas größeren Briefumschlag fiel. Das war mir null peinlich gewesen, obwohl damals drei Menschen (zwei Frauen, ein Mann) zugegen waren. Eine neue Handtasche vor den Augen anderer auszupacken, war dagegen schlichtweg undenkbar, auch wenn es sich um liebe Kollegen und Freundinnen handelte. Obwohl es ein Freitag war, hatte offensichtlich jeder beschlossen, Überstunden zu machen. Ich sah etwa zwölftausend Mal an diesem Tag auf die Uhr. Endlich hatte sich um halb neun Maike als Letzte ins Wochenende verabschiedet, und ich konnte das Päckchen öffnen. Bang war mir schon, obwohl ich hoffte, dass ich mich in diesem besonderen Fall mit der von einer anderen Frau bereits benutzten Tasche würde anfreunden können, weil ich sie mir durch den schieren Vorgang des Versteigerns allmählich »angeeignet« hatte.

Die Tasche war im Top-Zustand und nicht nur ganz und gar ungetragen, sondern sogar noch in Teilen verpackt. Allerdings roch sie ganz und gar nicht nach Leder, da sie ganz und gar eine Fälschung war. Vom ovalen Boden bis zu ihren entzückenden orangefarbenen Henkeln. Das Innenfutter war aus steifem schwarzem Polyester und fühlte sich fies an. Ein auf einem Fotokopierer in Hongkong hergestelltes »Echtheitszertifikat« mit einer unleserlichen aufgestempelten Nummer lag bei. Und dann passierte etwas Erstaunliches. Ich wartete auf irgendeine Regung der Empörung oder der

Enttäuschung, aber nichts dergleichen geschah. Es war die Tasche, die ich gewollt hatte, und ich hatte sie bekommen. Dass sie über das entscheidende Manko verfügte, keine echte Salvatore-Ferragamo-Tasche zu sein, war nicht so wichtig. Bei diesem lustigen kleinen Begleiter ging es ausnahmsweise einzig und allein um die Oberfläche. Die fehlende Substanz, die charakterliche Schwäche, sie waren mir herzlich egal. Diese Tasche würde mich schmücken und mir Freude bereiten, das sah ich ihr an, und deshalb schloss ich sie spontan ins Herz. Niemand würde die Fälschung auf den ersten Blick erkennen, und einen zweiten Blick riskierten ohnehin nur Experten oder total kranke *fashion victims.* Die Frage, warum ich für einen Klumpen bunten Kunststoffs über 100 Euro bezahlt hatte, wollte ich mir lieber nicht stellen.

Ich werde nie vergessen, was das erste Objekt meiner Begierde im virtuellen Raum war: eine kleine seidene Tasche von Kate Spade samt passendem kleinem Geldbeutel aus pink und orange gestreifter Seide. Das Ganze sollte man nach erfolgreichem Abschluss komplett mit Aufbewahrungstasche und kleinem Kate-Spade-Booklet zugeschickt bekommen. Neu kostet diese wahnsinnig schöne Tasche 295 Dollar und die Geldbörse 110 Dollar. Der Mensch, der das Ensemble zum Kauf anbot, hatte eine Reihe ziemlich professioneller Fotos auf seine Seite gestellt, auf denen man beide Objekte von allen Seiten betrachten und sich, so gut es eben ging, von ihrer Authentizität überzeugen konnte. Bei Kate Spade kann man nämlich nach ihrem kleinen Wahrzeichen – drei eingestickten, stilisierten Blumen – Ausschau halten, und siehe, da waren sie. Die Auktion war schon gut in Gang gekommen, als ich die amerikanische eBay-Seite aufrief. In 18 Schritten hatten sich die Gebote bereits nach oben geschraubt und waren bei 107,50 Dollar angelangt; 1 Tag, 5 Stunden und 4 Minuten später würde alles vorbei sein. Das war zwar bei uns in Mitteleuropa weit nach Mitternacht und wenige Stunden vor meiner Aufstehzeit, aber der Verkäufer versandte seine Ware weltweit, und Kate Spade ist auf deutschen eBay-Seiten nur äußerst selten zu finden. Ich klemmte mich hinter die Tastatur und los ging's: Ich bot 110 Dollar. Nach kurzer Zeit wurde ich überboten. Also bot ich, um eine Weile meine Ruhe zu haben, 140 Dollar. Ich traute mich kaum noch aufs Klo oder in die Küche aus lauter Angst, ein paar entscheidende Schritte zu verpassen. Es tat sich aber nicht mehr sehr viel.

In Amerika war jetzt je nach Zeitzone entweder noch Büronachmittag oder früher Feierabend. Ich stellte mir vor, wie im kalifornischen San José eine dicke Sekretärin an ihren blutroten, ultralangen Fingernägeln feilte, ihren Job vernachlässigte und ab und zu ein höheres Gebot abgab als ich. Oder wie eine rosenwangige Milchmagd in Wyoming sich nach getaner Arbeit in Farmer Jones' mittelalterlichem PC einloggte und davon träumte, bald beim Tanzabend im Heuschober des nächsten, vier Stunden entfernten Bauernhofs mit genau dieser (meiner!) Tasche aufzukreuzen. Bevor diese Gedanken mich um den Verstand brachten, schaltete ich mein Powerbook aus und ging schlafen. Spät genug war es ja. Wir standen bei 162,50 Dollar.

In dieser Nacht träumte ich wie in einer Art Fieber von dem kleinen orange und pink gestreiften Ding. Die Situation erinnerte mich daran, wie ich mich mit 18 Jahren einmal in der großen Stadt, in die ich »zum Einkaufen« gefahren war, in ein Paar dunkelblaue Ballerinas mit goldenen Schleifchen verguckt hatte. (So war das in den Achtzigerjahren: Jeder hatte einen schlechten Geschmack, weil der gute auf der ganzen Welt gerade Pause machte.) Die Schuhe waren für die damalige Zeit mit fast 200 Mark irre teuer. Außerdem waren sie das erste Paar, das ich – gerade aus dem Zug ausgestiegen – drei Minuten vom Bahnhof entfernt anprobiert hatte. Das konnte ja nicht sein, dass man, eben erst angekommen, gleich seine Traumschuhe fand. Also marschierte ich weiter die Fußgängerzone hinauf und probierte Paar um Paar, und alle waren natürlich viel billiger, aber auch viel hässlicher. Das Ende vom Lied war, dass ich drei (!!!) Paar von den billigen in drei verschiedenen Läden kaufte (vermutlich der Beginn eines bis heute anhaltenden, fatalen Schuhkaufrausches) und damit irgendwie unbefriedigt heimfuhr. Unvergesslich waren vor allem die Albträume, die mich in jener Nacht plagten, nachdem ich mit den drei Paar Ersatzschuhen nach Hause gekommen war. Acht Stunden lang träumte ich in Variationen von den blauen Ballerinas mit den Goldschleifen. Ich wachte derart gerädert auf, dass ich am selben Tag gleich noch einmal den Zug bestieg, die drei Kartons im Gepäck, um alle Schuhe zurückzubringen und die einzig wahren, guten und schönen zu kaufen. Aber da waren sie in meiner Größe bereits ausverkauft.

Von derselben Qualität waren meine Albträume in Bezug auf Kate Spades entzückende »Basket Bag«. Aber dieses Mal hatte ich die Sache insgesamt besser im Griff als noch vor zwanzig Jahren, oder? Vergleichsweise früh am nächsten Morgen, als ich den gesamten amerikanischen Kontinent mitsamt seinen bitterbösen Handtaschenkonkurrentinnen noch im Tiefschlaf wähnte, kroch ich im Pyjama wieder Richtung Computer, um zu sehen, was sich über Nacht getan hatte. Mein Entsetzen war unbeschreiblich, als ich sah, dass die Versteigerung abgebrochen worden war, weil man jemanden beim Betrügen erwischt hatte. Nur weil irgendein Anbieter so dumm war, sich beim heimlichen Überbieten der potenziellen Käufer ertappen zu lassen, nur weil irgendeine Kate-Spade-Verkäuferin gestohlene Ware im Internet vertickte und ausgerechnet heute Nacht aufgeflogen war, musste ich auf das Objekt meiner Begierde verzichten! Empört und emotional erschöpft kroch ich wieder unter die Bettdecke.

Um mir solche Enttäuschungen künftig zu ersparen, beschloss ich, ab sofort bei möglichst vielen Versteigerungen gleichzeitig mitzumischen. Dadurch fixiert man sich nicht auf ein Objekt, ist ergo weniger frustriert, wenn es nichts wird, und man steckt nicht alle Energie in ausschließlich einen Gegenstand. Zudem entschied ich mich, auch auf deutschen Seiten zu surfen, denn irgendwie fand ich den Gedanken, dass mein Verkäufer in Karlsruhe sitzt statt in Kansas, ganz sympathisch. Die nächsten Ziele, auf die ich mich einschoss, waren Louis-Vuitton-Taschen. Zugegebenermaßen sieht man auf den Bahnhöfen und Flughäfen dieser Welt leider eine Menge Zicken jedweden Alters mit Gepäckstücken von Louis Vuitton, echten wie falschen. Manche dieser Taschen sind relativ grauenerregend und sehen so aus, als habe der Auftrag an den Designer gelautet, er solle sich etwas ausdenken, was möglichst nur Neureiche ohne Geschmack und Verstand interessiert. Andere aber sind traumhaft, und natürlich ist das alles sowieso gnadenlos subjektiv.

Meine favorisierten Gebilde waren die von dem japanischen Manga-Künstler Takashi Murakami mit Kirschblüten bemalten Monogrammtaschen, die Marc Jacobs für die Frühjahrskollektion 2003 entworfen hatte und die weltweit in wenigen Nanosekunden ausverkauft waren. Ebenso ging es anderen Louis-Vuitton-Modellen, die von ihm und Marc

Jacobs gestaltet worden waren, und in die Wartelisten wurde niemand mehr aufgenommen. Allein die Werbung für das große Cherry-Blossom-Modell mit Schleife war sensationell: Eva Herzigova räkelt sich in perfekter Hollywoodstarlet-Pose und bekleidet mit einem gerüschten einteiligen Badeanzug auf einem Sprungbrett. Sie sieht herausfordernd direkt in die Kamera, und in ihrer linken Armbeuge hängt als absoluter Blickfang die Kirschblütentasche. Wahnsinn. (Interessant ist übrigens, dass Männer diese Werbung wegen der unglaublich toll aussehenden Eva Herzigova ebenfalls atemberaubend finden. Wenn man sie aber fragt, wofür die Anzeige ihres Erachtens wirbt, sagen sie: »Für den Badeanzug.«)

Die erste Herausforderung im Internet bestand darin, die *fakes* von den echten Cherry-Blossom-Taschen zu unterscheiden. Hatte jemand keine Kaufquittung, keinen Karton und keinen Staubbeutel vorzuweisen, lag der Verdacht auf eine Fälschung sehr nahe. Faire eBayer schrieben auch gleich auf ihre Seiten, dass sie keine Originale feilboten oder gaben das zumindest auf Nachfrage sofort zu. Die Spreu vom Weizen schied sich fürderhin durch den Preis, und dann gab es natürlich noch die extrem groben Fälschungen, für die schon der eine Euro Startgebot zu viel war, so vermurkst sahen die aus. Bald lernte ich aus der Korrespondenz mit Verkäufern und anderen Käufern, dass man an der eingestanzten Artikelnummer, der Größe der Nieten und der Verteilung der Blumen auf der Tasche ihre Echtheit ermitteln kann. Unregelmäßige Verteilung und eingestreute einzelne Blütenblätter waren ein Zeichen für Authentizität, während in gleichen Abständen angebrachte Kirschblüten und fehlende einzelne Blütenblätter *»fake«* schrien. Dann musste bei den Originalen noch das Innere der Blüte eine Art gelb-rotes Smiley-Gesicht mit offenem Mund formen, und die Blüten mussten rosa und nicht etwa blau oder weiß sein.

So verbrachte ich Stunden vor dem Bildschirm, verrenkte mir den Hals, um den *fakes* auf die Spur zu kommen, und fing fast an zu schielen vor lauter Anstrengung. Verabredungen sagte ich ab, Kinofilme und Theaterproduktionen konnten mir gestohlen bleiben, denn ich hatte jetzt ein Sozialleben, das sich vor den prall gefüllten eBay-Seiten und im regen E-Mail-Austausch mit KuschelMaus96, SexyRolf21 und BikeDobermann abspielte. Ich lernte von OkieDokie-Klaus, dass er zwar mit Fälschungen handelt, dass diese aber aus Leder und qualitativ hochwertig seien. 56 zufriedene Kunden gaben ihm Recht. Wozu ich überhaupt ein dusseliges Original brauchte, wenn nach einem halben Jahr sowieso kein Hahn mehr nach dem Modell kräht, wollte OkieDokieKlaus von mir wissen. Ich erwog kurz, ihm als Antwort die ersten hundert Seiten meines Handtaschenbuch-Manuskripts zu mailen, ließ es aber bleiben. Dieser Klaus ging sicher von einer professionell promisken *fake-Kundschaft* aus und nicht von einer hoffnungslos romantischen seriellen Monogamistin wie mir, die es gerne »in echt« hatte.

Dann tauchte plötzlich über Nacht eine originale, gebrauchte Hermès Kelly Bag aus den Sechzigerjahren bei eBay auf mit einem Startgebot von 100 Euro. Mein Gott. Das war wie fünf Richtige im Lotto. Ich wollte schon zum Telefonhörer greifen, um das meinem Freund zu erzählen, besann mich aber, da ich bereits seit drei Tagen nicht mehr mit ihm gesprochen und ihn seit über einer Woche nicht getroffen hatte. Dabei wohnen wir nur zwanzig Minuten voneinander entfernt. Das Letzte, was er zu mir gesagt hatte, war, dass ich mich in einen krankhaften eBay-Junkie verwandelt hätte und er mich erst wieder sehen wollte, wenn meine Gesichtsfarbe verriet, dass ich wenigstens hin und wieder ans Tageslicht käme. Damit war erst mal nicht zu rechnen, und schon gar nicht jetzt, da dieses Goldstück in meinem Universum aufgetaucht war.

Dummerweise musste ich während meiner ganz schlimmen Abhängigkeitsphase hin und wieder zur Arbeit. »Internetrecherche«, informierte ich die Kollegen in unserem durch halbhohe Stellwände unterteilten Großraumbüro, »will nicht gestört werden.« Jetzt inspizierte ich die Fotos der 40 Jahre alten Hermès-Tasche mit schräg gelegtem Kopf aus allen möglichen Blickwinkeln. Sah ja leider doch sehr gebraucht aus, das gute Stück, und woher sollte man wissen, dass sie echt war. Der Verschluss schien schon authentisch, wenn nur der Bildschirm nicht so spiegeln würde. »Ich muss mal kurz die Rollos runterlassen, die Sonne blendet, behindert meine Recherche«, faselte ich. Aus dem Augenwinkel sah ich, dass Claudia mit dem Kopf in meine Richtung deutete und dabei den Vogel zeigte. Es war mir egal. Hier gingen gerade die ersten Gebote ein, das hatte Priorität. Später, wenn ich die Tasche erst einmal hatte, würden die Mädels das sicher verstehen und mich grenzenlos bewundern. Da! Antwort vom Verkäufer, dem ich acht pingelige Fragen zu diesem leicht beschädigten Traum von einer Kelly Bag gestellt hatte. Und er hatte für mich doch tatsächlich auf meine drängelnde Bitte ein Foto vom Innenfutter an die Mail angehängt. Jetzt verstand ich, warum er das nicht ins Netz gestellt hatte. Der Vorbesitzerin muss wohl irgendwann ein Füller in der Tasche ausgelaufen sein, jedenfalls war sie total verkleckst und voller Kugelschreiberstriche. Auf diesem Bild sah man endlich auch den Henkel besser, und der war mächtig abgeschabt und angeschmuddelt. Aber die Tasche war tatsächlich echt, davon hatten mich die Antworten auf meine anderen sieben Fragen überzeugt. Ich bot zunächst 150 Euro, erhöhte später auf 210 Euro und stieg kurz darauf aus, als es bei 260 Euro stand, da ich Angst hatte, am Ende mehr als fünfhundert Mark (wichtige Sachen rechnet man ja heimlich noch immer in Mark um) für eine alte Tasche mit überdeutlichen Spuren des Gebrauchs hingeblättert zu haben, die ich dann vielleicht gar nicht benutzen wollte.

Inzwischen war es fast 17 Uhr, und ich hatte meinen Arbeitstag noch nicht einmal begonnen. Ich musste ein gewisses Soll an Seiten bis zum nächsten Morgen redigieren. Die anderen verabschiedeten sich nach und nach, um nach Hause zu ihren Männern, Freunden, Kindern zu gehen. Ich sah dampfende Schüsseln und flackernde Kaminfeuer vor meinem geistigen Auge. Paare, die lesend auf dem Sofa lagen oder zusammen harmonisch in der Küche hantierten, während ich so gegen 19 Uhr allmählich in die Gänge kam. Um 3 Uhr morgens hatte ich mein Pensum geschafft und wankte nach Hause, nachdem ich kurz erwogen hatte, auf dem Bürosofa zu schlafen. Ich hätte dann am nächsten Morgen die Erste am Schreibtisch sein können, deutlich vor acht Uhr. Aber der Gedanke, in denselben Sachen einen weiteren Arbeitstag abzureißen, hielt mich in letzter Minute von diesem verzweifelten Schritt zurück. Im Nachtbus hockten die üblichen gut gelaunten, von Koks und Ecstasy beflügelten Clubgänger und die nach Bier und ungewaschenen Socken stinkenden Besoffenen, von denen man immer hofft, dass sie einem nicht im nächsten Moment auf die Klamotten kotzen, sondern erst dann die Kontrolle endgültig verlieren, wenn man schon wieder ausgestiegen ist. Ich saß einem betrunkenen, armselig unzeitgemäßen Punk-Pärchen gegenüber. »Ey, guck dir mal die Tasche von der Alten an«, sagte er zu ihr. »Die ist so groß, da kannste rinscheißen.« Ich brauchte dringend eine neue Handtasche.

Das erste Blinddate

Und ich musste dringend runter von diesem eBay-Trip. Im Spiegel guckte mir morgens nach drei, vier Stunden Schlaf (zu mehr kam ich oft gar nicht wegen der amerikanischen Auktionen) ein hohlwangiges Gespenst entgegen, und ich hatte schon seit Wochen die Weltlage völlig aus den Augen verloren. Dafür hatte ich alle gängigen Handtaschenpreise im Kopf. Die gebrauchte Kelly hatte sich in den letzten Stunden, Minuten und Sekunden der Auktion noch auf über 1500 Euro hochgeschaukelt. Murakami Pochettes wechselten niemals unter 500 Euro den Besitzer, seidene Abendtaschen von Kate Spade blieben bei erfreulichen 150 Dollar. Ich bekam langsam Angst, dass ich über all diesem Wahnsinn noch meinen Job verlieren würde. Vor allem aber wollte ich wieder als Mensch unter Menschen leben, am liebsten unter solchen, die mich nicht während der letzten Monate besorgt auf meinen äußeren Zerfall und meine unzusammenhängenden Sätze angesprochen hatten. Ich lud deshalb kurzerhand meine französischen Freunde Xavier und Marie-Hélène nach Berlin ein, dachte mir für die beiden ein schönes Touristenprogramm aus und nahm eine Woche Urlaub. Am Samstag der Anreise brachte ich die in einem Zustand beginnender Verwahrlosung befindliche Wohnung auf Vordermann, kaufte einen Strauß frische Blumen für den Esstisch und beförderte meine ausgedruckten eBay-Seiten, die überall verstreut herumlagen, in die Altpapiertonne. Ich wollte wieder zurück in die Zivilisation.

Als Xavier und Marie-Hélène nachmittags klingelten, fühlte ich mich fast schon wieder normal, etwa so, als sei ich für ganz kurze Zeit in der Psychiatrie gewesen, jetzt aber blitzschnell als geheilt entlassen worden. Nachdem wir die französische Bisou-Bisou-Zeremonie hinter uns gebracht hatten, überreichte mir Marie-Hélène freudestrahlend ein kleines eingewickeltes Päckchen. Ich packte es aus – und es war doch tatsächlich eine Handtasche. Ich war mir sicher, dass sich meine eBay-Sucht noch nicht bis nach Paris herumgesprochen hatte, und fragte sie, wie sie darauf komme. Sie hatte sich einfach gedacht, dass die zu mir passt, war ihre unbekümmerte Antwort. Ich war insgeheim erleichtert und betrachtete die kleine Tasche genauer: braunes Kunstfell mit einer schwarzen Fantasie-Raubtieroptik, zwei kleine Henkel, oben mit einem Reißverschluss, braunes Innenfutter, innen ein kleines Seitenfach. Alles in allem ein unaufwändiges Modell. Das Dingelchen gefiel mir gar nicht schlecht, auch wenn es sehr viel kleiner war als meine sonstigen Taschen. Sie hatte sich gedacht, ich könne ja nicht immer mit solchen Riesenkübeln herumrennen, meinte Marie-Hélène wenig charmant, und diese niedliche Tasche fand sie irgendwie stimmig zu meiner Person und zudem meinen Körpermaßen eher angemessen als die Taschen, die sie in den vergangenen Jahren bei mir in Gebrauch gesehen hatte.

Niedlich? Ein gewisses Befremden stieg in mir hoch. Offenbar nahm meine Freundin an, mein Typ oder meine Wesensart sei mit »niedlich« umfassend charakterisiert, und dazu würde diese kleine Kunstfelltasche am besten passen. Ich hatte offensichtlich von mir ein anderes Selbstbild, denn meine »Riesenkübel«, wie Marie-Hélène unverblümt meine großen, zuweilen sicher auch überdimensionierten Handtaschen nannte, schienen mir viel trefflichere ständige Begleiter zu sein. Aber welchen Rückschluss ließ das zu? Sicherlich in erster Linie den, dass ich selbst mich als ernsthafter und profunder, vielleicht auch als intelligenter und beschäftigter begriff, als es mir durch so ein Täschchen symbolisiert schien.

Die Woche mit den beiden französischen Gästen wurde sehr schön. Die einzige Qual bestand darin, täglich beim Verlassen des Hauses mit einer neuen Ausrede aufwarten zu müssen, warum ich das Handtaschengeschenk nicht in Gebrauch nehmen wollte. Am ersten Morgen hatte ich noch die nahe liegende Entschuldigung parat, dass es zu umständlich sei, jetzt alles von der einen in die andere Tasche umzuräumen. Am zweiten Tag behauptete ich, wir müssten den Stadtplan mitnehmen, und der sei zu groß für die neue Tasche (was auch stimmte). Dann aber, am dritten Tag, rückte ich ansatzweise mit der Wahrheit rüber: Die Tasche war so klein, dass ich Stunden gebraucht hätte, um zu entscheiden, was ich darin mit mir trage und was ich zu Hause lassen kann. Schließlich rüsteten wir uns immer gleich für den ganzen Tag und nicht nur für die nächsten beiden Stunden. Vom vierten Tag an musste ich mich nicht mehr rechtfertigen, weil Marie-Hélène und Xavier mich nicht mehr fragten. Mein schlechtes Gewissen wurde dadurch nur noch schlimmer. Durch meine Erklärungen und Entschuldigungen hatte ich wenigstens ein bisschen Absolution bekommen, aber jetzt fühlte ich mich wirklich mies.

Wir schnitten das Thema während dieser Woche nicht mehr an, aber kaum waren meine Freunde wieder weg, versteckte ich die geschenkte Handtasche ganz weit hinten im

Schrank. Zuweilen fällt sie mir bei einer Ausmistaktion in die Hände, und dann geht es mit dem schlechten Gewissen aufs Neue los. Ich habe die kleine Tasche wirklich noch kein einziges Mal benutzt und werde es auch mit Sicherheit niemals tun. Dennoch würde ich ein Geschenk nicht wegwerfen. Die Situation war in etwa so wie das klassische Blinddate, wenn eine Kollegin einen bittet, doch mal mit dem »wirklich netten Typ« aus ihrem Freundeskreis auszugehen, weil der so alleine ist und schwer Anschluss findet. Man weiß, dass es viel besser ist, von vornherein Nein zu sagen, als sich halbherzig darauf einzulassen, nur um jemandem einen Gefallen zu tun. Solche Geschichten enden doch immer damit, dass man einen ganzen Abend in schlechter Laune verbringt und sich maßlos ärgert, dass man nicht zu Hause vor dem Fernseher geblieben ist, in alten Schlabberklamotten mit einer Tüte Erdnusslocken auf dem Schoß und mit einem Klecks Zahncreme auf jedem Pickel.

Sogar *Blinddates,* um deren Zustandekommen man sich selbst gekümmert hat, sind oft eine frustrierende Angelegenheit. Die Beschreibung in einer Kontaktanzeige, die gute altmodische »Bildzuschrift«, selbst ein reger vorangegangener E-Mail-Verkehr bewahren einen nicht vor großen Enttäuschungen, schlimmen Flops und dem schmerzhaft nagenden Gefühl, dass man gerade seine Zeit verschwendet. Mein Freund Wolfgang pflegte auf die Frage, woher er seine unheimlich nette Freundin kennt, immer zu sagen: »Die ist mir zugelaufen.« Auch wenn dies vielleicht in den Siebziger- und Achtzigerjahren ein gängiger (und frauenfeindlicher) Spruch gewesen sein mag, steckt doch viel Wahrheit darin, denn Sympathie und Anziehung lassen sich nun mal nicht erzwingen.

Männer kommen und gehen, aber der beste Freund im Leben einer Frau bleibt ihre Handtasche. Deshalb ist es ganz wichtig, dass man sie selber findet, auch wenn es länger dauert oder man ein paar Fehlgriffe in Kauf nehmen muss, bis man ans Ziel gelangt. Frauen wollen eben nicht verkuppelt werden. Deshalb macht sie eine Beziehung, die von Freunden heimlich eingefädelt worden ist, in den allermeisten Fällen auch nicht glücklich – bei Männern nicht und bei Handtaschen erst recht nicht.

Erste Abhängigkeiten

Wenn Frauen zu sehr lieben hieß einmal ein großer Bestseller vor gut zwanzig Jahren, der beschrieb, in welche emotionalen Abhängigkeiten sich Frauen in ihren Beziehungen zu Männern begeben. Wie bei allen Beziehungsratgebern waren auch bei diesem das Unterhaltsamste die Fallbeispiele, weil man sich darin so wunderbar wiederfinden konnte oder weil es einem sofort besser ging, da die Frauen in den geschilderten Geschichten sich noch dämlicher anstellten und noch mehr erniedrigten als man selbst. Wie nützlich der eigentliche Ratgeberteil war, kann ich nicht beurteilen, denn, ehrlich gesagt, habe ich das Buch nie gelesen, aber auf konkrete Ratschläge kam es ohnehin kaum an. Frauen lassen sich da auch wenig sagen: Sie entwickeln ein Muster, und dieses wiederholen sie in jeder Beziehung, weswegen ein Buch, das wenige Jahre später die Bestsellerlisten zierte, *Beim nächsten Mann wird alles anders* hieß, allerdings in der Rubrik Belletristik. Der fiktionale Aspekt lag allein schon im Titel darin, dass er weniger als Feststellung zu verstehen war, sondern vielmehr als guter Vorsatz. Natürlich wird nie wirklich etwas anders, und wenn, dann nur schlimmer.

Nach meiner ersten eBay-Ersteigerung, die ich an der *home front* immerhin noch rechtfertigen konnte mit Sätzen wie: »Siehst du, das ganze nächtliche Aufbleiben hat sich doch gelohnt, denn jetzt habe ich diese unglaublich tolle Ferragamo-Tasche statt für 600 Euro für nur 124 Euro bekommen.« Ich verschwieg freilich, dass die restlichen 476 Euro bei kostspieligen Besuchen im Kosmetikstudio draufgingen, denn irgendwie musste ich diese Augenringe und diese graue, schlaffe Gesichtshaut wieder loswerden, wenn ich den vorzeitigen Alterungsprozess, den meine eBay-Leidenschaft ausgelöst hatte, irgendwie stoppen wollte. Ferner verschwieg ich, dass ich einer Fälschung aufgesessen war, die mit 124 Euro rasant überbezahlt war, da sie vermutlich einen Materialwert von unter einem Euro hatte und die Arbeitszeit eines Filipinos in Höhe von höchstens 40 Cents wert war. Gut, dass Männer erst gar nicht so weit denken, sondern dusselige Sachen sagen wie: »Eine billigere Tasche hätte es nicht getan?« oder »Du, bei H&M gibt es auch Handtaschen.« Ich will die Reaktion sehen, wenn mir etwas einfiele wie: »Warum muss es denn unbedingt ein BMW sein, Daewoo baut doch auch Autos.«

Aber wie gesagt, wenn es anders wird, dann eher schlimmer, und so auch in diesem Fall. Nach dem erfolgreichen Ersteigern der Ferragamo-Tasche war leider eine Schwelle überschritten wie nach dem ersten Kuss, dem ersten Mal oder dem ersten Trip. »Angefixt« nannte man das früher, bevor das Wort in der Sammlung der peinlichen Redewendungen verschwand, und von Menschen, die sich etwas auf die sorgfältige

Verwendung von Wörtern einbilden, nicht mehr verwendet wurde. Trotzdem beschreibt es gut, was ich meine.

Es gab einfach kein Zurück mehr. Ich wartete nicht einmal ab, bis mein erstes ersteigertes Handtaschenobjekt bei mir eintraf, sondern ich hängte mich schon zwei Nächte nach der erfolgreich abgeschlossenen Auktion wieder vor den Bildschirm. Mir fehlten der Adrenalinschub und der Kick, die mein erster Abschluss mir beschert hatten. Wie alle, die gerade erst abhängig geworden sind, redete ich mir ein, dass ich die Sache im Griff hätte. Zum Zeichen dieser kontrollierten Sucht wurde die Tatsache, dass ich keine Nächte mehr vor dem Computer zubrachte, auch nicht ganze Arbeitstage investierte, sondern ausschließlich an Auktionen teilnahm, die am Wochenende abgeschlossen wurden oder in den frühen Abendstunden. Bei dem riesenhaften Angebot, das es weltweit bei eBay gab, konnte dieser Trick jedoch nur bedingt zur Selbstüberlistung beitragen.

Wie alle echten Junkies entwickelte ich eine gewisse Finesse, um ans Ziel zu kommen. Da ich einen sehr schnellen Computer habe, gelang es mir regelmäßig, Sekunden vor Schluss noch das Höchstgebot abzugeben. Die durch beginnenden Entzug einsetzende Fahrigkeit führte zu Fehlleistungen, die ganz schlimme Konsequenzen hätte haben können. So bot ich, da ich von meinen vielen parallelen Auktionen in verschiedenen Ländern schon ganz konfus war, einmal versehentlich 11 000 Dollar für eine Tasche, da ich Kommas, Punkt und Dezimalstellen in den unterschiedlichen Ländern durcheinander gebracht hatte. Ich registrierte den Fehler gerade noch, bevor ich den Bieten-Knopf drückte und korrigierte panisch mithilfe des Zurück-Knopfs. Danach musste ich mich erst einmal ein Paar Minuten auf unserem Bürosofa erholen, während ich mir ausmalte, was geworden wäre, wenn ich meinen Irrtum nicht bemerkt hätte. Vielleicht hätte ich mit dem Verkäufer lebenslange Ratenzahlungen vereinbaren können?

Die nach einer Ersteigerung fällige Zahlung wickelte ich fix per Überweisung ab. Oft schlich ich nach Einbruch der Dunkelheit aus dem Büro oder meiner Wohnung, ging zum Briefkasten meiner Bank und warf schon Minuten nach Auktionsende den ausgefüllten Vordruck dort ein. Unsummen wurden auf die Konten mir wildfremder Menschen transferiert, was mich aber eher beruhigte als verstörte, wusste ich doch, dass das ein entscheidender Schritt war, um die gewünschte Ware zu erhalten. Ich fühlte mich, als ob ich bei Nacht und Nebel loszog, um meinen Dealer zu bezahlen, außer dass ich auf den Stoff im Schnitt eine Woche warten musste, was aber meist nicht schlimm war. Die Frage »Wo gehst du denn jetzt hin?« beantwortete ich mit der Ausrede, dass ich an der Tankstelle Schokolade kaufen müsste, weil ich sonst nicht durch die Nacht käme oder dass ich nachsehen müsste, ob ich auch wirklich die Fenster meines Wagens geschlossen hätte. Das kann ich empfehlen. Auf Männer wirkt das überaus glaubwürdig und ist nichts im Vergleich zu Versuchen wie »Ich muss mir noch etwas die Beine vertreten/frische Luft schnappen/den Sternenhimmel studieren«.

Bald musste ich die Dosis erhöhen, um auf denselben Kick zu kommen wie zuvor. Die 124 Euro für das Prachtstück von Ferragamo ließ ich schnell hinter mir. Es folgten Stücke um die 200 Euro wie beispielsweise eine große flache Börse von Louis Vuitton Monogram Canvas, die man auch als Abendtäschchen benutzen konnte (ein Schnäppchen, das sich ebenfalls als *fake* herausstellte und zudem total überbezahlt war, denn schon eine Woche später zahlte kein Mensch mehr als 70 Euro dafür). Dann eine aus pinkfarbenem Leinen und dunkelbraunem Leder gefertigte Gucci-Tasche für 269 Euro, eine große Prada-Tasche für um die 400 Euro, eine Murakami Cherry Blossom Pochette für 566 Euro und schließlich eine beige Sophia Bag von Marc Jacobs für knapp unter 1000 Dollar aus so traumhaft weichem Leder, dass man sie nie wieder loslassen möchte. Männer merken ja zum Glück in den seltensten Fällen, dass man eine neue Handtasche hat. So konnte ich unbemerkt eine Zeit lang in hemmungsloser Promiskuität verbringen und fast jeden Tag einen anderen meiner neuen ledernen Freunde ausführen, während ich die anderen raffiniert an verschiedenen Stellen der Wohnung – in ihren Staubbeuteln verstaut und dann in Plastiktüten gewickelt – versteckte. Nur wenn ein Modell ganz besonders schrill war, wie die mit bunten Schmetterlingen bestickte Saddle Bag Butterfly, eine Tasche aus Jeansstoff aus der aktuellen Kollektion von Christian Dior, die mich wenige Tage zuvor nur schlappe 112 Euro gekostet hatte, entfuhr meinem Lebensgefährten ein: »Iiiihhh, was ist denn das?« Schweigen, begleitet von heftigem Kopfschütteln, war sein Kommentar zu der Punk Bag desselben Designers, ein pinkfarbenes Stoffgebilde, das mit Leder, Nieten und Totenkopfstickers verziert war und mich mit 163 Euro auch nicht direkt in den finanziellen Ruin getrieben hatte. Am besten pariert man einen solchen Affront mit einer Antwort aus der Abteilung *famous lies:* »Die habe ich schon seit den 80er-Jahren, hatte ich aber total vergessen und gestern beim Aufräumen gefunden.« Es funktioniert garantiert, und nicht nur, weil es mir mit Schuhen tatsächlich so geht oder weil zur Zeit so viele Sachen »retro« sind und in der Tat so aussehen, als ob man sie zwanzig Jahre lang in irgendeiner Ecke vergessen hätte. Oder glauben Sie im Ernst, Ihr Mann wüsste, was Christian Dior gerade herausgebracht hat, geschweige denn in den Achtzigern?

Ich konnte gar nicht mehr genug kriegen. Preislich ging es nun unaufhaltsam nach oben. Hemmungen hatte ich keine mehr, dafür aber ein Sparbuch. Es folgten bestickte Fendi Baguettes, eine Murakami Papillon Retro Bag aus der »Eye love you«-Serie und eine Hermès-Tasche. Ich war längst in Regionen jenseits der 4000 Euro pro Stück angelangt. Und ich hatte mir ein Ziel gesetzt: Eine echte Hermès Birkin Bag, und zwar aus der neuen Kollektion in Orange oder Limettengrün. Der Weg dorthin würde steinig und hart werden. Ich würde meine Beziehung und meinen Job aufs Spiel setzen müssen. Aber danach wäre vielleicht endlich Schluss. Es wäre mein goldener Schuss.

Doch dazu kam es nicht mehr, da irgendwann mein Sparbuch einfach erschöpft war. Der Kontostand von 5 Euro und 56 Cents brachte mich schlagartig zur Räson. Ich wurde wieder ein nützliches Mitglied der Gesellschaft. Die vielen Taschen, die aufgereiht wie Trophäen auf meinen Schuhkartontürmen thronen, betrachte ich heute hin und wieder mit einiger Verwunderung. Wie konnte es nur so weit kommen? Ich habe beschlossen, sie eine nach der anderen aufzutragen, also genau wie es meinem Wesen und meinen sonstigen Handtaschengewohnheiten entspricht. Damit komme ich wahrscheinlich bis zum Lebensende hin. Das spart Geld, da nie wieder eine Neuanschaffung vonnöten sein wird. Von diesem Geld kann ich ganz allmählich mein Sparbuch wieder auffüllen. Mit Männern ist eine solche Rückkehr zur Vernunft nach blinder Sammelwut nicht möglich, da man sie nicht irgendwo lagern kann, wo sie geduldig warten, bis sie an der Reihe sind. Zudem versetzt uns bei Männern nicht der Akt der Eroberung und des Sammelns in den Zustand der Abhängigkeit, sondern die Beziehung mit ihnen. Deshalb wollen wir an ihnen festhalten, und deshalb heißen heutige Männer-und-Frauen-Beziehungsbücher *Jeder Fisch ist schön, wenn er an der Angel hängt* und *F(r)ischhalte-Abkommen.* Das ist eine ganz neue Botschaft, denn die beiden zuvor erwähnten Werke aus den Achtzigern hatten noch den Wechsel als feste Größe einkalkuliert und die Hoffnung auf den nächsten Mann gesetzt, während diese beiden Ratgeber auf den dauerhaften Verbleib des Mannes bei der Frau zielen. Das Verhältnis einer Frau zu ihrer Handtasche ist zum Glück einfacherer Natur, denn der Wechsel zwischen Abhängigkeit und Autarkie ist schnell vollzogen, und außer ein paar vernachlässigten Handtaschen bleibt keiner traurig zurück.

Ich sollte dann doch nicht verschweigen, dass ich eine Verlockung spürte, die von der kleinen Handtaschensammlung ausging, die mir durch mein Suchtverhalten beschieden worden war. Ich fand plötzlich Gefallen daran, jeden Abend einen anderen Begleiter auszuführen. Zwar bin ich nicht der Typ dafür, da ich ständig etwas vergesse einzupacken, mit der Größe der Taschen (die meisten waren vergleichsweise klein) schlecht zurechtkam und mich auch im Umgang mit den dauernd wechselnden Modellen ein wenig unbeholfen anstellte. Das Gefühl, sich immer wieder aufs Neue mit geschärften Sinnen vor die Tür zu begeben, weil man sich gerade neu um eine Handtasche herum erfunden hatte, war ungewohnt und ganz wunderbar. Vielleicht war dies eine Möglichkeit, die Freuden der Untreue zu genießen, ohne von ihren Schrecken heimgesucht zu werden.

Epochen und Entwicklungen

Verschiedenen Alters- und Entwicklungsstufen lassen sich unterschiedliche Handtaschen zuordnen. Es gab Phasen in meinem Leben, da musste es ein gehäkelter Beutel sein, dann ein weiß-gelb gestreifter Koffer aus plastifizierter Pappe mit zwei Schnappverschlüssen und einem Zahlenschloss (von dem ich ab und an die Kombination vergaß, weil ich sie zu häufig änderte), dann ein Korb mit Deckel (aus dem immer ein paar Stricknadeln herausragten), dann war es ein Kunststoffding, das wie eine zusammengerollte Zeitschrift aussah und in das nichts, aber auch absolut gar nichts hineinpasste. Und wieder später gab ich einem reißfesten Nylonseesack mit einem aufgenähten Motiv von Tim und Struppi den Vorzug. Aber es gab auch eine Epoche, in der ich mir eine Sammlung interessanter Plastiktüten aus London, Paris, Rom und Berlin zulegte, um meine Habseligkeiten darin herumzutragen, da die Handtaschenmode in jener Zeit nichts hergab – oder vielleicht konnte ich mir damals auch schlicht keine vernünftige Handtasche leisten.

Aber nicht nur Individuen haben ihre Handtaschenphasen, jede Epoche, jedes Jahrzehnt hat eine bevorzugte Tasche – von der Kelly Bag der 50er-Jahre über den Hippie-Beutel der frühen und die Jutetasche der späten 70er- bis hin zur Prada-Tasche der ganz späten 80er-Jahre, dem Minirucksack aus Lackleder der 90er und der Freitag-Tasche aus alten Lastwagenplanen der ersten Jahre des neuen Milleniums. Jede dieser Taschen hat wiederum ihre typischen Trägerinnen: So gab Grace Kelly einem bestimmten Modell von Tasche ihren Namen, und es trug auch nie wieder jemand diese (schwierig zu handhabenden) Gebilde mit der ihr eigenen, unnachahmlichen Eleganz und natürlichen Grazie. Die Prada Bags hätten wiederum ohne eine darin ihre Zigaretten oder ihr Feuerzeug suchende Kate Moss niemals ihren Kultstatus erreicht, und was immer Sarah Jessica Parker abends am Arm schlenkerte, wollten am nächsten Morgen tausende von Frauen in New York und anderswo ebenfalls besitzen.

Was meist einfach als »Mode« oder eher abwertend als »Modeerscheinung« abgetan wird, ist ein relativ komplexes Phänomen, denn natürlich sind die individuellen Taschen-Entwicklungen eng mit den epochalen Taschen-Hervorbringungen verknüpft, sei es, dass das Individuum an der Mode teilhaben oder sich dagegen abgrenzen will – und damit meist auch wiederum Teil einer Mode wird, nur eben einer Gegenmode oder einer Mode der Subkultur, die ihrerseits über kurz oder lang von der etablierten Mode aufgegriffen, imitiert und schließlich absorbiert wird.

Nicht nur in der Pubertät und bei der ersten Tasche ist es existenziell wichtig, worin man seine Siebensachen herumträgt, sondern in allen Lebensaltern. Von der Handtasche hängt ein Großteil des persönlichen Wohlempfindens ab, zumindest des Wohlempfindens, das für eine Frau einen Teil des öffentlichen Lebens ausmacht. Ein Freund, der Schauspieler ist, hat mir einmal erzählt, dass er wochenlang während der Theaterproben zu einem neuen Stück das sehr starke Gefühl hatte, dass irgendetwas in der Rolle, die er zu spielen hatte, nicht konsequent angelegt war. Er überprüfte alle Dialoge, jede Geste, jede Tonlage. Schließlich kam er dahinter: Es waren die Gummisohlen an seinen Schuhen. Die Rolle war die eines aggressiven, lauten Typen; die Gummisohlen hatten ihn auf der Bühne jedoch zum Schleicher gemacht. Von dem Moment an, als er zu den Proben Stiefel mit laut knallenden Ledersohlen trug, waren seine Probleme mit der Rolle verschwunden. Ein ähnlicher Effekt geht von der falschen bzw. der richtigen Tasche aus, und deswegen fühlt man sich mit der momentan modisch angesagten Tasche noch lange nicht unbedingt wohl, während in anderen Lebensphasen individuelles Behagen und aktuelle Mode durchaus identisch sein können.

No logo! – Die 70er-Jahre

Die gesamten 70er-Jahre über waren wir alle in einer Art etablierter Subkultur zu Hause. Vermutlich kann keine von uns auf Anhieb sagen, wie damals die Handtaschen der Haute Couture beschaffen waren. Was wir uns über die Schulter hängten und was bei jedem Schritt gegen unsere Knie schlug, waren zottelige Hirtentaschen (wie etwa Nastassja Kinski sie 1977 im legendären *Tatort* »Reifezeugnis« trug), bestickte Lederbeutel, Armee-Brottaschen und alles, was gehäkelt, geflochten, gewebt oder sogar gestrickt war. Auch wenn es rückblickend so erscheint, als ob diese Behältnisse nur wenige Kriterien erfüllen mussten, nämlich vermeintlich unkonventionell und aus möglichst sehr naturbelassenen Materialien zu sein, war das damals aber keineswegs so einfach. Man sah auf den ersten Blick, ob etwas ein wirklich hipper Beutel oder nur ein *fake* war. Ich kann die Kriterien dazu gar nicht wirklich aufzählen, denn meistens fiel das Urteil aus dem Bauch heraus, und im Grunde genommen hat sich an diesen Ausgrenzungs- und Entscheidungsprozessen bis heute nichts geändert, wenn sich auch vieles, was wir damals instinktiv entschieden, inzwischen über die Marken reguliert, die zu jener Zeit – außer bei Jeans (Wrangler oder Levis!) – für uns noch nicht wichtig waren. Oder können Sie sich erinnern, dass es je eine Rolle gespielt haben soll, welcher Afghane, Pakistani oder Grieche Ihre Hirtentasche zusammengemurkst hat?

Heute ist das freilich anders. In einer Zeit, in der »Turnschuhmord« zu einem gängigen Fachbegriff von Ermittlungsbeamten geworden ist (Teenager bringt anderen Teenager um, weil er dessen Markenturnschuhe unbedingt haben will, sie sich aber selbst nicht leisten kann), sind Marken zu einem essenziellen Identifikationsvehikel und Statussymbol gerade unter Jugendlichen geworden. Die Schweizer Internetadresse www.antifan.ch hat auf ihrer »Frauensite« Folgendes von Schülerinnen für Schülerinnen parat, was beweist, wie selbstverständlich der Umgang mit Labels für die Jugend bereits geworden ist, während wir – die Eltern- oder angehende Elterngeneration – uns noch als Globalisierungsgegner zum Affen machen: »Freitag-Taschen: Anfangs war das ja noch irgendwie cool, so die ganze Idee. Man verkörperte sogar noch ein wenig Individualismus. Aber glaubt mir, das ist definitiv vorbei! Inzwischen hat wirklich jeder, wohnt er auch noch so in der äußersten Provinz (sprich Aargau), so eine. Hier heißt es wieder einmal: Nur weil sie jeder hat, heißt das nicht, dass sie cool sind. – Puma-Taschen: Ein Verbrechen im Taschenformat. Wird vornehmlich von Frauen getragen, welche sich der Skate-/Snowboardszene zuordnen, allerdings nicht wirklich dabei sind. Inzwischen hat dieser Trend allerdings auch alle Schichten erfasst. Besonders beliebt sind die Modelle Schwarz/Weiß, Dunkelblau/Weiß und Rot/Weiß. Wenn ihr euch alle schon die gleiche Tasche kaufen müsst, dann kauft sie doch bitte in anderen Farben! Zuletzt möchte ich dir ganz herzlich gratulieren, wenn du keine besitzt.«

Das also treibt die Jugend von heute um. Vielleicht sollte ich noch erwähnen, dass ich die Rechtschreib- und Zeichensetzungsfehler dieser »Generation Akne« stillschweigend korrigiert habe. Ich glaube, wir haben damals einfach immer viel fürs Diktat gebüffelt und schon deshalb kein Markenbewusstsein entwickeln können.

Aber so ganz stimmt das natürlich auch wieder nicht. Zum einen bekommt jede Generation genau die Jugend, die sie verdient, und zum anderen waren wir keinesfalls besser als die Jugend von heute. Wir grenzten ebenso grausam aus und urteilten mit der gleichen Intoleranz. Ein wichtiges Merkmal, das unsere Taschen unterschied, waren nämlich die Buttons, also runde Blechanstecker mit einer Nadel an der Innenseite, mit der man Taschen oder Kleidung durchbohrte. Es gab ganz kleine, kleine, große und sehr große, welche mit Peace-Zeichen, Picassos Friedenstauben, Che-Guevara-Köpfen, solche mit »Atomkraft, nein danke« und viele, viele mehr, die eine »Message« transportierten. Wer dachte, es geht nur um irgendein buntes Ding und den Button des örtlichen Heimwerkermarktes oder einen mit Snoopy drauf ansteckte, lag völlig daneben und wurde spontan geächtet. Ich verschaffte mir ohne eigenes Zutun einigen Respekt, indem ich einen »Atomkraft, nein danke«-Button trug, der auf

Finnisch war und den mein Vater mir von einer Dienstreise mitgebracht hatte. Jeder dachte daraufhin, ich sei irgendwie in der internationalen Anti-Atomkraftbewegung engagiert, während ich in Wirklichkeit noch nicht einmal in Brokdorf oder Gorleben dabei war.

Dass die Generation Golf nach uns kam, kann man schon daran ablesen, dass im gleichnamigen Buch »Buttons« nicht vorkommen, »Aufkleber« hingegen andauernd. Natürlich gab es die auch schon zu unserer Zeit, aber zum einen waren sie noch aus ganz fiesem, nach Rohöl stinkendem, alles zersetzendem Plastik, zum anderen spielten sie nicht so eine Rolle, da man sie nicht auf der Kleidung tragen konnte. Bei Florian Illies gibt es Aufkleber mit Bildzeitungsslogans und Werbebotschaften, und die Aussage »Atomkraft, nein danke« ist nach Meinung des Autors der von »Keine heiße Asche einfüllen« zum Verwechseln ähnlich geworden. Das war bei uns noch völlig anders. Uns ging es in den 70ern um die richtige Gesinnung, um eine Meinung, eine politische und gesellschaftlich relevante Botschaft. Freilich war auch das bei Lichte betrachtet eine ganz und gar oberflächliche Modeerscheinung, und das wortwörtlich. Sie wurde an der Oberfläche unserer Taschen und unserer Kleidung inszeniert.

Vielen von uns reichte es damals völlig aus, dass wir die richtige Gesinnung anhand unserer buttonverzierten Brotbeutel aus dem Army-Laden und Umhängetaschen aus dem Indien-Shop gut sichtbar vor uns hertrugen. Aktiv wurden wir nur selten. Ich erinnere mich jedenfalls, dass wir ziemlich viel Vanilletee tranken, Pflaumenkuchen aßen und strickten – freilich alles für den Frieden und gegen die Atomkraft. Eine Enklave dieser Haltung ist übrigens noch immer die süddeutsche Universitätsstadt Tübingen, wo alles noch genauso aussieht wie in den 1970ern – inklusive der Taschen – und sich alle exakt so anhören wie damals: »Man sollte doch mal ..., müsste eigentlich ..., könnte ja auch ...« Derweil sitzt man im Café, studiert Sozialpädagogik bis zur Rente, isst eine belegte Seele, trinkt ein Bier und sieht dann weiter.

In den 70ern wurden übrigens auch die Männer zu Taschenträgern, und die Taschen, mit denen wir unsere Jugend verbrachten, waren Unisex-Gebilde. Wie sonst hätten die Jungs ihre Gesinnung kundtun sollen? Gut, im Winter konnten sie sich den Button noch an ihren Parka heften, aber im Sommer – man erinnere sich, wir steckten damals in diesen lappigen Baumwollkrepphemden – war das schon sehr viel schwieriger. Und dann – dies war vermutlich der Hauptgrund für die afghanischen Umhängetaschen, die sich damals so mancher junge Mann über die Schulter hängte – waren die Jeans jener Zeit so unglaublich eng, dass partout kein Schlüssel und auch keine Hand voll Kleingeld in die Hosentasche passte, und falls doch, kriegte man es nicht mehr heraus, ohne sich die Finger zu verstauchen. Jacketts und Sakkos waren verpönt, da man ja gegen das Establishment rebellierte, und so blieb einfach keine andere Wahl. Ergo trugen auch die Jungs Taschen mit Buttons über der Schulter, die selbstverständlich wie bei uns Mädchen bis in die Kniekehlen herabhingen. Da wir alle in der Mittel- oder Oberstufe waren, konnten die Jungs, denen das peinlich war, so tun, als seien es ihre Schultaschen. Aber vielen waren ihre Umhängetaschen gar nicht weiter unangenehm, leisteten sie doch ebenso wie lange Haare, Jesuslatschen und ein schlurfender Gang einen Beitrag zum Image des Arlo Guthrie ähnlichen Softies – und mit dieser Masche ließen sich die Frauen gleich reihenweise flachlegen.

Ordnungshütern waren diese männlichen Taschenträger im Gammellook ein Dorn im Auge. Ob explizit in der »BRD« nach ihnen gefahndet wurde, bezweifle ich. Anders hingegen im anderen Deutschland. Zum zweifelsfreien Erkennen der so genannten »Hirschbeutelträger«, gerne auch als »dekadente negative Tramper« bezeichnet, erstellte das Ministerium für Staatssicherheit der DDR 1978 folgenden »Identifikationsschlüssel«: »Tragen von schmutziger und zerrissener Kleidung sowie ungepflegten Schuhen; unangenehmer Körper- und Kleidungsgeruch; ungenügende Körperpflege; Anzeichen von Unausgeschlafenheit mit der Folgeerscheinung des Frierens; Mitführen einer Schlafdecke und Landkarte (oft in abgenutzten Schutzmaskentaschen oder ähnlichen Tragetaschen).« Was den Jugendlichen damals in der DDR ein Zeichen von Zugehörigkeit, richtiger Gesinnung und Freiheit war, nämlich die oft aus alten Decken oder Kissenbezügen (mit röhrendem Hirsch, daher der Name »Hirschbeutel«) selbst genähten Taschen, in denen der Tramper seine wenigen Habseligkeiten verstaute, wurde der Stasi zum Erkennungsmerkmal der Staatsfeinde und »negativen« gesellschaftlichen Elemente. Der oben zitierte Merkmalskatalog wurde unter anderem zur Schulung angehender IM verwendet.

Wir waren Mitte der 70er-Jahre die letzten Vertreter des Hippie-Looks (na gut, die vorletzten, denn in der DDR sah man noch Mitte der 80er-Jahre so aus), denn uns hatte niemand gesagt, dass in den USA bereits 1967 die Symbole der Flower-Power-Bewegung in einem großen Akt zu Grabe getragen worden waren und spätestens nach Woodstock endgültig die Luft raus war. Etwa zeitgleich überraschte uns der Punk. Wir konnten auswendig herbeten, wo die

Wurzeln dieser britischen Jugendbewegung zu finden waren und was sie bezweckte. Dieses Wissen war wichtig, um Widerworte gegen unsere Eltern zu finden, die von der Sache als solcher und der damit einhergehenden Optik und Olfaktorik völlig schockiert waren. Dabei stieß sich keiner von uns Möchtegern-Punks je eine Sicherheitsnadel durch die Wange, und außerdem wuschen sich die meisten von uns weiterhin täglich. Sieht man sich heute die Fotos von damals mit Freunden zusammen an, fühlt man sich genötigt, ständig erläuternde Kommentare wie »das war Punk« abzugeben, da sonst niemand versteht, warum man einst einen Schottenrock und dazu Netzstrümpfe trug, oder warum man dunkelrosa Lidschatten in generösen Mengen benutzte, der einen aussehen ließ, als hätte man ein Brillenhämatom infolge eines Schädelbasisbruchs. Haare färben, rasieren oder mit Eiweiß einen Irokesen basteln war nicht drin, denn unsere Eltern hätten uns von Stund an nicht mehr gekannt und uns alle Bausparverträge wieder weggenommen. Also blieben unsere *fashion statements* bis zur Unkenntlichkeit limitiert. Schließlich wollten wir weiterhin unser Taschengeld.

Zu unseren Versuchen, »punkig« auszusehen, die zum Glück alles in allem nicht länger als zwei Jahre andauerten, wollte keine Handtasche passen. Was unsere Vorbilder in England mit sich herumtrugen, weiß ich gar nicht mehr. Für meine Freundinnen und mich hatte sich innerhalb kürzester Zeit die einzige Möglichkeit herauskristallisiert: Plastiktüten. Für den täglichen Einkauf in Supermärkten hatte es Plastiktüten in den USA erstmals 1963 gegeben, und wenig später hielten sie auch in Deutschland Einzug. Die Entwicklung neuartiger Kunststoffe Anfang der 60er-Jahre hatte sie hervorgebracht. Sie waren also gerade einmal 15 Jahre alt, als wir mit ihnen loszogen – genau so alt wie wir.

Wichtig war, dass man sich nicht irgendeine Plastiktüte griff, also auf keinen Fall etwas, das unsere Mütter voll bepackt mit Lebensmitteln oder Drogerieartikeln aus der Stadt mit nach Hause brachten. Die Plastiktüten, die wir benutzten, mussten in allererster Linie ganz ausgefallen und farblich genau richtig sein. Schwarz war immer gut (so ein abgründiges Tiefschwarz, wie es Pink Floyds *Wish you were here* umhüllte, nicht das milchige Grauschwarz heutiger Müllsäcke), auch schrilles Gelb, Grün, Pink. Wenn deutlich aus dem Tütenaufdruck hervorging, dass man sie aus einer Großstadt mitgebracht hatte, war das cool. Je weiter weg die Stadt, desto cooler, und London war am coolsten. Am allercoolsten war, wenn die Tüten dann noch für einen Klamotten- oder Plattenladen warben. Ähnlich wie der Button eignete sich die Plastiktüte nämlich vorzüglich, um eine Botschaft zu transportieren, und sei es nur die, dass man so cool war, dass man seine T-Shirts in einem Laden auf der King's Road kaufte.

Als ich mit zwanzig Jahren aus dem Haus meiner Eltern auszog, nahm ich noch meine drei oder vier liebsten Plastiktüten mit in mein erstes Zimmer im katholischen Studentenwohnheim, obwohl ich sie zu diesem Zeitpunkt schon lange nicht mehr benutzte. Trotzdem brachte ich es nicht übers Herz, sie wegzuschmeißen. Vom langen Liegen rochen sie giftig (so richtig tolle Kunststoffe waren das offensichtlich noch nicht), waren zum Teil schon sehr in Auflösung begriffen, und insbesondere eine mit dünnen Streifen in allen Regenbogenfarben auf schwarzem Grund war schon so erbarmungswürdig abgeschabt, dass sie mehr helle Stellen aufwies als solche, wo das ursprüngliche Muster noch zu erkennen war.

Bis auf den heutigen Tag sammle ich noch gerne interessante Plastik- und Papiertüten für den Fall, dass man etwas befördern muss, das in die Handtasche nicht hineinpasst. Daher war ich ganz gerührt, als ich in der Zeitung las, dass unsere ehemalige Punk-Stilikone, Nina Hagen, unlängst in einem Interview saß und ab und zu in ihrer Tasche kramte, die eine Plastiktüte war, die sie auf ihrem Schoß hielt. Die habe sie aus New York mitgebracht und fände sie ganz toll, beantwortete sie die Frage des Reporters, der nun seinerseits an solch einem abgewetzten Handtaschensubstitut nichts Herausragendes finden konnte. Manche Dinge ändern sich nie, dachte ich. 1979 öffentliche Masturbation in einer österreichischen Fernseh-Talkshow und 2003 die Nummer mit der Plastiktüte. Wenigstens eine, die ihrer Rolle als Bürgerschreck noch gerecht wird, während ihre konforme kleine Tochter sich für den *Playboy* ablichten lässt.

Freilich waren die Plastiktüten, die wir damals primär unbürgerlich fanden, nicht nur hässlich, sondern auch unpraktisch. Legte man einen Schlüssel zuunterst, so konnte es gut passieren, dass er sich durch das Gewicht der darübergestopften Sachen durch die Tüte bohrte und man ihn verlor. Die Tüten waren schlaff, wenn man nicht genug hineinpackte, und unförmig verbeult, wenn man zu viel hineinsteckte. Die Gefahr, dass man sie unter einem Kneipentisch versehentlich stehen ließ oder im Bus vergaß, war stets gegeben. Die beiden Griffe, die meist sehr schnell ausrissen, schnitten einem bereits bei geringem Gewicht in die Hände. Das Schlimmste aber war, dass sie fast immer abfärbten, an die Finger, an die Hosenbeine, an den Mantel. Die fiesen Flecken, die das Tütentragen hinterließ, gingen manchmal gar nicht mehr raus. Es war ein großes Manko, aber ich nahm es in Kauf, um meine exotischen Lieblinge mit mir herumzuschleppen.

Ich war mit dieser Marotte keineswegs allein. Plastiktüten waren eine attraktive und billige Alternative zu den damals für uns unerschwinglichen Handtaschen, denn es gab sie in den allermeisten Fällen umsonst, auch wenn man nichts kaufte. Das Stadtarchiv von Passau hat eine riesengroße Sammlung von Plastiktüten aus allen Epochen, die vom Leiden und der Leidenschaft anderer, ähnlich veranlagter Frauen kündet. Jahre später erst fand ich heraus, dass man die obdachlosen Frauen in Amerika »bag ladies« nennt, weil sie ihr gesamtes Hab und Gut in Plastiktüten mit sich herumschleifen. So ähnlich sahen wir vermutlich damals auch aus, aber es störte uns nicht, denn wir wollten alles sein, nur nicht nett oder adrett oder womöglich »eine gepflegte Erscheinung«.

Das perfekte Accessoire – Die 50er-Jahre

Wagen wir einen Zeitsprung in ein Jahrzehnt, als Mary Quant und ihresgleichen der Jugend noch nicht ihre eigene Mode gegeben hatten, als Töchter es noch nicht todschick fanden, irgendwie verwahrlost, ungebügelt oder auch nur anders als adrett auszusehen, sondern von den Frisuren bis zu den Schuhspitzen verjüngte Versionen ihrer eigenen Mütter darstellten. Kein Wunder also, dass einer der größten Stars der 50er-Jahre, Grace Kelly, in ihren Filmen das perfekte *role model* für die gute Tochter abgab. Die gute Tochter hatte zudem in fast allen diesen Filmen das Glück, zusätzlich aus gutem Haus zu sein.

So ist es also der Tatsache, dass Geld offensichtlich keine Rolle spielte, zu verdanken, dass es zu jedem Kleid passende Schuhe, Handschuhe, Hüte und Handtaschen gab und zudem die Kleider noch mehrfach am Tag gewechselt wurden wie beispielsweise in dem Hollywood-Klassiker *Über den Dächern von Nizza.* Wenn es auch einer gewissen schauspielerischen Leistung bedurfte, die zickige Millionenerbin mit Charme zu spielen, war Grace Kelly das Milieu, in dem die meisten ihrer Filme angesiedelt waren, ganz und gar nicht fremd, war sie doch ein Spross einer neureichen Familie aus Philadelphia und stets darum bemüht, vor allen anderen Menschen ihrem Vater zu gefallen. Die göttliche Grace war die vollkommene Verkörperung ihrer Rollen, und so fiel es gar nicht weiter auf, dass sie auch im richtigen Leben genauso aussah – und dieselben Handtaschen trug.

Die originale, klassische Kelly Bag ist von Hermès. Sie kam 1930 auf den Markt und bekam ihren Namen 1956, als man das erste Foto von Grace Kelly schoss, auf dem sie diese elegante, feste, leicht trapezförmige Tasche trug. Das Foto, das Modegeschichte schreiben sollte, zierte das Cover von *Life,* und die schwarze Tasche des Hollywoodstars wurde damals von Hermès noch hübsch handwerklich als »petit sac haute à courroies« bezeichnet. Nie wieder sah man Grace Kelly ohne. In jenem Jahr hatte sie ihre großen Filme schon hinter sich und machte sich an Bord der *Constitution* auf den Weg nach Monaco, um ihren Prinzen zu heiraten. Auf allen diesen offiziellen Fotos, in der Filmaufnahme, wenn sie nach acht Tagen Überfahrt die *Constitution* und damit amerikanischen Boden verlässt und monegassisches Hoheitsgebiet, nämlich die Planken von Rainiers Jacht, betritt – stets ist sie in Begleitung des »petit sac haute à courroies« in Schwarz. Sogar bei ihrer standesamtlichen Trauung in Monte Carlo hatte Grace Kelly einen zierlicheren Abkömmling dieser Tasche aus hellem Leder dabei. Während Rainier sich ganz offensichtlich nicht so dicht an seine Frau herantraut und auf Fotos und in Filmaufnahmen aus dieser Zeit immer einen merkwürdigen Sicherheitsabstand zu ihr einzuhalten scheint, wurde kein öffentlicher Auftritt der unnahbaren Schönheit mehr ohne diese Tasche absolviert.

Wer eine wollte, sah sich über Nacht auf eine sechsmonatige Warteliste gesetzt. Die Kelly Bag, von der es inzwischen unzählige Varianten und Imitationen gibt, wird heute noch von Hermès hergestellt und ist das am häufigsten nachgefragte Modell des Traditionshauses. Die Wartezeiten für nach Sonderwünschen handgefertigte Kellys betragen bis zu fünf Jahren. Aber selbst auf die normalen Modelle wartet man wie in den 50er-Jahren mindestens sechs Monate, und meist haben Hermès-Läden noch nicht einmal Ausstellungsstücke vorrätig – so groß ist die Nachfrage. Eine durchschnittliche Kelly von Hermès kostet um die 3000 Dollar. Gebrauchte Kelly Bags erzielen auf Auktionen je nach Material Preise zwischen 2000 und 7500 Dollar, wobei Krokodilleder die höchsten Gebote erzielt, Kalbsleder aber das Material ist, das am häufigsten vorkommt. Gute Adressen für das Ersteigern von »vintage« Kellys sind die New Yorker Auktionshäuser William Doyle, The Way We Wore und Sotheby's in London. Dort arbeiten ausgewiesene Experten, die sich mit Taschen auskennen, sodass keine Fälschungen unter den Hammer kommen.

Die Kelly Bag ging aus der Satteltasche hervor, denn das 1837 in Frankreich gegründete Haus Hermès war zunächst eine Sattlerwerkstatt. An der Grundform und der auffälligen Solidität dieser Tasche hat sich seither nicht sehr viel verändert. Bis auf den heutigen Tag werden die Kelly Bags angeblich von qualifiziertem Personal handgefertigt – Stück für Stück. Eine Frau arbeitet dabei fünfzehn bis zwanzig Stunden an einer Tasche, die mit mehr als 2500 Stichen zusammengenäht wird. Hermès-Taschen gibt es nicht als zweite Wahl. Wenn eine Tasche die Qualitätskontrolle nicht passiert, wird sie zerstört. Natürlich bildet man sich immer ein, eine echte Kelly Bag an der Qualität des Materials und der Handarbeit erkennen zu können. Aber es gibt gute Fälschungen (ebenso wie jede Menge Taschen, die sich »Kelly« nennen, aber Modelle anderer Designer sind). Seit 1970 prägt Hermès daher die Taschen mit drei kleinen Zeichen, aus denen ihre Echtheit hervorgeht: Eines steht für die Werkstatt, die die Tasche gefertigt hat, eines für das Jahr der Fertigung, und eines ist eine Nummer, die direkt auf die Person verweist, die die Tasche genäht hat, sodass die Tasche, falls sie beschädigt ist, zu genau dieser wieder zur Reparatur geschickt werden kann.

Wer weiß, was aus dem »petit sac haute à courroies« geworden wäre, wenn Grace Kelly ihn nicht für sich entdeckt hätte. So aber unterstrich die Tasche die Eleganz der schmalen Linie der 50er-Jahre. Jede andere Tasche hätte diese Linie unterbrochen oder gestört, aber die kompakte Kelly Bag hing immer nur zart hingetupft in der Armbeuge oder am Handgelenk ihrer Trägerin wie der Punkt eines Ausrufungszeichens. Sie machte das Outfit in seiner Bedeutung erst komplett, ohne dabei selbst zu viel Aufmerksamkeit auf sich zu ziehen. Das machte die Tasche zum perfekten Accessoire der Frau, so wie die Frau jener Zeit das perfekte Accessoire ihres Ehemannes war. Es war gut zu wissen, dass es sie gab, man musste sie nur hin und wieder hervorholen und vorzeigen. Bei offiziellen Anlässen komplettierte sie seinen Auftritt, sollte aber selbst nicht zu sehr in den Vordergrund treten. Meist war sie mit einer großen Selbstverständlichkeit einfach da und glänzte in all ihrer Anspruchslosigkeit.

Wenn der große Wurf, dass eine Tasche zum stilbildenden Accessoire einer ganzen Epoche wird, einmal funktioniert hat, so dachte Hermès, warum nicht noch einmal. Und so ergab es sich günstig, dass der Geschäftsführer, Jean-Louis Dumas, 1986 auf einem Flug neben Jane Birkin saß, die ihm etwas vorjammerte, dass die Kelly zu schwierig zu öffnen sei. Sie kritzelte ein alternatives Modell auf einen Zettel und wedelte mit ihrer großen Strohtasche demonstrativ vor seinem Gesicht herum. Dumas sah ein, dass die Tasche der Frau der 80er-Jahre nicht mehr unbedingt von einer solchen Umständlichkeit sein muss, wie es noch die Kelly Bag war, und dass man die Sattlervergangenheit jetzt gegen eine gewisse Strandkulturleichtigkeit eintauschen konnte. Also regte er im traditionellen Stammhaus den Entwurf der Birkin Bag an, die heute bei den Kundinnen die zweitbeliebteste Tasche von Hermès ist. Jedenfalls will es so die Legende.

Die Birkin Bag sieht aus wie eine etwas zwanglosere Ausgabe der Kelly Bag. Sie hat eine weniger strenge Gestalt, ein paar abgerundete Ecken und eben in der Tat einen anderen Verschluss, den ich genauso schwierig zu öffnen finde wie den der Kelly, was vermutlich an der fehlenden Routine liegt, denn ich kann mir weder die eine noch die andere leisten. Es gibt sie außer in verschiedenen Lederausführungen in einem wunderbaren Leinenmaterial, das genau dasselbe ist, aus dem man auch Feuerwehrschläuche macht. Sieht man eine Kelly Bag und eine Birkin Bag nebeneinander, kann man in der Tat Rückschlüsse auf die Unterschiede ihrer beiden Namensgeberinnen ziehen. Wirkt die Kelly Bag diszipliniert, nüchtern und hochgeschlossen (ganz die Vertreterin der amerikanischen Ostküste), so ist die Birkin Bag mehr »casual«, »offener« und viel nachgiebiger (ganz die Französin, auch wenn Jane Birkin gebürtige Britin ist). Beide jedoch sind durch und durch Puristinnen.

Hermès Birkin Bags erzielen bei Auktionen ebenfalls fantastische Preise, besonders die Modelle, für die das französische Traditionshaus keine Aufträge mehr entgegennimmt, wie beispielsweise das Modell Birkin 35 (die 35 steht für die untere Kantenlänge von 35 Zentimetern und damit für die begehrteste Größe dieser Tasche) aus limettengrünem »Taurillon Clemence«, einem besonders weichen und dennoch kratzfesten Leder, das man auch das »Gänsehautleder« nennt, obwohl es sich um Rindsleder handelt. »Vert cru« heißt bei Hermès diese wunderbare frische Farbe, die erstmals im Frühjahr 2003 Eingang in die Kollektion fand. Mangel erzeugt Nachfrage, wie man an diesem Beispiel sehen kann: Ein Artikel aus einer laufenden Kollektion ist bereits zu einem begehrten Sammlerstück mutiert, das gebraucht in einer Auktion locker ein Höchstgebot über 7000 Dollar einzuholen vermag. Im unbenutzten Zustand ist noch weitaus mehr drin. Anfängliche Gebote liegen hier oft schon bei um die 8000 Dollar, und Abschlüsse werden bei atemberaubenden 20 000 Dollar erzielt.

Zu einigem Auftrieb verhalf der Birkin Bag in jüngerer Zeit, dass sie von Kate Moss, der Dauer-Trendsetterin von bauchfreien T-Shirts bis zu Handtaschen und Sneakers, favorisiert wird. »Die zurzeit begehrteste Tasche der Welt« nannte das Magazin *In Style* die orangefarbene Birkin Bag im März 2002. Kultstatus verlieh ihr dann endgültig ihr Auftritt in *Sex and the City*. So sind Hermès-Taschen der beste Beweis dafür, dass zurückhaltende Eleganz und solide Qualität nie aus der Mode kommen.

Supermodels als role models – Die 80er- und 90er-Jahre

Die Birkin Bag ist uns ganz sicher nicht als *die* Tasche der 80er-Jahre im Gedächtnis oder im Kleiderschrank hängen geblieben, dafür aber die Prada Bag, und das auch erst ganz spät in den 80ern, als sie schon fast wieder vorbei waren. Das Entscheidende an der Prada Bag war, dass sie den zweiten Siegeszug des Nylons einleitete. Dummerweise fiel der Höhepunkt des Prada-Bag-Hypes in die Zeit unmittelbar nach der Maueröffnung, und es war schwierig, einer modebewussten jungen Frau aus Ostdeutschland klar zu machen, dass das Material der verhassten »Fallsbeutel« (»falls es was zu kaufen gibt«) nun exakt dasselbe wie das dieser teuren italienischen Taschen sein sollte. Weil es in die Köpfe – auch in die vieler Westlerinnen – nicht hineinwollte, liefen viele damals mit unzumutbaren Designerhandtaschen-Imitaten herum, und man gab spontan irgendeinem grauenvollen Kunstledergebilde den Vorzug vor einer Nylontasche. Dabei – Hand aufs Herz – in einer Epoche der permanenten stilistischen Entgleisungen war die Prada Bag ein recht einsamer Höhepunkt des guten Geschmacks. 1989 war der kleine italienische Lederwarenhersteller Prada noch so gut wie unbekannt. Die Popularität der Prada Bag in den Neunzigern haben wir den Redakteurinnen der Modezeitschriften und den Supermodels zu verdanken. Ohne sie ist der erdrutschartige Erfolg dieser Tasche nicht denkbar. Wie das alles genau vonstatten ging, lässt sich nur noch mit Mühe rekonstruieren, ist aber auch nicht so wichtig, denn offensichtlich ist: Alle, die viel mit Mode zu tun hatten, also besagte zwei Berufsgruppen, hatten von den Abscheulichkeiten, die uns in den 80ern geboten wurden, gründlich genug und stürzten sich jubelnd auf die Prada-Taschen wie die Verdurstenden auf eine Quelle.

Das Grausame an den 80er-Jahren war, dass auch Frauen aus kleinen alteuropäischen Ländern wie Italien und Frankreich, die einen gewissen Schick in den Genen tragen, plötzlich aussahen wie Amerikanerinnen: *big hair, big shoulders.* Nachgeborenen oder denen unter uns, die ein schlechtes Gedächtnis haben, sei empfohlen, sich ein paar Folgen von *Dallas* anzusehen. Das zutiefst Erschütternde an den dort von staksenden Sprechpuppen vorgeführten zutiefst unvorteilhaften Kleidern und furchteinflößenden Föhnfrisuren ist nicht, dass es all das irgendwo im fernen Texas gab, sondern dass wir genau das hier in Deutschland auch am Leib und auf dem Kopf hatten. Sicher werfen jetzt alle abwehrend die Hände hoch und rufen: »Ich doch nicht!« Aber es war wirklich so. Es war vermutlich derartig traumatisch, dass wir es verdrängt haben, aber wir alle trugen eine Zeit lang Farben und Formen, die direkt von der Aerobic-Welle beeinflusst waren: zum Beispiel den Catsuit, in dem noch nicht einmal Models vorteilhaft aussahen, Leggings oder Hemd-Hose-Kombinationen, die den gefürchteten Trikotschlafanzügen zum Verwechseln ähnlich waren, und natürlich die in Neonfarben erstrahlende Lippenstift-, Nagellack- und Lidschattenpalette, für die es keine Entschuldigung gibt.

In dieser stilistisch hoffnungslosen Epoche tauchte die Prada Bag zeitgleich mit Kate Moss am Horizont auf, und beides war ein Hoffnungsschimmer in der Finsternis. Kate in der britischen Zeitschrift *The Face* im Juli 1990 und die ersten Prada Bags mit ihren kleinen dreieckigen Metall-Logos in den Handtaschenregalen guter Geschäfte wiesen uns verirrten Schafen Anfang der 90er den Weg aus dem modischen Jammertal, in dem wir uns fast zehn Jahre lang aufgehalten hatten. (Zum Glück wussten wir von unserer Verirrung damals nichts, denn immerhin sind es zehn Jahre unseres erwachsenen Lebens, die uns keiner mehr wiedergibt, und wer weiß, zu welchen Revolutionen das entsprechende Bewusstsein oder Wissen einst geführt hätte.)

Nie wieder habe ich so gründlich entsorgt wie nach 1989. Es flog einfach restlos alles in den Müll. Der Anfang der 90er war eine einzige Befreiung. Wir sahen plötzlich alle »anders und besser« (Gotthold Ephraim Lessing) aus, konnten aber an den Outfits und Aufmachungen der Bevölkerung in den ländlichen Regionen, die an Samstagen zum Einkaufen in unsere mittlere Großstadt drängten, genau erkennen, welchen Anblick wir selbst noch vor kurzem geboten haben mussten. Das Landvolk kaufte jetzt billig, was wir übrig gelassen hatten und fortan verschmähten. Unsere stilistischen Vorbilder waren nun die Mädchen, die nur einen Vornamen hatten: Cindy, Christy, Linda, Helena, Tatjana. Wir wollten nicht sein wie sie (Gott bewahre!), aber wir wollten ihren Stil. Wir wollten aussehen wie sie, aber unseren IQ und unseren Nachnamen nicht verleugnen müssen. Wir wollten die neue schmale Linie und ein neues Understatement: Wir wollten den »naked« Look im Gesicht, an dem man länger arbeitete, als an einem lauten Make-up, wir wollten Helmut Lang und Slip Dresses. Es war die dringend notwendige Neuerfindung von »cool«.

Doch drehen wir die Uhr noch einmal kurz zurück in die Zeit, bevor die Prada Bag unser Leben veränderte, auch wenn wir nie eine besaßen (schließlich hatte auch kaum eine von uns den flachen Bauch von Kate Moss). Gehen wir zurück in das Jahr 1983, als Karl Lagerfeld Chanel übernahm und im Zuge des kompletten und ziemlich genialen Make-over, das er dieser einst von Coco Chanel begründeten Marke verpasste, auch deren Handtaschen neu erfunden hat. Er behielt dabei die charakteristische, eckige Gestalt der Chanel-Taschen und die rautenförmigen Absteppungen bei, experimentierte aber mit neuen Materialien wie Kunststoff, Bast, Tweed und Samt. Die abgesteppten Taschen mit den Goldkettchen und den riesigen verschlungenen C als Logo galten bald als todschick, und zwar nicht nur bei älteren Damen. Zugleich wurde Chanel nun leider die Marke der *nouveau riche* und der Amerikanerinnen. »Channel« waren die Taschen, die die gruseligen Hippen von *Dynasty* (*Denver Clan,* wie das etwas debil bei uns im deutschen Fernsehen hieß) bei ihren Kämpfen um lächerlich dumme, blitzhässliche, aber reiche Männer schwangen. Männer, die mit allen Mitteln (zurück)erobert werden mussten, nur damit sie den verwöhnten Luxuszicken weitere Klamotten und Taschen derselben Marke kaufen und ihnen weitere Häuser mit noch mehr Zimmern und noch abstruseren Einrichtungen schenken konnten. Was für ein Leben!

Freilich war es eines, an dem wir nur vor dem Fernseher teilhatten, oder wenn wir uns in Urlauben an der Côte d'Azur auf der Croissette von Cannes herumdrückten und die alten wie neuen Reichen in den Cafés, auf der Promenade und auf der Terrasse des Hotels Negresco bestaunten, nur um am Abend wieder in unsere bescheidenen Pensionen im Hinterland zurückzukehren. Chanel war nichts, was wir uns leisten konnten. Um nicht unangenehm mit einem billigen *fake* aufzufallen, taten wir alles, um möglichst unbeleckt vom Chanel-Stil durchs Leben zu kommen. Dies spiegelte sich in der Taschenwahl wider. Ich hatte damals, wie ich schon erzählte, alle paar Wochen ein neues Behältnis: einen Korb mit Deckel, eine Ibiza-Tasche, einen stabilen Häkelbeutel aus Sisal mit einem ledernen Schulterriemen (der verdächtig so aussah wie die sehr teure, in der Frühjahr-2003-Kollektion Mombasa Tresse Bag genannte Tasche von Tom Ford), eine große bunte Strandtasche, einen plastifizierten Pappkoffer, der weiß-gelb gestreift war, pinkfarbige und blaue Leinentaschen. Weiter konnte man von Chanel gar nicht entfernt sein.

Vor einigen Jahren fühlte ich mich in diese Zeit zurückkatapultiert, als ich in Nizza einen Französischkurs für Erwachsene belegte. »Erwachsen« ist dabei ein relativer Begriff, denn die allermeisten Teilnehmerinnen waren Anfang zwanzig und zukünftige Stewardessen. Als ich am Vorabend des ersten Kurstages auf die Horde schnatternder junger Geschöpfe zuging, fiel mir sofort die einzige Frau auf, die außer mir eindeutig über dreißig war. Ich erkannte sie an den beiden riesigen verschlungenen goldenen C auf ihrer schwarzen Umhängetasche und ahnte, dass auch sie in den frühen 80ern sehnsüchtig ihre Blicke über die Strandpromenade hatte schweifen lassen. Offenbar war sie nach über einem Jahrzehnt an den Ort früherer Stil- und Klasse-Niederlagen zurückgekehrt, um jetzt dazuzugehören und ihr – vielleicht mühsam vom Munde abgespartes – Chanel-Prachtstück auf der Croissette spazieren zu führen. Zielstrebig steuerte ich auf sie zu und erkannte im fahlen Licht der Straßenlaterne leider zu spät, dass ihre Umhängetasche ein ziemlich grobes *fake* war. Ich musste jedoch ein Gespräch mit ihr beginnen, da ich nicht mehr die Richtung ändern konnte und inmitten dieser Gruppe mir unbekannter angehender Flugbegleiterinnen auch gar nicht gewusst hätte, wo ich mich stattdessen hätte hinzugesellen sollen. Je länger wir uns unterhielten, desto unbehaglicher wurde mir. Welten trennten mich von dieser Frau, deren hessisches Idiom sie als Vorort-Frankfurterin auswies. Auf der Suche nach Gesprächsstoff fragte ich sie schließlich, ob ihre Tasche echt Chanel sei, obwohl ich die Antwort längst kannte. »Abä nei«, gab sie sofort gut gelaunt zu, »des gibt's doch in Hongkong an jede Eck' und uff alle denne Märkt!«

Doch damit nicht genug. Die frühen 90er-Jahre brachten ein kleines Ungetüm hervor, bei dem man sich im Nachhinein ernsthaft fragt, wie es sich so lange hat halten können: den City-Rucksack. Einer der Ersten war von Red or Dead, einer inzwischen fast in Vergessenheit geratenen, aber damals supercoolen Marke, die vor allem tolle Schuhe herstellte, die *all the hype* waren und zudem ewig hielten. Der Rucksack war ziemlich scheußlich, aus schwarzem abgestepptem Samt, der sofort verfusselte, und mit lächerlichen Trageriemchen und einem koketten Henkel, falls man ihn als Abendtäschchen benutzen wollte, wozu einem der Hersteller doch allen Ernstes riet. Bis auf die Prada-Revolution und das Chanel-

Make-over tat sich handtaschentechnisch in dieser dunklen Zeit nicht viel. Marken wie Gucci oder Louis Vuitton brachten neben ihren Klassikern Taschen in Formen und Macharten heraus, die man nicht mehr vorrangig mit diesen Marken assoziierte und die irgendwie jeder hätte herstellen können. Geschmackvolle Innovationen fehlten ganz.

Vieles, was vollkommen zu Recht danach wieder in der Versenkung verschwand und was Handtaschenkreative – von Anya Hindmarch bis Michiko Koshino – in dieser Zeit entwarfen, besaß eine bemühte Originalität und strotzte vor deplatzierter Witzigkeit. Es gab Beutel in allen möglichen Farben und Größen oder Taschen in Form von Parfümflakons. Gucci lancierte 1990 sogar eine Serie von Bauchtaschen in abscheulichen Farben, die unter ästhetischen Gesichtspunkten betrachtet von den Gürteltaschen meines Vaters nicht weit entfernt waren. Das war aber noch gar nichts verglichen mit Vivienne Westwood, die im Frühjahr 1991 vorne an ihre Miniröcke eine Schamkapsel nähte, der Form des männlichen Geschlechtsteils genau nachempfunden. Im selben Frühjahr überraschte uns wiederum Gucci mit einer Serie bunter, an einem Riemen über der Schulter zu tragender Kelly Bags, die dem Original von Hermès nicht das Wasser reichen konnten. Ungerührt versuchte die *fashion industry*, uns all diesen Unsinn als »Trend« unterzujubeln, auch wenn keiner so genau benennen konnte, worin der liegen sollte, außer dass die Taschen die Tendenz hatten, eher kleiner zu sein, als unter praktischen Gesichtspunkten gerade noch zu vertreten war, und oft in Farbe und Design hilflos irgendwelche Anleihen bei vergangenen Epochen und Stilen machten. Allen war gleichermaßen gemeinsam, dass sie überhaupt nicht zur vorherrschenden Mode passten. Das war aber eigentlich auch egal, da die vorherrschende Mode ohnehin ein großflächiges Abkommen vom rechten Weg bedeutete. Alles in allem waren die 80er und frühen 90er – von den erwähnten Ausnahmen abgesehen – eine Ära der Lieblosigkeit in Bezug auf die Handtasche.

In dieses gestalterische, aber auch ideelle *waste land* fiel nun also die Geburt des City-Rucksacks, von dem im Nachhinein alle behaupten, niemals einen besessen zu haben. Wer aber, so frage ich, bevölkerte dann damals die Fußgängerzonen unserer Städte und trug diese abscheulichen Dinger auf dem Rücken, die so aussahen, als ob man eine Riesenspinne oder einen sehr großen Käfer huckepack genommen hatte? Manche Sachen sehen einfach doof aus, wenn sie zu klein sind, und dazu gehören eindeutig Rucksäcke. Sie brauchen eine vernünftige Größe, denn es ist durch nichts zu rechtfertigen, dass man sich ein Behältnis, das nicht viel größer ist als eine Streuselschnecke, auf den Rücken schnallt, statt es sich wie eine zivilisierte Stadtbewohnerin über die Schulter zu hängen oder in der Hand zu halten. Damen im Nerz trugen plötzlich diese lachhaften Minirucksäcke, die schwarz lackledern oder aus Satin wie große Geschwüre und entstellende Buckel auf ihnen hockten und ihren Trägerinnen eine Ausstrahlung großer Hilflosigkeit verliehen, was denen jedoch kein bisschen bewusst war. »Oh Gott, die Arme«, so dachte man meist spontan, wenn einem eine solche Frau in der Stadt begegnete. »Die hat sicher einen akuten Bandscheibenvorfall und darf nur eine vollkommen gleichmäßig verteilte Last tragen.«

Dabei trugen die Last wir alle, denn der dumme City-Rucksack warf uns modemäßig um Lichtjahre zurück. Gucci rechtfertigte sein Modell in der damals geschalteten Anzeige noch damit, dass man zum Motorradfahren beide Hände frei haben müsse, erklärte uns aber leider nicht, wie die hübsche Blondine, die da im Damensitz auf dem Motorradsattel saß, in ihrem hautengen Ledermini eine fahrtaugliche Haltung hätte einnehmen oder wie sie mit den hauchfeinen Sandalen an den zarten Füßchen den Kickstart hätte betätigen wollen. Dabei war der Gucci-Rucksack noch einer der ansehnlicheren und nicht ganz so albern und warzenhaft klein wie andere Vertreter seiner Art.

Ein weiteres untrügliches Zeichen der 80er-Jahre des vergangenen Jahrhunderts war der aufkommende Markenfetischismus, wenn die Anfänge auch zart waren. Turnschuhe und Polohemden (man denke an Nike und Lacoste) waren wohl zuerst betroffen und Jeans sowieso. Mitte der 80er ging es dann bei Handtaschen, Geldbörsen und Schlüsselmäppchen los, und zwar mit MCM, einer Marke, die ich bis auf den heutigen Tag mit dem Mief unserer Kleinstadt und den jeden Samstag darin wie ein Heuschreckenschwarm einfallenden Landpomeranzen assoziiere. Von der Eleganz der Großstadt waren die meisten von ihnen (und von uns) mit Stretchjeans, Riesensweatshirts und breitschultrigen Lederjacken unendlich weit entfernt, und trotzdem: Man adelte sein Outfit mit einer Marke. Bei wem es zu einer echten MCM, die er auf dem Weg nach Teneriffa im Dutyfreeshop ergatterte, nicht gereicht hatte, erwarb eben eines der überall im Umlauf befindlichen *fakes.* Bestimmt tue ich MCM Unrecht, wenn ich ihre Produkte zutiefst provinziell finde, aber das liegt sicherlich unter anderem daran, dass eine ihrer Lederwarenserien weiß war, eine Farbe, in der kein Städter oder Kosmopolit je eine Handtasche erwerben würde (obwohl Weiß im Sommer 2003 ein Come-back als Handtaschenfarbe versucht hat). Und ein weiterer Grund ist, dass keine anderen modischen Dinge einen solch kurzen Weg zur Landbevölkerung durchmessen als die, welche ihren Ursprung in der Münchner Schickeria haben.

Jackie O. – Die 60er-Jahre

Ausgerechnet eine Amerikanerin musste dem Rest der Welt in den 60er-Jahren zeigen, was Stil und Klasse ist, und dass gute Klamotten und eine elegante und würdevolle Art, sie zu tragen, schon die halbe Miete sind. Ich war damals noch zu klein, als dass Jackie Kennedy einen Eindruck bei mir hätte hinterlassen können, aber wenn man sich heute alte Fotos ansieht, diese kleinen quadratischen Abzüge mit den wundervollen Farben (die sich erstaunlich gut gehalten haben), dann sieht man, dass unsere Mütter und Tanten wie so viele andere Frauen ihrer Generation eindeutig den Stil der amerikanischen First Lady kopierten.

Jackie Kennedy lüftete das Weiße Haus gut durch, dekorierte es rundum neu und schuf für sich selbst die Rolle der Präsidentengattin mit der gleichen innovativen Kraft. Sie wurde das wichtigste PR-Instrument der kurzen Amtszeit von John F. Kennedy. Mit Grace Kellys Zeit als Fürstin Gracia Patricia von Monaco verbindet man die gleiche Aura kühler Professionalität wie mit Jackies Zeit als Mrs. Kennedy. Nichts, aber auch gar nichts überließ diese entschlossene Frau dem Zufall, und Jackies vermeintlich schlichter Stil mit seinen Etuikleidern mit Bateau-Ausschnitt und simplen, wollenen Kostümen am Tag, mit den eleganten seidenen Roben und kompliziert gebauten Frisuren bei Nacht war durch und durch kalkuliert. Früh verweigerte sie sich den amerikanischen Designern und trug stattdessen etwas Givenchy hier und etwas Courrèges, Balenciaga oder Balmain dort, weswegen sie in der Presse heftig angefeindet wurde. Auf 15 000 bis 30 000 Dollar jährlich beliefen sich damals ihre Rechnungen bei Pariser Modehäusern. Schließlich war es Oleg Cassini, der Ex-Verlobte von Grace Kelly, der für die Präsidentengattin – unter Berücksichtigung ihrer etwas eckigen Körperformen, die er als »ägyptisch« empfand – den ganz persönlichen Jackie-Stil entwarf, eine Gesamtchoreografie ihres Auftritts, die sie später als Ehefrau von Reeder Onassis zum Jackie-O.-Stil vervollkommnete.

Bezeichnenderweise verbindet sich mit Jackies Zeit als First Lady zwar bereits ein bestimmtes Aussehen, aber noch keine Handtasche. Auf jedem Foto trägt sie eine andere, meist sehr kleine Tasche, oft auch gar keine, zur Abendgarderobe stets nur winzigste Täschchen, die fast ganz in ihrer behandschuhten Hand verschwinden. Diese Abendtäschchen ließ sie für jedes Kleid eigens anfertigen, indem sie Materialproben der Roben an einen Designer schicken ließ, wie aus einem Brief an Oleg Cassini vom 13. Dezember 1960 hervorgeht. Im selben Brief steht auch: »Ich dulde es nicht, dass Johns Regierungsarbeit durch Sensationsberichte über meine Garderobe belastet wird – und ich als die Marie-Antoinette oder die Josephine von 1960 dastehe.« Später, als Millionärsgattin, gab Jackie diese Fiktion der Tugendhaftigkeit rasch auf, und an ihrer Stelle entstand ein vollkommen anderes Bild von ihr in der Öffentlichkeit: das der skandalumwitterten Verschwenderin. Sie hatte sich von einer Heiligen in eine profane Figur verwandelt, von Mrs. Kennedy in Jackie

O., von der trauernden Witwe in eine gefräßige Riesenheuschrecke. Aus ihrer Jackie-O.-Zeit rührte ihr charakteristisches Erscheinungsbild: die riesengroße schwarze Sonnenbrille, die ihr etwas Insektenartiges verlieh, und ein Kopftuch. Und zu diesem bereits zur Ikone erstarrenden Bild gesellte sich bald schon der ständige Begleiter, die Gucci-Handtasche.

Ein Grund, warum sich Jackies Stil so leicht kopieren ließ, lag darin, dass er aus einfachen Versatzstücken bestand. Brille, Kopftuch und Tasche wirkten wie eine Verkleidung und forderten zur Nachahmung geradezu heraus. Jackies Symbolik hatte nichts Geheimnisvolles, sondern war lesbar für eine breite Öffentlichkeit, für tausende vor Frauen in den 60er-Jahren, die sein wollten wie sie. »Eleganz ist Verweigerung«, formulierte Diana Vreeland, eine Mitarbeiterin Jackies, und so verweigerte sie sich einerseits jeglichem überflüssigen Schnickschnack, andererseits aber auch jeglicher Preisgabe und schob stattdessen die Insignien Sonnenbrille, Kopftuch und Gucci-Tasche in den Vordergrund.

Im Gegensatz zur ägyptischen Eckigkeit ihrer Kleidung und Frisur weist die klassische Jackie O. Bag abgerundete Ecken auf. Die Tasche ist ein Modell von solch stattlicher Größe, dass man Papier in Manuskriptformat in reichlicher Menge gut darin unterbringt, was bei Jackies Job als Verlagslektorin, den sie in ihren letzten Lebensjahren in New York innehatte, nicht ganz unwichtig gewesen sein dürfte. Die Tasche ist zwar elegant, aber nicht von der puritanischen Strenge einer Kelly Bag. Das Modell von Gucci hat einen stabilen Boden und belastbare Trageriemen aus Leder, aber der eigentliche Taschenkörper ist aus Stoff, in den das charakteristische doppelte G eingewebt ist, sodass sich von weitem betrachtet eine Art Schachbrettmuster ergibt. Das macht die Tasche flexibler als die Kelly Bag, die niemals ihre wehrhafte Form aufgibt, egal was man mit ihr anstellt. Das Band mit der Metallschließe geht über die Vorderseite und ist in den Gucci-Farben Grün und Rot gehalten. In jeder echten Gucci befindet sich ein ledernes Schild mit dem Logo und der Seriennummer und dem Produktionsstempel auf der Rückseite. Zudem gehört zu jeder Tasche ein Echtheitszertifikat (Controllato-Karte). Sollten diese untrüglichen Zeichen der Authentizität fehlen, liegt der Verdacht nahe, dass es sich um eine Fälschung handelt.

Die Tasche gibt es auch kleiner, unter dem Namen Baby Jackie O. Bag, was aber uncool ist, denn zum einen ist es eben nicht die originale Jackie O., sondern eine verniedlichte Version davon, zum anderen kriegt man weniger darin unter und DIN-A4-Blätter gar nicht. Und dann hat diese Tasche keinen stabilen Riemen, sondern nur ein albernes Kettchen. In dieser Größe sieht diese Art Tasche einfach nicht richtig aus. Denn ihre Besonderheit liegt darin, dass sie elegant und überaus praktisch zugleich ist. Im Gegensatz zur Kelly Bag kann man die originale Jackie O. nämlich lässig über die Schulter hängen, die Baby-Version jedoch nur mit Mühe dort festklemmen. Zu den Trägerinnen der »Baby O.« gehört beispielsweise Jenny Elvers. Daran lässt sich ja wohl ablesen, wie weit die kleine Ausführung dieser Tasche vom großen Original entfernt ist.

Obwohl Guccis Jackie O. Bag seit Jahr und Tag gleich aussieht und nach wie vor hergestellt wird, kommt es preiswerter, wenn man sie wie die Kelly Bag gebraucht kauft oder ersteigert, wobei man auf die Echtheit und auf die richtige Größe achten sollte. Je nach Material und Zustand gehen die Preise von 300 bis über 500 Euro. Der Neupreis der Taschen liegt bei 600 Euro aufwärts.

Als sei es fast schon eine Gesetzmäßigkeit in der Handtaschengeschichte des 20. Jahrhunderts, so gibt es auch zu diesem Haupteintrag einer Amerikanerin eine kleine französische Fußnote. Wie die Birkin Bag sich an die Berühmtheit der Kelly Bag anhängte, ohne diese je erlangen zu können (oder erst in jüngster Zeit und ohne Zutun ihrer Namensgeberin), folgte auf die Jackie O. die Bardot Bag. Im Grunde genommen sieht sie aus wie die »O.«, aber ihre obere Kante ist weiter heruntergezogen, sodass sie weiter ausgeschnitten wirkt. Dass das weniger praktisch ist (Ich sage nur DIN A4), liegt auf der Hand, aber es ist noch nicht einmal ein Zugewinn an Schönheit damit verbunden. Ganz im Gegenteil, in dieser Ausführung wirkt die Tasche ein wenig liederlich und schlampenhaft, da die minimale Veränderung der äußeren Form die prekäre Balance zwischen Eleganz und Praktikabilität zugunsten einer verknautschten, informellen Lässigkeit zerstört. Jackie hätte darüber bestimmt missbilligend das Näschen gerümpft.

Bestimmt sind wir uns erleichtert darin einig, dass sich Brigitte Bardot mit ihrem ausgesucht schlechten Geschmack nicht stilbildend auf die 60er-Jahre oder irgendein anderes Jahrzehnt ausgewirkt hat, dafür aber umso mehr Audrey Hepburn, obwohl sie sich schon bald nach ihren großen Erfolgen *Frühstück bei Tiffany*, *Funny Face* und *Sabrina* aus dem Filmgeschäft zurückzog. Was Audrey Hepburn mit Jackie Kennedy gemeinsam hat, ist die ikonenhafte Ausstrahlung, und zwar ging diese weniger von ihren Auftritten im wirklichen Leben aus als vielmehr von der Rolle, die sie berühmt gemacht hat. Holly Golightly mit dem kleinen Schwarzen und der riesigen Sonnenbrille zeigte den Frauen auf der ganzen Welt, dass man nicht unbedingt Geld brauchte, um todschick zu sein, aber man musste Stil haben, guten Geschmack und Würde. Dann genügten nämlich ein gut geschnittenes Kleid, ein Paar vernünftige Schuhe – und eine schlichte, elegante, aber praktische Handtasche. Diese Grundausstattung ließ sich beliebig ergänzen durch eine falsche Perlenkette (auch ein beliebtes Jackie-Accessoire), eine Zigarettenspitze, eine Sonnenbrille, eine kunstvoll getürmte Frisur.

Ein wundervolles Foto von 1967 zeigt Gabriel García Márquez und Mario Vargas Llosa mit ihren Ehefrauen in einem öffentlichen Gebäude in Lima, wahrscheinlich in der Wartehalle eines Bahnhofs oder Flughafens. Die vier und ein weiterer Mann haben sich im Halbkreis aufgestellt, wobei die beiden Frauen nebeneinander stehen und den Mittelpunkt bilden. Von den Frisuren über die Mäntel bis zu den Schuhen sind die Frauen ganz nach Jackie Kennedys Vorbild gestylt. Während die beiden Männer jeweils in der am Bildrand befindlichen Hand eine Zigarette halten, tragen die Frauen das gesamte Gepäck samt Aktenmappen, Zeitungen und Handtaschen. Beide halten ihre kleinen, eckigen Täschchen (Chanel?) grazil in der linken Hand, Mercedes Márquez an einem Goldkettchen, Vargas Llosas Frau am Griff. Letztere blickt knapp an der Kamera vorbei, Mercedes hingegen wirft einen zutiefst bewundernden Blick auf ihren Mann. Die beiden Frauen sind Jackie-Kopien und noch ganz in der Rolle der unterstützenden und bewundernden Gattin gefangen. Zugleich kommt ihnen aber auch schon eine tragende Funktion zu, im wahrsten Sinn des Wortes wie auch im übertragenen. Anders als die Gattinnen von Schriftstellern des 19. Jahrhunderts, die man oft gar nicht kannte, sind ihre Namen schon mit Gesichtern verbunden, aber noch sind sie nicht so eigenständig oder bedeutend, dass sich für sie der Gebrauch einer größeren Handtasche rechtfertigen ließe oder dass sie ihren Männern die Mappen, Koffer und Zeitungen vor die Füße schmissen. An diesem Zustand änderte erst die Emanzipationsbewegung der 70er-Jahre etwas.

Ein bekanntes Foto eines anderen Künstlerkleeblatts aus dieser Zeit legt davon Zeugnis ab. Das Bild ist 1968 in einem Restaurant aufgenommen, vermutlich in Los Angeles oder New York, und es zeigt Roman Polanski mit seiner Frau Sharon Tate, Peter Sellers und Mia Farrow an einem festlich gedeckten Tisch. Die beiden in alternativ-ethnische Gewänder gehüllten Frauen sind in allem ihren Männern ebenbürtig, sind sie doch beide sehr bekannte Schauspielerinnen ihrer Zeit. Weder rahmen sie ihre Männer ein oder werden von diesen in der Mitte zusammengedrängt noch sind sie schmückendes Beiwerk. Alle vier sitzen ganz entspannt da und sehen aus wie sehr glückliche junge Menschen. Den etwas unscharfen Vordergrund des Bildes nimmt fast vollständig Mia Farrows Handtasche ein, ein kleiner, recht voll gestopfter, aus Stoff gefertigter Beutel, den sie achtlos neben ihrem Teller abgelegt hat. Sharon Tate hat offenbar gar keine Handtasche dabei. Diese Frauen müssen sich nicht an wehrhaften kleinen Taschen festhalten wie die Schriftstellergattinnen auf dem anderen Foto. Sie praktizieren einen durch und durch anderen Lebensentwurf als den, der ihnen von der amerikanischen Stilikone Jackie Kennedy vorgemacht worden war. Diese beiden sind keine hauptberuflichen PR-Instrumente für die Karrieren ihrer Männer, sondern sie stricken fleißig an ihren eigenen. Die verkrampfte Beherrschung, die Jackie permanent ausstrahlte, ist ihnen fremd. Sie haben noch viel vor sich, gehen es aber entspannt an. Und dafür kann man schon mal loslassen und den Blick selbstbewusst in die Ferne richten, statt ihn hingebungsvoll auf dem eigenen Mann ruhen zu lassen. Und man kann sich auch einfach einmal so genug sein und die mitgebrachte Tasche irgendwo hinwerfen oder gleich ganz ohne aus dem Haus gehen.

Und heute?

Weit gefehlt, wer denkt, dass er heutzutage nach dem Prinzip des *anything goes* durchs Leben käme. Chloé Sevigny, Kate Moss, Gwyneth Paltrow, Sofia Coppola und Liz Hurley diktieren uns ganz schön, wo's langgeht in der Handtaschenwelt. Und wer die Gepflogenheiten dieser Damen nicht von Monat zu Monat in den einschlägigen Gazetten verfolgt, der sieht aber vielleicht fern und weiß, dass wann immer Carrie Bradshaw in *Sex and the City* eine gewisse Tasche abends lange genug in die Kamera hält (einer durchschnittlichen Frau genügen Sekunden), dann am nächsten Morgen ganz New York und ein halbes Jahr später ganz Europa losrennt, um genau diese Handtasche zu ergattern. Diesem schier unglaublichen Phänomen verdanken wir das fast schon hysterische Revival der Birkin Bag 35, die seit der Folge »Hätte, würde, sollte« nur noch »die Kulttasche« genannt wird.

»Wenn ich mit diesem Modell in Manhattan herumflaniere, weiß ich, ich habe es geschafft«, sagt Samantha Jones, die PR-Agentin, vor dem Schaufenster des Hermès-Ladens zu Carrie. Die Auslage krönt eine Birkin 35 in Rot, die einsam wie eine Königin auf einem Podest über allen anderen Taschen thront. »Die Rote?«, fragt Carrie erstaunt. »Das ist noch nicht einmal dein Stil.« Samantha ist das vollkommen egal, denn Carrie hat hier eindeutig das verfehlt, worum es Samantha geht: Für sie ist die Birkin ein reines Statussymbol, und die Frage, ob sie ihr wirklich gefällt, vollkommen zweitrangig. Es spricht wieder einmal für die Genialität der Macher dieser Serie, dass sie die Tasche nicht in irgendeiner der angesagten »Trendfarben« zeigen, sondern in Feuerrot: wie ein Sportwagen. Samantha gelingt es, sich unter der falschen Behauptung, die 4000-Dollar-Tasche sei für ihre Klientin Lucy Liu, auf einen vorderen Platz der bereits auf fünf Jahre ausgelegten Warteliste zu mogeln. Aber selbst auf diesem privilegierten Warteplatz dauert ihr alles noch zu lange, und ihr Geduldsfaden reißt, als ihr auf der Straße »ein beschissener Niemand in einem Jogginganzug« mit genau dieser Tasche entgegenkommt. Sie schnappt sich ihr Handy und staucht die PR-Frau von Hermès gründlich zusammen, dass diese Tasche gefälligst sofort geliefert werden muss. »Ist Hermès französisch für ›Wir lassen uns schön beschissen Zeit‹?«, giftet sie ins Telefon. Leider geht die Sache schlecht aus für Samantha Jones, denn zwar bekommt Lucy Liu die Tasche umgehend ins Hotel geliefert, empört sich aber über Samanthas skrupellose Vorgehensweise und den Missbrauch ihres Namens und ihrer Berühmtheit, feuert sie als ihre PR-Agentin – und behält obendrein noch die bereits bezahlte Birkin 35.

Der allerschönste Auftritt einer Handtasche in dieser Serie war aber ausgerechnet in der Folge, die ausgiebigst dem Schuhdesigner Manolo Blahnik huldigte. Carrie wird in einer stillen Straße in einer nicht ganz so tollen Gegend von New York überfallen, und der Dieb zwingt sie mit vorgehaltener Pistole, sich ihrer überirdisch schönen Riemchensandalen zu entledigen. Um bloß die Schuhe behalten zu dürfen, hält sie ihm ihre Fendi Baguette hin und bettelt förmlich darum, er möge doch ihre Handtasche (samt Inhalt) stehlen, wenn er ihr nur die Schuhe lässt. Am Ende nimmt er beides, aber ich wüsste gar zu gerne, ob diese himmlische Szene dazu geführt hat, dass Fendi Baguettes einen Umsatzrückgang zu verzeichnen hatten. Im Vergleich zu den Manolos kommt die teure Designertasche in dieser Folge ziemlich schlecht weg, denn das Herz einer Frau in Not schlägt eindeutig für die Schühchen, die sie verteidigt, als seien sie ihr eigen Fleisch und Blut, während sie dem Angreifer ihre Handtasche ohne zu zögern entgegenstreckt. Das Londoner Design-Museum deutete die Botschaft jedenfalls richtig und spielte diese Szene in einer Endlosschleife im letzten Raum seiner Manolo-Blahnik-Ausstellung.

So wie es wohl immer Hausschuhe in Tierform geben wird (wer das erfunden hat, sollte vor dem Internationalen Gerichtshof wegen Verbrechen gegen den guten Geschmack zur Rechenschaft gezogen und aufs Härteste bestraft werden), so ist wohl der Tieranhänger als solcher auch nicht aus der Welt zu schaffen. Die Urmutter aller Tieranhänger scheint mir die Tigerente zu sein, mit der dieser Niedlichkeitsfimmel seinen Anfang nahm, und jetzt hat man die Bescherung und weiß nicht mehr, wie man ihr wieder Herr werden soll. Neulich saß ich im Flugzeug von London nach Berlin neben zwei vielleicht vierzehnjährigen Gören, die mit ihren Mitschülern und zwei gestressten Lehrern auf der Rückreise von ihrer Klassenfahrt waren. Die beiden pickeligen und viel zu doll geschminkten Mädchen kriegten wegen ihrer superengen Jeans und kneifenden T-Shirts keinen

Bissen herunter und kaum Luft, spielten aber den ganzen Flug über äußerst konzentriert Schach auf einem Niveau, das von dem der Großmeister nicht mehr weit entfernt war. Am Gepäckband standen sie ernsthaft schweigend und mit pochenden Schläfenvenen neben mir, und als dann die Rucksäcke und Sporttaschen von Fräulein Kasparow und Fräulein Pachman auf uns zurumpelten, hingen an jedem Reißverschluss mindestens fünf Mäuschen, Bärchen und sonstige unerträgliche Minikuscheltiere. Dieses Phänomen verdeutlichte mir besser als vieles andere, was derzeit über Teenager und ihre schwer zu begreifende innere Beschaffenheit geschrieben wird, dass ihr zuweilen schon recht beachtliches intellektuelles Vermögen oft in gar keinem Verhältnis steht zu ihrer emotionalen Ausstattung, die meistens noch sehr kindlich und wenig reif ist.

Leider gibt es Frauen, bei denen sich diese im »Backfischalter« noch verständlicherweise auftuende Kluft niemals schließt. Diese Frauen fallen im Stadtbild dadurch auf, dass sie in Oilily-Klamotten herumrennen und damit wie ältliche Ausgaben ihrer eigenen Kinder aussehen – und dass ihnen Tigerenten an der Handtasche, den Rucksäcken oder den Oilily-Taschen, die allesamt riesige geblümte Stoffungetüme sind, baumeln. (Die Oilily-Taschen sind zielgruppengerecht deshalb so groß, damit man immer ein ganzes Windelpaket samt zusammenklappbarem Wickeltisch darin unterbringen kann; und der Säugling hat obendrein noch bequem Platz darin, bekommt aber bei geschlossenem Reißverschluss nicht so gut Luft.) Ihre Briefe unterschreiben diese Frauen mit buntem Filzstift, und sie stellen sich mit »Ich bin die Tabea!« vor. Zum Glück bildet diese nicht nur optisch schwer zu ertragende Spezies eine echte Minderheit.

Die anderen kriegen die Kurve, und deshalb sind die Handtaschen der meisten Frauen hier und heute als deutliche Hinweise darauf zu lesen, welches Selbstbild sie von sich als erwachsenen, selbstbewussten, mündigen, sexuell orientierten Wesen haben.

Wie bei allen Epochen wird es auch bei unserem derzeitigen Jahrzehnt so sein, dass man irgendwann zurückblickt und sagt: »Ach ja, die Jahre soundso und die Tasche soundso.« Im Nachhinein zeichnet sich bestimmt ein eindeutiger Trend ab, den wir jetzt noch nicht klar erkennen können, weil wir mittendrin stecken.

Bereits prognostizieren lässt sich, dass uns bei den Handtaschen weiterhin alle möglichen Retro-Stile beschert sein werden. Der Sommer 2003 sah die Wiederkehr weißer Handtaschen, die nicht nur leicht vollschmuddeln und schon deshalb nicht unbedingt so ein fürchterliches *must* sind, wie die Modezeitschriften uns glauben machen wollten, sondern ihr weitaus größeres Manko liegt darin, dass sie als billig, provinziell und peinlich gelten. Diese Attribute haben sie nicht davon abgehalten, uns wie Wiedergänger im neuen Jahrtausend heimzusuchen.

Außerdem lässt sich ablesen, dass der derzeitige Kleidungstrend, der mehr und mehr die Stilmerkmale der Sport- und Freizeitkleidung übernimmt, seinen Einfluss auf die Handtaschengestaltung weiter ausdehnen wird, und zwar sowohl was die verwendeten Materialien angeht, als auch was die organische Verschmelzung mit dem Körper betrifft. Es wird Taschen geben, die Teil unserer Kleidung sein werden – und umgekehrt. Aber welche Handtaschenentwicklungen dieses Jahrzehnt auch bringen wird, eines ist sicher: Dauerhaft kommt keine von uns ohne Handtasche aus.

Feindbilder und Vorbilder – Handtaschen und Identität

Unsere Handtaschen zeigen, wer wir sind oder wer wir gerne sein möchten. Ob wir gerne Lara Croft wären oder doch lieber Jackie Kennedy: Ein Blick auf die Handtasche offenbart es. Wie früh wir unsere Vorbilder aussuchen und unsere Feindbilder zurechtrücken, lässt sich daran ablesen, dass wir im fortgeschrittenen Lebensalter meist nicht mehr zu einer Korrektur der einmal etablierten Muster in der Lage sind. Die meisten Frauen entscheiden sich in sehr jungen Jahren für ein Modell oder zumindest eine Größe, dem oder der sie dann ein Leben lang treu bleiben. Wer es früh geschafft hat, ein schlankes Portemonnaie, einen Lippenstift und ein dünnes Schlüsselmäppchen als essenziell zu begreifen, und sich daher mit einer kleinen Tasche trefflich einrichtet, wird nicht später plötzlich zu voluminösen Gebilden übergehen, denn solche Gewohnheiten ändern sich nur noch in den seltensten Fällen.

Ein solches Kleine-Taschen-Temperament ist meine Kollegin Annemarie, die mich hin und wieder in ihre eleganten Winzlinge blicken lässt, weil ich es gar nicht glauben kann, dass sie darin alles fürs Leben Erforderliche zu transportieren vermag – und keinen kleineren Anspruch sollte man an seine Handtasche stellen. »Doch, alles drin«, sagt sie, öffnet stolz ihre Miniaturtasche, und wirklich: Man könnte nicht so leicht benennen, was fehlt. Es scheint wirklich alles drin zu sein, das auch in den Riesentaschen anderer Freundinnen herumfliegt, nur natürlich ist bei Annemarie alles ökonomisch und intelligent eingeräumt, statt einfach nur hineingeschmissen. Vermutlich trägt sie auf diese Weise einfach weniger Luft mit sich herum als beispielsweise Isabelle in ihrem monströsen Untier von einer Tasche. Hauptsächlich aber zwingt eine solch kleine Tasche natürlich viel häufiger zum Ausmisten, und Pannen, wie Isabelle sie andauernd hat, kommen bei Annemarie schlicht nicht vor. Isabelle schleift manchmal monatelang ein paar Socken, die sie eigentlich umtauschen wollte, oder eine Tüte mit einem Rosinenbrötchen mit sich herum – ganz einfach, weil sie vergessen hat, dass sie das Zeug in ihrer Tasche hat und weil der Vorrat an noch zu belegendem Platz in ihrem Ungetüm unendlich scheint.

Die Tasche meiner Mutter

Warum also zwingen sich manche Frauen zur Ökonomie, während andere dagegen hemmungslose Verschwenderinnen sind? Annemarie schwört, dass das alles wegen ihrer Mutter so gekommen ist. »Meine Mutter hatte immer so Riesentaschen, die total voll gestopft waren, und dann ging es los: Wo ist mein Kamm? Was habe ich nur mit dem Autoschlüssel gemacht? Habe ich nicht die Bücher, die in die Leihbibliothek zurück sollen, vorher in meine Handtasche gepackt? Es war zum Verrücktwerden; ständig suchte sie was in ihrer Tasche. Dass sie etwas einfach mal mit einem Griff zielsicher herauszog, kam quasi nie vor. Nur deshalb habe ich mir geschworen, dass ich nie mit drei vollen Einkaufstüten in den

Händen im strömenden Regen den Hausschlüssel in einer solchen Tasche suchen will. Auch wollte ich nie solche Spotttiraden von einem Mann über mich ergehen lassen müssen, wie mein Vater sie über meiner Mutter ausgoss, wenn sie wieder etwas zu Hause vergessen hatte, obwohl sie locker ihre gesamte Aussteuer in ihrer Tasche untergebracht hätte. So wollte ich einfach nie sein.«

Sicher ist nicht für alle Frauen die eigene Mutter automatisch das Handtaschen-Feindbild, aber bei Isabelle war es interessanterweise genauso. »Die Handtaschen meiner Mutter waren, solange ich mich zurückerinnern kann, so kleine flache Dinger. Da hatte sie dann ein Stofftaschentuch und einen kleinen Spiegel drin oder so, denn bezahlt hat ohnehin immer mein Vater, und einen Schlüssel hatte sie auch nie dabei. Irgendwie hatte meine Mutter gar kein eigenes Leben und brauchte deshalb auch nicht wirklich eine Tasche, denn was hätte sie da drin haben sollen? Im Grunde genommen hätte sie auch gut ohne Handtasche aus dem Haus gehen können, aber das schickte sich wohl nicht. Ich fand, man sah ihren Handtaschen sofort an, dass sie nicht berufstätig und auch sonst wenig gefordert war. So einen Eindruck will ich auf keinen Fall erwecken.« Keine Angst, Isabelle, keiner, der dir je dabei zugesehen hat, wie du auf dem Weg in den Verlag schwer behängt mit deiner Tasche eine Straße entlangstrebst oder beim Einstieg in die U-Bahn noch schnell einige nicht gleichermaßen bewehrte Fahrgäste aus dem Weg fegst, käme je auf diese Idee.

Falsche Tasche – falsche Frau

Die falsche Handtasche muss nicht unbedingt die der eigenen Mutter sein. Es kann zum Beispiel auch passieren, dass man eine falsche Handtasche geschenkt bekommt, und das kann einer Frau mit einem Schlag verdeutlichen, wer sie nicht ist oder wie sie ganz bestimmt nie sein will. In einer besonders vielschichtigen Folge aus der ersten Staffel von *Sex and the City* bekommt Carrie Bradshaw von ihrem festen Freund, Mr. Big, ein Abendtäschchen geschenkt. Das Täschchen ist so abscheulich (ein klitzekleines paillettenbesticktes oder steinebesetztes funkelndes Ding ohne Henkel oder Riemen in Gestalt einer Ente), dass sie vor lauter Verblüffung über diesen Ausbund an schlechtem Geschmack und Offensichtlich-nicht-begriffen-haben-was-ihr-gefällt-und-wer-sie-ist »Ich liebe dich« zu ihm sagt. Was vor allem deshalb lustig ist, weil sie sich vorher wochenlang den Kopf zerbrochen hat, bei welcher Gelegenheit, wo und in welcher Stimmung sie Mr. Big mit diesem an Konsequenzen reichen Satz konfrontieren könnte. (Schließlich sind wir in einer amerikanischen Fernsehserie, wo ein »Ich liebe dich« fast immer ohne große Umwege zum Traualtar führt, während man in Mitteleuropa andauernd arglos und ohne Folgen damit herumwerfen kann.) Der Satz kostet Carrie viel Überwindung, und sie tut sich deshalb damit schwer, weil sie Mr. Big wirklich liebt und annimmt, dass es kein Zurück mehr geben wird, wenn sie besagten Satz erst einmal geäußert hat, also muss der Moment – wie bei einem Heiratsantrag – mit Bedacht gewählt sein. Und dann platzt es aus ihr heraus in einem Augenblick, in dem ihr viel eher danach ist, »O mein Gott, ist das eine abscheuliche Tasche!« oder »Was hast du dir dabei bloß gedacht?« zu rufen.

Später am Abend sieht man Carrie und Mr. Big dann bei einer todlangweiligen Party der New Yorker Highsociety, und unzählige der dort versammelten etablierten Ehefrauen umklammern diese winzigen Paillettentaschen in Form von Melonenscheiben, Katzen, Vögeln, Pinguinen, Fischen, Schlangen, Schuhen oder was auch immer (es gibt die kleinen Scheusale in Gestalt von fast allem, was man sich nur denken kann, sogar als amerikanische Flagge im Miniaturformat und als Schüssel voller Kaviar – und das habe ich nicht erfunden!), wodurch Carrie noch mehr klar wird als beim Entgegennehmen des Geschenks, dass Mr. Big gar nichts von ihr verstanden hat. Überflüssig zu erwähnen, dass diese geschenkte Handtasche die nächste Phase in Carries und Mr. Bigs Beziehung einleitet: die Trennung.

Mr. Big hat durch dieses Handtaschengeschenk zum Ausdruck gebracht, dass er eigentlich eine Frau will, die anders ist als Carrie, eine Frau, zu der das entenförmige Paillettendings passt. Sicher ohne es zu wissen, hat er damit Freuds Theorie aus *Das Motiv der Kästchenwahl* in die Tat umgesetzt. Diese besagt, dass die Wahl des Mannes zwischen den Kästchen im Grunde genommen die Wahl zwischen den Frauen bedeutet und dass die »Kästchen auch Frauen sind«. Die »Kästchen«, so Freud, »sind (…) Symbole des Wesentlichen an der Frau (…) wie Büchsen, Dosen, Schachteln, Körbe usw.« – oder eben wie Handtaschen. Freud bemerkt weiter, dass der Mann – er untersucht dabei archetypische Helden, wie sie uns in klassischen Sagen, in Märchen oder in der Mythologie begegnen – sich bevorzugt für die Frau entscheidet, deren Charakteristikum das Verstummen, das Unsichtbarsein, das Verschwinden im sie umgebenden Hintergrund ist. (Fast immer ist dies laut Freud auch die jüngste der zur Wahl stehenden Frauen, oft auch die auf den ersten Blick unscheinbarste.) Seine Wahl trifft der Mann, indem er sich die »Kästchen« der Frauen ansieht und dann entscheidet.

Dem greift Big vor, indem er das Kästchen, also die Handtasche, gleich mitbringt. Er entscheidet also, was das »Wesentliche« an Carrie sein soll, statt ihrem bereits ausgeprägten Wesen Rechnung zu tragen. Natürlich muss das schief gehen. Nur logisch ist es demnach, dass er in einer der nächsten Folgen die standesgemäße Ehe mit Natascha, einer makellosen Vertreterin der oberen Zehntausend der amerikanischen Ostküste, eingeht, einer Frau so unbeschrieben wie ein weißes Blatt Papier – und auch etwa genauso interessant. Kurzum eine Frau, die sich bestimmt als würdige Trägerin der Paillettenente erweisen wird.

Natascha – die tatsächlich auch noch sehr viel jünger ist als Carrie – sagt niemals etwas; sie ist schön und schweigt, eine Meisterin des Verstummens. Das Verstummen der erwählten Frau ist nun aber – so Freud weiter in seinem Aufsatz von 1913 – ein Erlösungsmotiv. Durch Nataschas Stummheit wird Mr. Big erlöst, und zwar in einem durchaus metaphysischen, wenn nicht gar religiösen Sinn. Welcher Mann will das nicht. Kein Wunder, dass seine Wahl auf sie und nicht auf Carrie fiel. So verstehen wir diese Wahl als den archaischen Wunsch nach Erlösung, das Handtaschengeschenk also als einen letzten Versuch, das Schicksal zu wenden und aus Carrie durch das Überreichen dieses »Kästchens« die richtige Frau zu machen. Aber Frau und Kästchen passen in diesem Fall nicht zusammen. Carrie hat mit dem nächsten Mann ebenfalls wenig Glück, denn dieser wird einen Verlobungsring kaufen, der nicht zu ihr passt, was sie in lakonischer Verzweiflung mit »der falsche Ring, der falsche Mann« quittiert. Sie versteht nicht, wie er so danebengreifen konnte, wo er doch ihren Schmuck kennt und daher hätte wissen sollen, was ihr gefällt. Auch Mr. Big hätte sich nur einmal Carries Taschen ansehen müssen, um ihr ein Geschenk zu überreichen, das nicht so deplatziert dahergekommen wäre wie die Paillettenente. Aber es ging ihm eben nicht um das richtige Geschenk oder darum, Carrie an diesem Abend eine Freude zu machen, sondern um seine eigene Befindlichkeit, sein weiteres Geschick, seine – ja – Erlösung.

Freilich liegt man auch nicht falsch, wenn man besagte Folge von *Sex and the City* nur an der Oberfläche liest und darin eine Illustration des meist gültigen Satzes sieht: »Männer sind halt Ignoranten.« Dass Männer die Welt anders wahrnehmen als Frauen, belegen unzählige Geschichten, die jede von uns kennt. So schenkte der Mann meiner Freundin Gesine ihr zum zweiten Hochzeitstag Diamantenohrstecker, was bei Gesine zu einem durchaus verständlichen Wutausbruch führte. Sie hatte schließlich in den »langen, langen Jahren« ihrer Beziehung nach eigenem Bekunden mindestens »hundert Mal« darauf hingewiesen, dass sie keine Löcher in den Ohrläppchen haben möchte. »Der kennt mich doch gar nicht«, war das abschließende, vernichtende Urteil, das über den Gatten gefällt wurde, als sie mit den Ohrsteckern in der Hand bei mir herumsaß, um sich auszuheulen.

Unterwäsche in der falschen Größe; Marzipanpralinés, obwohl wir gegen Mandelmasse allergisch sind; Urlaub in den Alpen, obwohl wir laut und deutlich artikuliert haben, dass wir an die Adria wollen; die Auswahl des falschen Radiosenders in aller Frühe, ein Hermès-Carré aus dem Dutyfreeshop als Mitbringsel von der Dienstreise – die Liste der fehlgeleiteten Geschenke ist endlos, und jede Frau kann sie nach Belieben ergänzen. Das Geschenk einer geschmacklosen, unpassenden oder einfach nur verkehrten Handtasche würde sich da lediglich als ein weiteres Beispiel einreihen, wenn es eben nicht so mit Bedeutung aufgeladen wäre und als »Symbol des Wesentlichen an der Frau« weit über sich hinausweisen würde – weiter als jedes andere Attribut oder Accessoire.

Und deshalb, das ist zumindest eine Erkenntnis aus allem, was man zu den falschen Taschen sagen kann, kauft man sich seine Handtaschen am besten selber, obwohl man auch dabei keineswegs frei in seinen Entscheidungen ist, denn gegen Fehlkäufe gefeit ist man niemals. Meist sind Frauen aber durchaus in der Lage, sich die richtigen Vorbilder auszusuchen. Seit die Serie *Sex and the City* im Jahr 2000 in den USA angelaufen ist, wollen am Morgen immer tausende von Frauen genau das haben, was am Abend zuvor am Arm von Sarah Jessica Parker hing und Nobelkaufhäuser wie Barney's oder Bergdorf Goodman melden regelmäßig den Ausverkauf des jeweiligen Bulgari-, Fendi- oder Gucci-Modells. Die wie ein etwas besserer Stoffbeutel aussehende Prada Bag war der Renner unter den teuren Handtaschen Mitte der 90er-Jahre, was ganz eindeutig auf das Dutzend Supermodels zurückzuführen ist, die sie sich alle anschafften, nachdem Kate Moss eine hatte. Es war die Zeit, in der diese Models erstmals in winzig kleinen Kinder-T-Shirts herumliefen und ihre specklosen Bäuche entblößten. Das war nun etwas, das die meisten von uns nicht so ohne weiteres nachmachen konnten – jedenfalls nicht, ohne brüllendes Gelächter von Freunden, Kollegen und Ehemännern und mitleidige Blicke anderer Frauen zu ernten –, aber die Handtasche von Prada verhalf uns ohne große Opfer (außer einem finanziellen) doch noch zum richtigen Feeling.

Was vor zehn Jahren Kate Moss war, das sind heute Gwyneth Paltrow und Sofia Coppola. Letztere macht Werbung für die Handtaschen von Marc Jacobs, die haben muss, wer auch nur ansatzweise mitreden will. Jacobs hat es geschafft, Sofia Coppola so sehr in Deckungsgleichheit mit seiner Marke zu bringen, dass man in seinen Anzeigen mit ihr das Label nirgendwo mehr entziffern kann. Frauen erkennen Sofia Coppola, der Blick fällt auf die Handtasche – und sie wissen auch ohne sichtbares Label, dass es eine Handtasche von Marc Jacobs sein muss. Die Frau als Stilikone ist selbst zum Markenzeichen geworden.

Die Handtasche als Symbol des Wesentlichen

Handtaschen sind ein Teil der weiblichen Identität wie kein anderer Gegenstand, mit dem Frauen sich umgeben. Nicht von ungefähr ziert das Cover des Buches *101 Gründe, nicht mit Frauen zu leben* eine Handtasche, so als sei damit schon alles gesagt (und als gebe es eigentlich nur diesen einzigen Grund, warum man mit Frauen nicht leben kann, oder als ziehe zumindest dieser eine alle anderen nach sich). Auf Elke Naters Roman *Königinnen* prangt eine einzelne Handtasche wie ein Sinnbild erhabener Weiblichkeit. Auch auf dem Umschlag von Katja Kullmanns *Generation Ally* ist eine Handtasche zu sehen. Der Untertitel der klugen Studie lautet *Warum es heute so kompliziert ist, eine Frau zu sein,* und die abgebildete hellblaue Lacktasche auf barbierosa Untergrund scheint davon ein beredtes Zeugnis abzulegen. Die Handtasche steht für die Frau an sich, für das Weibliche überhaupt, aber zugleich auch für alles, was man an Frauen nicht begreift.

Vom Geheimnisvollen und Erhabenen ist es aber immer nur ein kleiner Schritt bis zum Lächerlichen, und so verwundert es nicht, dass auf den Websites mit den frauenfeindlichen Sprüchen und Witzen das Wort »Handtasche« besonders oft vorkommt. Handtaschen sind immer für einen Lacher gut. (Kleine Kostprobe des dort vorherrschenden Niveaus: Warum nehmen Frauen immer ihre Handtasche mit auf die Toilette? Damit sie beim Pinkeln auch was in der Hand haben!)

Mit gemischten Gefühlen mag man sich beispielsweise auch einer Episode aus der amerikanischen Sitcom *Caroline in the City* erinnern, in deren Mittelpunkt der redliche Richard und sein nutz- und erwerbsloses Luxusweibchen Julia stehen. In einer für das Ehepaar ökonomisch aussichtslosen Situation sucht sich Julia nicht etwa einen Job, nein, sie stürzt sich – typisch Frau, oder? – in einen Shoppingexzess und erwirbt unter anderem ein paar Mules (schon in der holländischen Genremalerei des Goldenen Zeitalters sind diese Schläppchen ein Sinnbild losen Lebenswandels) und eine dazu passende Handtasche im Raubtierlook. Von Richard streng gerügt, will sie die Sachen in einem plötzlichen Anflug von Reue zurückbringen. Dies wiederum rührt Richard, der sofort ganz weich wird und Julia erlaubt, nun doch alles zu behalten. Dann aber wirft er einen Blick in ihre Einkaufstüten und sagt: »Alles außer der Handtasche.« Großes Gelächter.

Aber nicht nur im komischen Genre hat die Handtasche ihren festen Platz. Auch in einem soliden Thriller mag sie als untrügliches Zeichen dafür aufgerufen werden, dass sich jemand des Ernstes der Lage nicht bewusst ist, Belangloses thematisiert oder ganz und gar übergeschnappt ist. Der anspruchsvolle britische Zweiteiler *Verrat auf Leben und Tod* wartet mit einer beispiellosen Handtaschenszene auf, in der gar keine Handtasche vorkommt, aber gerade darum geht es: Die Heldin Laura, die sich in einem Zeugenschutzprogramm verstecken muss, weil sie herausgefunden hat, dass ihr Arbeitgeber, eine Londoner Bank, an einer illegalen Geldwäsche maßgeblich beteiligt war, wird in einem konspirativen Treffen, das Geheimdienst und Polizei aufwändig arrangieren, mit ihrer Mutter zusammengebracht. Laura erhofft sich von dieser Zusammenkunft wichtige Informationen, aber sie wird enttäuscht, denn mit ihrer Mutter entspinnt sich der nun folgende Dialog. Mutter: »Wo ist meine Tasche? Du hast sie weggeräumt!« Laura: »Mama, es geht jetzt nicht um deine Tasche.« Mutter: »Wo ist meine Tasche? Du hast sie weggeräumt! Ich will meine Tasche!!« Natürlich bekommt Laura, die ihrer Mutter die Frage nach der Tasche nicht beantworten kann, kein einziges vernünftiges Wort aus ihr heraus, schon gar nicht zu dem eigentlichen Grund ihres Zusammentreffens. Und natürlich fragt sich die Polizei, die alles abhört und mitschneidet, warum man ein solches Treffen arrangiert hat, nur um sich über eine Handtasche zu unterhalten. Dem Zuschauer und Laura aber wird durch diesen Dialog klar, dass die Mutter als Zeugin wertlos geworden ist, da ihr einstürzendes Gedankengebäude nur noch um eine einzige Frage herum errichtet ist – den Verbleib ihrer Handtasche. Falls der Zuschauer so verblendet ist zu glauben, dass es mit dieser Handtasche noch irgendetwas auf sich hat, sich darin womöglich noch ein entscheidender Hinweis finde – weit gefehlt. Wenn also das Insistieren auf die Handtasche nicht vom Zuschauer, der durch Fernseh- und Lektüreerfahrung in der Semiotik des Alltags geschult ist, als unmissverständliches Zeichen fortgeschrittener Demenz unmittelbar verstanden wird, was dann?

Kein anderer Gegenstand aus dem weiblichen Kosmos scheint sich so unmittelbar anzubieten, um eine an Alzheimer Erkrankte zu charakterisieren wie die Handtasche. In Christiane Wachsmanns Erzählung *Frieda* kreisen die Gedanken der verwirrten Frau, die vergessen hat, dass sie im Heim lebt, und darauf wartet, dass jemand sie abholt und mit ihr die Oper besucht, ständig um ihre beiden Handtaschen, und sie gerät in Panik, wenn sie weder in der einen noch in der anderen findet, wonach sie besessen stöbert. Gerne vermittelt unsere Kultur es als Zeichen geistiger Unzurechnungsfähigkeit, wenn Frauen in ihren Handtaschen nicht das finden, was sie darin gerade suchen, und wenn dabei obendrein noch Dinge auftauchen, die sie dort gar nicht vermutet haben. Eine schöne, leise Szene zu Beginn von Jonathan Franzens *Korrekturen* vermittelt dies. Enid, die stets wohlmeinende, aber nervtötende und etwas unterbelichtete Mutter des Lambert-Clans, will ihrer Tochter einen Brief zeigen, den sie in ihrer Handtasche mit sich trägt (und das, obwohl sie und ihr Mann Alfred gerade auf dem Weg zu einer wochenlangen Kreuzfahrt sind). Dabei hofft sie insgeheim, dass sich in den Tiefen ihrer Handtasche noch ein anderer Brief findet, den sie offensichtlich schon seit einiger Zeit sucht und von dem sie nicht mehr weiß, wo sie ihn hingetan hat, nachdem sie ihn zunächst im Handschuhfach des Wagens und dann hinter den Einmachgläsern, an die sich bestimmt niemand machen würde, versteckt hat. In Enids Handtasche wie auch in ihrem Haus, so lässt uns der auktoriale Erzähler wissen, tauchen verloren gegangene Dinge zuweilen auf wundersame

Art und Weise wieder auf. Damit ist Enid mit ein paar wenigen Strichen umfassend charakterisiert, und alles, was wir in der Folge über sie erfahren, vervollständigt dieses Bild.

Sogar das seriöse Feuilleton greift zum Bild der Handtasche, um auf begrenztem Raum zum Ausdruck zu bringen, dass etwas nicht den Erwartungen entspricht. Die erste Ausgabe des Männermagazins *Amico* sezierte die *Süddeutsche Zeitung* in einer Rezension vom 13. Februar 2003 genüsslich unter der Überschrift »Feinrippe« als ein Machwerk, dass bloß scheinbar Männer für Männer kreiert haben. In Wirklichkeit, so wird schlüssig anhand der Themen, die in dieser Zeitschrift vorkommen, analysiert, handelt es sich wohl eher um ein Blatt von Frauen für Männer oder womöglich von Frauen für Frauen. Alles sehr lustig und klug, allein die Unterüberschrift ließ einem dann doch das Lächeln in den Mundwinkeln gefrieren: »Männerversteherinnen am Werk; *Amico* fürs Täschchen.« Den Mann will ich sehen, der sich die Zeitschrift nach der Lektüre dieser Headline noch kauft.

Jungs unter sich

Männern, die Despektierliches über Frauen zum Besten geben wollen, fällt meist etwas zu den Themen »Badezimmer«, »Schuhe« oder »Handtasche« ein. Beispielsweise wirbt der Studiengang Maschinenbau und Produktion an der Hochschule für angewandte Wissenschaften in Hamburg mit einer in den Mädchenfarben Rosa und Weiß gehaltenen Postkarte, auf deren Vorderseite »Bastelstunde für Frauen« geschrieben steht. Darunter sehen wir einen Ausschneidebogen mit rosa Umrisslinien, die unschwer eine Handtasche erkennen lassen, dazu der Text: »Teil 2 – Meine Einkaufstasche«. Darunter lesen wir: »Wenn du anspruchsvollere Aufgaben suchst, probier's doch mal hier (...) www.frauen-im-maschinenbau.de für Frauen mit Anspruch.« Die Botschaft ist eindeutig: Eine Frau, die eine anspruchsvolle Aufgabe sucht oder womöglich einen richtigen Beruf, gibt sich nicht mit so etwas wie »Einkaufen« und »Handtaschen« ab. Da es aber selbst unter hartgesottenen Maschinenbauerinnen bestimmt kaum eine gibt, die nicht eine Handtasche besitzt oder ab und an gerne einkaufen geht, ist die Zielgruppe dieser Postkarte klar. Es sind die Männer. Jungs, sagt diese Karte, studiert dieses Fach, da bleibt ihr unter euch, während die Mädchen weiterhin in ihrer rosaroten Barbiewelt mit den Handtäschchen spielen!

Jungs bleiben auch gerne unter sich, wenn sie schon älter sind und es eigentlich besser wissen müssten. So vergleicht ein bekannter deutscher Verleger (jenseits der fünfzig) in einem Interview in der Juni-2002-Ausgabe des *Magazins* die Handtasche der Frau mit dem Statussymbol »Auto« des Mannes und interpretiert beide als eine »nichtverbale Form von Auseinandersetzung«, als schiere Werkzeuge eines Imponiergehabes, das er bei beiden Geschlechtern als gleich ausgeprägt vermutet, unterschieden lediglich durch die Wahl der Mittel. »Frauen brauchen unbedingt die neueste Tasche von Louis Vuitton oder Fendi – ich kenn mich da nicht so gut aus –, Herstellungspreis 30 Euro, im Laden für 3000. Und nach drei Wochen, wenn andere diese Tasche auch haben, wird sie aussortiert. Da ist viel hirnloses Zeug dabei.«

Wenn auch vielleicht etwas krude und unreflektiert dahergeredet (oder gerade deshalb?), so bildet diese Aussage doch die Quintessenz dessen, wie für gewöhnlich Handtaschen und ihre Trägerinnen wahrgenommen werden. Dazu gehören folgende Bestandteile:

1. Handtaschen sind Statutssymbole, und Frauen benutzen sie, um damit anzugeben. Um noch einmal den deutschen Verleger zu zitieren: »Männer mit ihren Autos: Wer hat den längsten und dicksten!« (Männer protzen also mittels des Statussymbols Auto mit ihrer Potenz, aber worauf verweisen Frauen mit ihren Taschen? Der Verleger weiß es nicht, sein Redefluss weist hier eine deutlich erkennbare Leerstelle auf.)

2. Die Taschen müssen Markenartikel sein, sonst taugen sie nicht zum Statussymbol, und damit müssen die Handtaschen wiedererkennbar, identifizierbar sein, damit sie auch gewiss den beabsichtigten Neid bei den Geschlechtsgenossinnen erregen, ohne langes Rätselraten, um welche Marke es sich wohl handeln könnte. Das kokette, verlegerische »Louis Vuitton oder Fendi – ich kenn mich da nicht so gut aus« kündet im Übrigen vom genauen Gegenteil. Anders ist nicht zu erklären, dass genau die beiden begehrtesten teuren Marken hier zielsicher genannt werden. (Wahrscheinlich alles Lebenserfahrung!)

3. Aus den Marken resultiert der sehr hohe Ladenpreis von Handtaschen. Der Abgabepreis im Handel steht in keinerlei Verhältnis zum Herstellpreis. (Besser: Er steht in einem Verhältnis, indem er ein absurd Vielfaches davon ist.) Dies ist nicht nachvollziehbar (bei allem, was der Mann sich zulegt vom Palm bis zum Armani-Anzug stellt sich diese Frage selbstverständlich nicht, beim zuvor schon erwähnten Auto erst recht nicht).

4. Das weibliche Verhalten wird von starkem Konkurrenzdenken getrieben, deshalb führt die Tatsache, dass gewisse Ta-

schen Mode werden, im Trend liegen, dass andere sie auch haben, zum sofortigen Ausrangieren durch die ursprüngliche Trägerin, die immer Trendsetterin und Vorreiterin sein will.

5. »Hirnloses Zeug« schließlich soll auf den Punkt bringen, dass das Verhältnis von Frauen zu ihren Taschen für den gesunden Menschenverstand nicht nachvollziehbar ist.

Es wäre nun leicht, dies einmal mehr als männliche Ignoranz – siehe oben – abzutun, aber so einfach ist das alles nicht. Auch viele Frauen glauben, dass sich mit diesen fünf Pauschalurteilen – oder Varianten davon – das Phänomen Handtasche ausreichend beschreiben lässt. Wie in allen Klischees, so steckt natürlich auch in diesen ein Fünkchen Wahrheit, aber eine derart klischierte Sicht auf die Dinge lässt in erster Linie einen ganz wichtigen Gedanken außer Acht, und zwar den, dass Frauen über ihre Handtaschen ihrer Individualität Ausdruck verleihen. Durch keinen anderen Gegenstand, mit dem sie sich umgibt, verrät eine Frau so viel über ihr Selbstbild, aber zugleich auch über ihr wahres Ich, wie durch ihre Handtasche. Es ist der manchmal feine, meist aber enorme Unterschied zwischen Image und Identität, der bei den obigen Äußerungen vergessen wird. Ob mit Absicht oder aus Unkenntnis: Sämtliche der oben aufgezählten Statements zielen auf das Image. Betrachtet man dieselben Phänomene unter dem Gesichtspunkt der Identität, kann man die fünf Pauschalaussagen ganz leicht relativieren oder sogar außer Kraft setzen:

1. Handtaschen verleihen weniger einem Status Ausdruck als einem Aggregatzustand, einer Befindlichkeit. Es geht nicht um den dicksten und längsten (darum geht es uns Frauen eigentlich nie, und viel wäre gewonnen, wenn Männer das endlich begreifen würden, aber das führt jetzt weiß Gott

an dieser Stelle zu weit), sondern um den passenden. Der Vergleich mit dem Auto und anderen Statussymbolen ist daher aus der falschen Kiste gezaubert.

2. Entscheidender als die Marke ist die Frage, ob die Tasche zu mir passt, ob ich mich damit kongruent fühlen kann. Beim Kauf oder bei der Auswahl einer Handtasche fällt eine Frau ihre Entscheidung zwischen den beiden Polen »Individualität« und »Zugehörigkeit« (zu einer Gruppe, zu einem Image, zu einer Marke). Abhängig von Temperament und Typ tendiert sie mehr zum einen oder zum anderen Ende der Skala.

3. Marken haben hohe Preise, aber das gilt nicht nur für Handtaschen. Bei allen Markenartikeln zahlt man den Namen und nicht den Materialwert plus Fertigungskosten. Wichtiger als der Preis sind Handhabbarkeit, Identifikationsangebot und Praktikabilität. Wenn sich eine Frau eine bestimmte Tasche in den Kopf gesetzt hat, ist ihr der Preis ohnehin ganz egal. (Eine Studie aus dem Jahr 1999, die das Konsumverhalten unverheirateter Japanerinnen untersucht, zitierte das Beispiel einer 28-Jährigen, die ihr Chanel-Kostüm verkaufte, um sich eine Cartier-Uhr leisten zu können, diese dann versetzte, um eine Hermès Kelly Bag zu erwerben und nun diese wieder veräußert, damit sie sich endlich den allergrößten Traum erfüllen kann: eine Hermès Birkin Bag, die sie 5400 Dollar kosten wird, bei einem monatlichen Nettogehalt von 1820 Dollar.)

4. In den allermeisten Fällen ist man nicht die Erste, die sich ein neues Modell kauft, sondern der Trend ist längst etabliert, die Vorbilder bereits bekannt und benannt, bis man selbst dahinterkommt, dass das schick sein könnte. Warum also die Tasche ausrangieren, nur weil sich andere dem eigenen guten Geschmack angeschlossen haben?

5. Natürlich ist vieles am Verhältnis einer Frau zu ihrer Tasche irrational. Das ist bei Beziehungen eben so, bedeutet aber nicht, dass man es nicht ergründen, Muster darin aufspüren oder darüber nachdenken kann.

Image und Identität

Die Dichotomie zwischen Image und Identität hat Gerhard Matzig sehr treffend auf den Punkt gebracht. In einem »Odyssee im Wohnraum« überschriebenen Artikel in der *Süddeutschen Zeitung* vom 11./12. Januar 2003 schreibt er über die Beziehungen von Menschen zu ihren Möbeln, von Bewohnern zu ihren Wohnungen: »Unser Verhältnis zum Mobiliar ist immer psychopathisch. Vor allem deshalb, weil wir in den Möbeln zwar das eigene Leben, die Haltung, einen Stil repräsentiert sehen möchten, aber nur die eigenen Sehnsüchte und Träume verraten (…) Es sind die Möbel, die uns davon erzählen, was einer gerne wirklich wäre.« Ebenso verhält es sich mit Frauen und Handtaschen. Zeige mir deine Tasche, und ich sage dir, wer du gerne sein möchtest – und bedingt natürlich auch, wer du bist, denn diese Widersprüche, die manchmal schärfer zutage treten, manchmal kaum wahrnehmbar sind, bleiben unlösbar miteinander verknüpft. Es scheint mir bei den Handtaschen nicht ganz so einfach zu sein wie in dem wunderbar kantigen Zitat von Raymond Chandler, das Matzig für seinen Artikel ausgegraben hat, in dem Marlowe sagt: »Wo einer herkommt, wo er hinwill, ob einer ein Mörder ist oder ein Engel, das siehst du an seiner Wohnung.« Was sieht man an der Handtasche?

Eine Episode, die sich im März 2002 zugetragen hat, bringt vielleicht etwas Licht ins Dunkel. Das neue Wunderkind unter den französischen Modeschöpfern, der junge Nicolas Ghesquière, war vom Traditionshaus Balenciaga gerade zum Artdirector berufen worden. Kurz vor den Pariser Modeschauen schickte der Erfinder des futuristischen Romantizismus nun eine selbst entworfene schwarze, im Stil der Siebzigerjahre designte Handtasche im Ethnolook an ein Dutzend Frauen. Zu diesem Dutzend gehörte neben einigen wichtigen Moderedakteurinnen (geschickter Schachzug!) Kate Moss. Und natürlich dachte jede, wie das bei Frauen so üblich ist, sie sei die Einzige und wenn vielleicht nicht die Einzige, so ganz gewiss doch die Erste, die vom Meister mit diesem großzügigen Geschenk bedacht wurde. Darin sind alle Frauen gleich und ebenso darin, dass sie, was neu und exklusiv ist, sofort in der Öffentlichkeit herumzeigen wollen. So traf man in den ersten paar Reihen neben den Laufstegen oder in den Umkleideräumen hinter der Kabine aufeinander und siehe da: Andere hatten exakt die gleiche schwarze hippiemäßige Tasche. Nun geschah etwas Interessantes, das Michelle Nicol in ihrem Artikel in der *Neuen Zürcher Zeitung* vom 10. Januar 2003 so beschreibt: »Ein Ereignis, das im Normalfall Hass auslösen könnte (Gefährdung der Individualität). Weil aber bald klar wurde, dass nur einige wenige Frauen, einige coole Frauen nur, im Besitz dieser einen Handtasche waren, formte sich so etwas wie ein imaginärer Klub, dessen Eintrittsritual der Besitz eben dieser Handtasche war. Die Frauen nickten sich zu. Blinzelten wissend. Die besagte Tasche, wie auch immer nachlässig unter die Achsel geklemmt, mutierte zur riesenhaften Medaille.« In der Folge lancierte Ghesquière die Tasche in Naturleder in einigen wenigen ausgesuchten Läden mit dem Erfolg, dass ihr ein Schicksal beschieden war, wovon man bei Büchern nur träumen kann: Sie war mit ihrem Erscheinen bereits vergriffen.

Die Episode sagt viel über das komplizierte Verhältnis zwischen Individualität, Image und Identität aus. Wenn der heißeste Designer des Planeten Ihnen eine Tasche schickt (auch stinkreiche Prominenz liebt Dinge, die umsonst sind), wären Sie ein Volltrottel, das Ding nicht anzunehmen und beim nächstbesten Anlass mit der größten Selbstverständlichkeit vorzuzeigen. Schließlich hat er Ihnen die Tasche doch wegen Ihrer Identität geschickt, weil Sie etwas darstellen, und zwar genau das Richtige. Er weiß also, dass Sie und die Tasche sich gegenseitig aufwerten werden, wo immer Sie damit aufkreuzen. Dann stellen Sie fest: Andere haben ja auch diese Tasche – und offensichtlich ebenfalls geschenkt bekommen, denn kaufen kann man sie noch in keinem Laden der Welt. Die Erkenntnis, dass Sie die Exklusivität und die Aufmerksamkeit »Ihres« Designers mit anderen teilen müssen, tut zwar einen Moment lang weh, denn da geht die verzweifelt angestrebte Individualität dahin, aber die nächsten bangen Stunden vergehen damit, herauszufinden, wer die besagte Tasche außer Ihnen besitzt. Und dann stellen Sie fest, dass es zum einen nur wenige sind, zum anderen genau die Richtigen (nämlich andere total coole Frauen), was Ihre Identität aufs Wunderbarste neu definiert. Sie gehören dazu, und das ist gut für Ihr Image. So kann das immer weitergehen.

Das nächste Mal bekommen Sie vielleicht eine lustige Goodie Bag geschenkt, wie sie im Jahr 2003 alle weiblichen Gäste der Oscar-Verleihung erhielten. Die längliche Tasche war wie eine Boutique zu Zeiten des Ramschverkaufs designt mit kleinen aufgenähten Schaufenstern, in denen »Everything must go« und »99 Cents« zu lesen war, ein Euphemismus, wenn man bedenkt, dass diese Tasche 190 Dollar im Laden kosten sollte. Aber dorthin brauchte sich keine Frau so schnell mehr zu bemühen. »Temporarily sold out!«, meldete www.worldaccordingtojess.com noch vor der Oscar-Nacht.

Die Sache mit den Marken

Noch einmal zurück zu den Marken. Ich kenne keine Frau, für die beim Kauf einer neuen Handtasche die Marke im Vordergrund steht. Ganz andere Fragen sind entscheidend: Kriege ich darin mein Zeug unter? Finde ich mich darin zurecht? Lässt sich die Tasche gut tragen? Gefallen mir Farbe, Form, Größe? Und natürlich: Passt diese Tasche zu mir? Bin das wirklich ich?

Bedingungsloser Markenfetischismus gehört mittlerweile eher in den Bereich der Satire oder des Slapsticks, wie wieder einmal eine Episode aus *Sex and the City* beweist, unbestritten einer der besten Gradmesser der Befindlichkeit des universellen oder virtuellen Großstädters. Carrie und Mr. Big, die, wie wir wissen, längst kein Paar mehr sind, treffen sich im Café am Boathouse im Central Park. Er will sie zur Begrüßung küssen, sie will nicht, und beide fallen bei diesem Manöver in den See: Erst sie, dann er beim Versuch, sie zu halten. Und wie sie prustend und natürlich patschnass aus dem grün verschleimten Wasser auftauchen, ruft Carrie: »Meine Christian-Dior-Tasche!« Selbstverständlich taucht

Mr. Big, in allen Lebenslagen der Ritter in glänzender Rüstung, sofort danach und rettet Carries Tasche vor dem unrühmlichen Ertrinken auf dem Boden eines Ententeichs. Aber nun mal ehrlich: Wie realistisch ist das? Ich meine gar nicht den Mann, der nach einer Handtasche taucht, sondern den Ausruf seiner Begleiterin. Würden wir nicht, falls überhaupt, »Meine Tasche!« rufen? Würden wir ernsthaft in der Stunde der Not den Designer nennen? Und falls ja, auch noch mit Vornamen? »Meine Wolfgang-Joop-Jeans!« – »Mein Stella-McCartney-Kleid!« Ich bitte Sie. Der Schluss, den man daraus ziehen muss, liegt nahe: Es handelt sich hierbei um Scherz, Satire, Ironie und tiefere Bedeutung.

Zudem kenne ich keine Frau, die nicht einer sonst favorisierten Marke abtrünnig werden würde, nur weil ein anderes Label gerade die schickeren oder praktischeren Taschen anbietet. Und dann ist da natürlich noch das unüberschaubar große Angebot an Taschen, die gar keiner Marke angehören, sondern die als handgefertigte Einzelstücke relativ unbekannter Designer existieren. Oft verarbeiten diese Handtaschenkünstler etwas, das der künftigen Trägerin gehört, und schaffen somit ein Unikat, bei der man das sichere Gefühl hat, es schon immer besessen zu haben. Im Stilwerk in Berlin gibt es zum Beispiel einen Laden, der aus Frotteehandtüchern, die man dort hinbringt, Taschen in allen möglichen Größen fertigt. Eine wunderbare Möglichkeit, um aus den kuscheligen Badetüchern der Kinderzeit mit den lieb gewonnenen infantilen Motiven noch eine Sauna- oder Schwimmbadtasche zu machen. Die Londoner Designerin Anya Hindmarch verarbeitet Fotos, die man ihr gibt, zu Taschenvorder- und -rückseiten, indem sie sie scannt und auf Rohlinge, die sie in vier verschiedenen Ausfertigungen anbietet, aufdruckt. So entstehen nicht nur individuelle, sondern sogar ganz persönliche Handtaschen, mit denen man seinem Pudel, seiner Familie oder sich selbst zu mehr Publicity verhelfen kann. In jedem Fall sorgt eine Hindmarch-Tasche für die gebührende Aufmerksamkeit, wie ich an einer Garderobe in einem altehrwürdigen Museum auf den Britischen Inseln miterleben konnte, wo sich im Nu ein halbes Dutzend Menschen, die sich vorher nicht kannten, darunter die Taschenbesitzerin und die Garderobiere, um die Tasche scharten und eine angeregte Unterhaltung über das darauf befindliche Foto anfingen.

Fast am schönsten aber ist die Idee von Fancy Deluxe, die aus alten Taschen neue machen durch Ausbesserung oder Rundumerneuerung und einem damit verbundenen kompletten Redesign, das dort als »Revamping« bezeichnet wird. So lodern an vorher nicht weiter auffälligen Taschen plötzlich bunte Flammen empor, oder eine große Fledermaus oder ein Salamander sitzt auf der Vorderseite und ragt sogar noch über die Breite hinaus. Die eine ganze Fläche abdeckende Mona Lisa ist ebenso zu haben wie ein Totenschädel mit gekreuzten Knochen oder das Zifferblatt einer Uhr komplett mit funktionierenden Zeigern, ein unheimlich wirkender Puppenkopf ebenso wie ein überdimensionales Auge. Die Taschen werden vom jeweiligen Künstler signiert und mit dem Fancy-Deluxe-Label versehen: Markenbildung auf der Basis alter Taschen. Das Label erreicht dabei das, worauf jede Marke abzielt: Die Zugehörigkeit ihrer Trägerin zu einer fast ausschließlich über die Marke definierten Gemeinschaft. Wenn Marken gut funktionieren und am Markt erfolgreich sind, dann können sie genau dies: Individualismus suggerieren, wo der reine Herdentrieb vorherrscht.

Die Schnapsidee mit den Schnäppchen

Wie bei vielen Dingen, die man für sehr teures Geld kaufen kann, macht auch bei Handtaschen die Schnäppchenjagd großen Spaß. Man darf es sich allerdings nicht zu leicht machen, sondern ein ordentliches, über Jahre hinweg verfeinertes Gespür für den Vorschlussverkauf oder eine beschwerliche 300 Kilometer lange Fahrt zum Factory Outlet sind dabei unbedingt einzuhaltende Rahmenbedingungen. Obwohl das Schnäppchen in einer unwürdigen ja heruntergekommenen und durch und durch ramschigen Umgebung aufgetrieben werden kann – beinahe sogar muss –, darf ihm selbst nichts Trashiges anhaften, also kurzum: Es darf keine billige Imitation sein. Wichtigstes Charakteristikum des Schnäppchens ist, dass es sich um ein Original handeln muss, um ein Markenprodukt oder ein Designerstück. In der wunderbaren Folge »Sex and another city« von *Sex and the City* fahren Carrie und Samantha während ihres Urlaubs in Los Angeles zur Handtaschen-Schnäppchenjagd ins »Valley«, nachdem sie festgestellt haben, dass ihre Ferien alle notwendigen Bestandteile enthalten: »Männer, Handtaschen und jede Menge Spaß.« Angekommen im Valley, dem Synonym schlechthin für »Provinz« im Gegensatz zur »Metropole« L.A., öffnet ein windiger Typ seinen Kofferraum und zeigt den beiden kaufwilligen Frauen seinen reichhaltigen Schatz an Designerhandtaschen. Von allen möglichen Labels bietet er die neusten Modelle feil – allesamt sind sie Imitationen oder, was bei diesen Kreationen vielleicht das zutreffendere Wort ist, Fälschungen. Während Samanthas Augen leuchten, beschleichen Carrie plötzlich heftige Bedenken, und die haben nichts mit dem Markenschutz zu tun »Billig«, findet sie, sehen die Taschen aus, wie sie da in ihren Pappkartons in einem Kofferraum im Valley liegen – eine dreifache Erniedrigung.

Die Taschen sind perfekte Fälschungen und (fast) nichts an ihnen hätte ihre mangelnde Echtheit preisgegeben. Den unseriösen Verkäufer mit seinem Kampfhund (ein Landei!), die Pappkartons und den Kofferraum, all dies hätte Carrie für eine echte Fendi-Tasche gerne in Kauf genommen, für eine Imitation ist dieser Preis aber zu hoch – auch wenn er am lächerlich niedrigen Betrag gemessen wird, den sie für die Tasche hätte bezahlen sollen. Verständnis für diese Abneigung Carries kann nun ausgerechnet die für die Dauer eines Kurzurlaubs dem Ehejoch mit ihrem impotenten Mann entronnene Charlotte aufbringen, aus der es spontan herausbricht: »Meine Ehe ist wie eine Fendi-Fälschung!« Womit sie einfach nur meint, dass ihre Ehe – wegen des mangelnden Stehvermögens ihres smarten Gatten – mitnichten das ist, wofür andere Leute sie halten, und dass das ganz, ganz traurig ist.

Schließlich wird Samantha, die keine Skrupel wie Carrie hat und deshalb eine Fendi-Fälschung ersteht, ihr goldfarbenes und im Übrigen abscheulich geschmackloses Statussymbol (ja, hier hat das Wort gerade mal seine Berechtigung) gestohlen, und das ausgerechnet auf Hugh Hefners Playboy-Party. Da sie glaubt, die Tasche am Arm einer anderen zu sehen, stürzt sie auf die konsternierte junge Frau los, zerrt an dem Ding, das sie für ihre Tasche hält, und bezichtigt das seinerseits am Riemchen festhaltende Bunny unumwunden des Diebstahls. Hefner höchstpersönlich eilt sogleich herbei, um den Streit zwischen dem Hasen und Samantha zu schlichten. »In meiner Tasche sind ziemlich viele Kondome und ein Schild ›Made in China‹«, kräht Samantha zur Charakterisierung ihres Behältnisses. Natürlich öffnet das Bunny daraufhin sein Täschchen, das im Innersten ein makelloses Fendi-Label verbirgt, und Samantha wird mitsamt ihren Freundinnen umgehend von einem riesen Bodyguard von der Party eskortiert. Schwerer als diese in aller Öffentlichkeit ausgetragene Peinlichkeit wiegt für sie dabei die Tatsache, dass in L. A., in der Hochburg der *fakes* und Fälschungen, ausgerechnet ein Playboy-Bunny, an dem vermutlich gar nichts echt ist, eine echte Fendi-Tasche besitzt.

Aber man muss es nicht bis in den *inner circle* von Hollywood schaffen, um zu empfinden wie Samantha. Aus eigener Erfahrung weiß ich, dass die nächtliche Schatzsuche auf dem Night Market von Hongkong nur dann zutiefst befriedigend ist, wenn man der festen Überzeugung sein kann, dass man ein echtes Ralph-Lauren-Hemd, eine echte Casio-Baby-G, eine echte Chanel-Tasche erworben hat, die auf weiß der Himmel welch quasikriminellen und geheimnisvollen Wegen auf diesen riesigen nächtlichen Warenumschlagplatz gefunden haben. In dem Moment, in dem einen der Verdacht beschleicht, dass man nur einer Horde fernöstlicher Fälscher aufsitzt, bringt das Ganze keinen Kick mehr.

Freilich ist die Schnäppchenjagd in einigen Ländern einfacher als in anderen, und in den USA zählt schon jeder als Trottel, der etwas zum Ladenpreis erwirbt, statt es »marked down« zu ergattern. Zum Thema »Shopping im Big Apple« hat sich eine gewisse Janice mit folgendem schönen Spruch auf einer Website in der Rubrik »Dress for less« verewigt: »Wer in N.Y. den normalen Preis für Designerklamotten bezahlt, ist entweder dumm oder ein Tourist und gehört auf jeden Fall mit einer Gucci-Tasche voller Steine an den Füßen im East River versenkt.«

Für andere weckt dieses lederne Sinnbild des obszön entgleisten Konsumwahns eine andere Assoziation, die nicht minder drastisch ist. Erwin Olaf stellte auf der Ersten Kunstbiennale in Valencia im Herbst 2001 sein »Fashion Victim« aus: eine Figur mit erigiertem Penis und einer über den Kopf gestülpten Gucci-Tasche.

A girl's best friend – Die Handtasche in der Politik

Aber gehen wir einmal vom Normalfall aus, also davon, dass die Handtasche nicht an den Füßen und auch nicht über dem Kopf, sondern in der Hand oder über der Schulter getragen wird. Ist die Handtasche wirklich »a girl's best friend«, wie es uns ein Buchtitel suggerieren möchte? Margaret Thatcher, der wir schon immer allerhand zutrauten, bezeichnete ihre Handtasche als ihren »treuesten Gefährten«, ein Diktum, das eine erweiterte Bedeutung dadurch erhält, dass es in der Tat oft so aussah, als ob sie demnächst damit zuschlägt und Michael Heseltine oder Edward Heath krankenhausreif haut oder an ihren Mann Denis (der uns vor allem durch seine Spitting-Image-Puppe in guter Erinnerung geblieben ist) ein paar Püffe austeilt.

Maggies alte Handtaschen erzielen derzeit bei Versteigerungen sechsstellige Beträge, was vermutlich weniger auf die Schönheit der Taschen – meist ziemlich große Modelle von Ferragamo – oder das Sexappeal ihrer Trägerin zurückzuführen ist als vielmehr darauf, dass sie ganz wesentlich zum Mythos der »Iron Lady« beigetragen haben. Immerhin hat im Juli 2000 ein schottischer Investmentbanker umgerechnet 325 000 Mark für eine ihrer abgelegten Schlagwaffen bezahlt. Es möge nützen.

Ganze Grundlinien von Margaret Thatchers Politik kann man anhand ihrer Handtaschen umreißen, und das ist noch nicht einmal eine Übertreibung. Der Erinnerung derer, die mit ihr zu tun hatten, sind ihre Handtaschen unauslöschlich eingeprägt. Dietrich von Kyaw, bis 1999 ständiger Vertreter der EU in Brüssel, blickte in einem Interview mit dem Deutschlandfunk anlässlich des EU-Gipfels 2002 zurück auf die große Zeit der streitbaren Britin: »Ich sehe die Gefahr, dass sich das wiederholt, was wir damals mit Maggie Thatcher erlebt haben. Sie sagte: ›Ich will mein Geld zurück.‹ Mit ihrer Handtasche kam sie rüber. Wir hatten eine dreijährige Krise, die sich Euros Sclerosis nannte.« Bitte? Haben wir uns da eben verhört, oder fiel da wirklich in einem der staubtrockensten und emotionslosesten Interviews in der Geschichte des Deutschlandfunks ein Satz, der wie entgleist anmutet und prompt eine Handtasche stellvertretend für ihre Trägerin und deren europafeindliche Politik diffamiert?

Freilich müssen wir von Kyaw zugute halten, dass es tatsächlich eine ungemein eindrucksvolle Szene war, wie Maggie da in Brüssel (oder war es in Straßburg?) mit ihrer Handtasche aufs Rednerpult einhieb und »I want my money back!« rief. Es hat sogar funktioniert, denn sie holte für Großbritannien eine EU-Beitragsrückzahlung heraus, von der das Land bis heute profitiert. Nur ein einziger anderer Auftritt war ähnlich eindrucksvoll, und das war der von Nikita Chruschtschow, der 1960 in der UN das Rednerpult mit seinem

Schuh attackierte, um seinen Worten Nachdruck zu verleihen. Was hätte er als Mann in Ermangelung einer Handtasche auch sonst nehmen sollen?

Die »Iron Lady« hat die EU nachhaltig traumatisiert, weswegen sich Anfang 2002 sogar Gerhard Schröder mit ihr vergleichen lassen musste, als er dem damaligen »Blauen Brief« aus Brüssel widersprach. »Gerhard Schröder trägt weder Handtasche noch Dauerwelle«, las man am 11. Februar 2002 in einem Artikel der *Berliner Zeitung,* »und doch weckt er gegenwärtig Erinnerungen an Maggie Thatcher (...) Ton und Vorgehen des Kanzlers in den vergangenen Tagen haben umso mehr überrascht, als sie eine Kursänderung in der Europapolitik anzudeuten scheinen. Schröder hatte 1998 nach ein paar populistischen Versuchen als männlicher Thatcher rasch zur Kontinuität gefunden.« Lassen wir die real existierende Europapolitik unseres Bundeskanzlers mal beiseite und schauen wir nur, was hier sprachlich passiert. Ganz klar ist das Schlimmste, was einem Mann passieren kann, dass er mit einer Frau verglichen wird. Umso größer ist die Schmach, wenn man ihn noch mit ihren Attributen in Verbindung bringt, und sei es nur darüber, dass er sie *nicht* besitzt.

Bei Angela Merkel, die sich auch allerlei Vergleiche mit Maggie Thatcher gefallen lassen muss, sah es lange Zeit ganz ähnlich aus. Ihre nicht vorhandene Handtasche war ein Thema. Unter der Überschrift »Angela rennt« maßte sich *Der Spiegel* in Heft 45/2002 an, der verhinderten Kanzlerkandidatin zu empfehlen, »dass sie eine Handtasche tragen soll, wie Maggie Thatcher sie hatte.« Auch SPD-Mann Peter Glotz haute in einem Interview mit dem österreichischen *Profil* in dieselbe Kerbe, als er über die politische Gegnerin verlauten ließ: »Frau Merkel soll machtbewusst und tüchtig sein. Aber in dieser Partei muss sie schon die Handtasche von Maggie Thatcher schwingen, um sich durchzusetzen.«

Das *handbagging* der 1979 im Amt installierten britischen Premierministerin bezeichnete zunächst lediglich die verbalen Salven, die sie gegen andere abschoss, schon bald aber war damit ein bestimmter Politikstil gemeint, der einer vollkommenen Ausschaltung des Gegners gleichkam, indem man so lange insistierte, bis man hatte, was man wollte, und ansonsten über Leichen ging. Gegen den Drachen Lady Thatcher wirkt unsere Angela wie ein hausbackenes Lämmchen, aber das wird sich ändern. Die *Bild am Sonntag,* die so vieles weiß, berichtete auch darüber. Am 2. März 2003, also kurz nachdem Frau Merkel sich ums Weiße Haus herumgedrückt hatte, um den Amerikanern zu zeigen, dass nicht alle Deutschen dagegen sind, Saddam Hussein mit Bomben und allem Drum und Dran ordentlich eins auf die Mütze zu geben, also kurz nachdem Frau Merkel wieder zurück war, machte die *Bild am Sonntag* auf die überaus bemerkenswerte Tatsache aufmerksam, dass Frau Merkel neuerdings eine Handtasche trägt. Und nicht nur das, man hat ihr in den USA auch gleich den dazugehörigen Spitznamen verpasst: Angela Thatcher. Die *Bunte* vom 6. März 2003 hat – vermutlich, ohne es zu wissen – den historischen Moment fotografisch gebannt. Über der Bildlegende »Blitzeinkauf« sehen wir die CDU-Vorsitzende mit einer ziemlich riesigen Einkaufstasche von Bloomingdale's in New York, ein beseeltes Lächeln auf den Lippen. Wenn es wirklich ein Blitzeinkauf war, unsere Angela also nur rasch hineinrannte und gleich wieder herausgesaust kam, dann kann sie sich nur im Erdgeschoss aufgehalten haben. Dort ist bei Bloomingdale's die Handtaschenabteilung.

Seit mehr als 14 Jahren belebt Angela Merkel schon unsere politische Landschaft, und in dieser ganzen Zeit hat man sie nie mit Handtasche gesichtet. Kaum trägt sie eine, wissen alle, was es bedeutet: Warm anziehen, denn jetzt beginnt die Phase des Merkelschen *handbagging!* Gerne würden wir Angela Merkel dazu befragen, wie sie es so lange ohne Handtasche ausgehalten hat, ob sie womöglich bis vor kurzem gar keine besaß, ob sie vielleicht als Kind ein traumatisches Handtaschenerlebnis hatte und die alten Taschen ihrer Mutter auftragen musste. Vermutlich hat aber Rebecca Casati Recht, die in der *Süddeutschen Zeitung* vom 8./9. März 2003 über die merkelsche Handtaschen-Leerstelle schreibt: »Angela Merkel konnte lange nichts mit einer Handtasche anfangen. Zwischen den ganzen Männern Merz und Schäuble und Kohl und Stoiber wollte sie sich nicht als Minorität verraten und umständlich wirken.«

Noch eine andere Sache scheint mir hierbei bedeutsam. Lange Zeit war Angela Merkel »das Mädchen«. Die Presse verpasste ihr dieses Label, um ihre Beziehung zur Vaterfigur des Helmut Kohl zu charakterisieren, und Angela Merkel, obwohl natürlich nach Lebensjahren und -erfahrung längst erwachsen, ging in dieser Rolle auf. Mädchen aber tragen keine Handtaschen. Obwohl dann irgendwann der Übervater in der Versenkung und im Sumpf der Parteispendenaffäre verschwand, emanzipierte sich Angela Merkel zwar politisch, aber nicht optisch von dieser Rolle. Mit allen Insignien des Weiblichen tut sie sich nach wie vor schwer. Zwar trägt sie artig einen Rock oder ein Kostüm, aber mit irgendwelchen gummibesohlten, flachen Tretern dazu. Sie hängt sich eine Halskette um, aber die verrutscht, während Ohren und Hände von vornherein ungeschmückt bleiben. Die Haare wirken immer irgendwie sympathisch verstrubbelt, wie bei einem Kind eben, und sind mit Margaret Thatchers Betonfrisur nicht im Mindesten wesensverwandt.

Eigentlich sieht Angela Merkel noch immer aus wie auf dem großartigen Foto, das während der Wendezeit von ihr gemacht wurde, als sie mit Jeans und Gummistiefeln bekleidet mit ein paar eigenbrötlerisch dreinschauenden Ostseefischern in einer kargen Hütte hockt. Alle schweigen vor sich hin, keiner sieht den anderen an. Und obwohl sie sich in den Hintergrund von Armut und Entbehrung, Männlichkeit und Schweigsamkeit wunderbar einfügt, ist Angela Merkel dennoch die Lichtgestalt in diesem trübsinnigen Haufen. Keine Handtasche nirgends. Wozu auch?

Und hier wird der Unterschied zu Maggie Thatcher augenfällig. Diese hat Volksnähe bestenfalls demonstriert und in stets makelloser Aufmachung ihre pflichtbewussten Besuche absolviert. Von ihr gibt es ebenfalls wunderbare Fotos, wie sie in einem Panzer sitzt oder in einem alten Bus. Aber anders als die heilige Angela der Fischerhütten sieht Lady Thatcher so aus, als ob sie da nicht hingehört. Das riesige Buslenkrad hält sie mit einer Hand, und aus dem Panzer guckt sie heraus, als hätte man sie in ein Gurkenglas gesteckt. Die Handtasche fehlt bei diesen Auftritten, aber es ist nicht wie auf dem Merkel-Foto, wo man gar nie auf die Idee gekommen wäre, dass da eine Handtasche hingehört, sondern hier bei Maggie fehlt sie schmerzlich und merklich. Die ganze Frau wirkt wie amputiert, und der Betrachter spürt förmlich ihre Erleichterung, die auf das Foto folgt, wenn die »Iron Lady« ihre Tasche wieder in Händen halten darf.

Und wenn wir gleich im Inselkönigreich bleiben wollen, so scheint auch das Motto von Elizabeth II. zu lauten: »Nicht ohne meine Handtasche«. Angeblich kann sie ihre Tasche bedienen wie andere das Flaggenalphabet, sodass verschiedene Handtaschenpositionen unterschiedliche Dinge aussagen. Die Handtasche mit beiden Händen vor die Brust halten bedeutet zum Beispiel: »Schafft diesen Typen weg!« Die Handtasch in der linken Armbeuge steht für Wohlbefinden. Unvergessen ist die Folge von *Pallas,* in der die Queen während der Anfahrt auf Buckingham Palace (selbstverständlich in der Kutsche) unaufhörlich in ihrer Handtasche kramt und dazu murmelt: »The doorkey, where is my doorkey? What did I do with my doorkey?« Wie liebten wir diese Episode, war die Queen doch darin uns Normalsterblichen so wesensverwandt, hatte sie doch endlich einmal Probleme wie wir alle, nämlich die Suche nach dem Hausschlüssel in einer viel zu großen Handtasche. Natürlich macht Prinz Philip, der alte Sauertopf und Spielverderber, alles zunichte, indem er sie dumm von der Seite anraunzt: »But you are the Queen, you don't need a doorkey!« Bestimmt hat die Queen ihre Handtaschengewohnheiten bei ihrer Mutter, der Queen Mum, abgeschaut. Die Handtaschen dieser zähen, kleinen Frau wurden mit zunehmendem Lebensalter immer größer. Ein Phänomen, das sich auf ihre Tochter vererbt hat, denn auf Jugendfotos der bezaubernden jungen Queen in den 50er-Jahren trägt sie vergleichsweise kleine Taschen, die im Lauf der Jahre zu wachsen schienen, während sie immer kleiner wurde. Das Diktum meiner Mutter »Im Alter braucht man immer weniger«, das bei ihr bereits dazu geführt hat, dass sie gar keine Handtasche mehr trägt, scheint auf die britische Königin nicht zuzutreffen.

Bundesdeutsche Politikerinnen stehen ihren Kolleginnen im United Kingdom in nichts nach: Andrea Fischer sah man stets mit überdimensionierten Handtaschen zum Plenarsaal streben, und auch Ulla Schmidt schleppt lederne Behälter, die an mittlere Reisetaschengröße gemahnen, durch die Flure des Reichstagsgebäudes. Und jetzt auch noch Angela Merkel.

»Fleischbrühtaschen« nannte mein Vater einst diese riesigen Gebilde, und hauptsächlich meine älteren Verwandten, meine Großmutter mütterlicherseits und meine Großtanten Emma und Mina, bekamen dieses verächtlich artikulierte Wortungetüm an den Kopf geworfen. Ob er das Wort selbst kreiert hat, oder ob es in einer langen frauenfeindlichen Tradition von den alten Griechen bis zu ihm fand, ich weiß es nicht. Es verfehlte auf jeden Fall nie seine Wirkung. Meine arme arthrosegeplagte Oma hatte sich gerade in das Lancia Beta Coupé meines im zweiten Frühling angekommenen Vaters gezwängt, da stieß er ihr auch schon entgegen: »Können wir endlich los, ist die Fleischbrühtasche drin?« Gefolgt wurde diese rhetorische Frage stets von Rechtfertigungsbemühungen meiner Großmutter, warum sie eine so große Tasche brauchte. Als damals noch taschenloser Teenager fand ich – zusammengefaltet auf dem Rücksitz unseres Quasi-Sportwagens – das alles natürlich urkomisch. Erst viel später vermochte ich ein gewisses Verständnis für die ausufernde Größe der Handtaschen meiner Großtanten und meiner Oma aufzubringen und schämte mich im Rückblick meines schadenfrohen Gelächters. Da sie längst tot sind, hat mein Vater den Begriff der »Fleischbrühtasche« inzwischen auf meine Handtaschen übertragen, und meine Mutter steht ihm in nichts darin nach. Fragen wie »Wo habe ich meine Handtasche abgestellt?« beantwortet sie gerne mit: »Hier steht so was. Wenn das deine Handtasche sein soll? Ich dachte, es wäre deine Reisetasche.«

Offen gestanden weiß ich trotz dieser familiären Schmach, die ich mit ihnen teile, bis heute nicht, warum die Taschen meiner Großtanten und Großmutter diese monströsen Ausmaße hatten und warum sie generell alle drei immer aussahen, als ob sie den Wilden Westen durchqueren und ihr ganzes Hab und Gut in dieser einen Handtasche mit sich führen mussten. Schließlich waren sie keine Ministerinnen, Premiers oder Königinnen, denen man immerhin noch zutraut, dass sie das Protokoll des gerade zu absolvierenden Staatsbesuchs mit sich tragen, eine neue Gesetzesvorlage oder sonst irgendwas ganz Wichtiges, das sich auf vielen bedruckten DIN-A4-Seiten oder in dicken Leitz-Ordnern ausbreitet.

Handtaschenprominenz – Zeige mir deine Tasche, und ich sage dir, wie du heißt

Meine alten Verwandten waren nicht prominent, sodass ihre Gewohnheiten sich nicht in namensgebender Form niederschlugen. Es gibt also keine »Emma Bag« und auch keinen »Mina Beutel«. Eigentlich schade. Marc Jacobs benannte eines seiner Taschenmodelle »Sofia Bag« nach seiner Muse Sofia Coppola. Christian Diors Perle City Bag heißt »Gwyneth Bag«, seit Gwyneth Paltrow in der Anzeigenwerbung dafür auftrat. Auch eine »Claudia« getaufte Handtasche eines italienischen Herstellers, »Ava« von Sujata New York oder das Modell »Audrey« von Jill E. verweisen auf prominente Namenspatroninnen. Julianne Moore dürfte seit ihren zwei Oscar-Nominierungen im Jahr 2003 auf dem besten Weg sein, einer der Taschen, für die sie in Anzeigen posiert, ihren Namen zu leihen: pastellene und paisleygemusterte Leinentaschen von Coach's Hampton. Diese Benennungen sind in den meisten Fällen jedoch kurzlebige Erscheinungen, und niemand sagt »Ach ja, die!«, wenn man ihn auf eine »Claudia Bag« anspricht. Den Einlass ins Handtaschen-Pantheon hat man sich erst dann erkämpft, wenn nach dem Ableben eine Handtasche nach einem benannt wird. Escada hat vor nicht allzu langer Zeit eine edle, aus Straußenleder gefertigte Tasche auf den Markt gebracht, die auf Bestellung gefertigt wird. Die Lederfarbe kann man aus einer Palette von zehn Tönen auswählen, ebenso ob die Schnalle in Gold oder Silber sein soll. Zudem werden die Initialen der Kundin auf der Tasche angebracht. »Margaretha Bag« heißt das gute Stück als Hommage an Margaretha Ley, die Escada-Gründerin und Doyenne der Mode in Deutschland.

Wirkliche Prominenz – die A-List-Celebrities, wie diese Menschen, die zu den wirklich wichtigen Partys eingeladen werden, auf den Gesellschaftsseiten immer so schön heißen – prägt bestimmte Taschen hingegen schon zu Lebzeiten und umgekehrt. Einige Handtaschenmodelle wurden schon vor ihrem tragischen Tod nach Prinzessin Diana benannt. Die bekannteste davon ist sicherlich die vormals Lady Dior Bag genannte elegante und sündhaft teure Handtasche von Christian Dior, die eine praktische Größe, leicht über DIN-A4-Format, aufweist und eine schöne, stabile Stadttasche für den täglichen Gebrauch der Frau von Welt mit dem etwas größeren Geldbeutel darstellt. Durch ihre Kastenform verfügt sie über die nötige Tiefe, sie lässt sich vernünftig schließen, und fünf goldene Füßchen verleihen ihr einen sicheren Stand und schützen ihren Boden. Einzig störend ist der ganze Gold-Firlefanz, der die Tasche ziert, aber wie sollte man sie sonst als Dior-Tasche erkennen? Es ist schwer zu ermessen, wie beliebt diese Tasche war, bevor Lady Di sie zu ihrem Lieblingsmodell auserkoren hat, aber danach war sie ein überaus gefragter Artikel. Ja, heute noch zählt die jetzt »Princess Diana Bag« genannte Tasche zu den Modellen, die bei Internet-Versteigerungen immer sofort vergriffen sind, auch wenn sie sich nie im persönlichen Besitz der Prinzessin befunden haben.

Heutige Taschendesigner hängen sich gerne an den großen Namen an und nennen ihre Kreationen Diana, obwohl man sich meist fragt, warum gerade dieses Modell den Namen der verblichenen Prinzessin tragen soll. Die »Diana Bag« von Il Riccio in Grosseto, Italien, beispielsweise ist ein kalbslederner Beutel von stattlicher Größe mit vier Außentaschen, der von seinem Erfinder als sportliche »bucket bag« tituliert wird, vermutlich wegen der nicht von der Hand zu weisenden Eimerform. Hübscher ist da schon das Modell »Diana« von Putu, ein süßes, strandtaschenartiges Gebilde in sommerlichen Farben. Aber trotz der »Lady Dior Bag« vermag man kein klares Bild beim Wort »Diana Bag« in den Kopf zu bekommen, dazu war die Ehefrau von Prinz Charles vielleicht doch zu sprunghaft in ihren modischen Vorstellungen, auch wenn man nach ihrem Ableben oft ihren Geschmack lobte und ihr nachsagte, sie habe modische Akzente gesetzt.

Zu ihren Lebzeiten ritt die Presse allerdings genüsslich und gehässig auf ihren Kleiderrechnungen von durchschnittlich mehr als umgerechnet 6000 DM pro Woche herum. Ein Jahr nach der Eheschließung machten ihre Landsleute ihr bereits folgende Rechnung auf: »150 Ballkleider, fast 200 Kleider und Kostüme für den Alltagsgebrauch, eine Fülle von

Cocktailkleidern, neue Schuhe zu jedem Kleid, zu den meisten Neuerwerbungen eine neue Handtasche« (zitiert nach *Berliner Kurier* vom 2. September 1997). Das macht in etwa 400 Handtaschen in einem Jahr. Die Imelda Marcos der Handtaschenträgerinnen. Einen wirklich dezidierten, unverwechselbaren Look verbindet man dennoch – oder gerade deshalb – nicht mit ihr.

Ganz anders verhält es sich mit der Kelly Bag, jener festen, fast kastenförmigen Tasche, die ohne Schulterriemen getragen wird und bei Stilberatungen bis auf den heutigen Tag stets als wichtiger Bestandteil eines konservativ-seriösen, erstklassigen Business-Outfits genannt wird. Und das nicht ohne Grund. Wenn Grace Kelly mit einer Kelly Bag in der Hand oder der Armbeuge in den Raum schwebte, dann war das an Grazie nicht mehr zu übertreffen. Man denke nur an ihre formvollendeten Auftritte in James Stewarts piefiger Junggesellen-Einzimmerwohnung in Alfred Hitchcocks *Fenster zum Hof.* Aus einer ihrer Taschen zaubert sie sogar eines Abends ein seidenes, tief ausgeschnittenes weißes Nachthemd, ein vollkommen durchsichtiges Etwas zum Drüberziehen und seidene Pantoffeln. »Du hast gesagt, dass ich aus *einem* Koffer leben müsste. Ich wette, dass deiner nicht so klein ist.« – »Das soll ein Koffer sein?« – »Jedenfalls ein Stadtkoffer. Groß genug für eine Nacht. Geräumig genug. Passt alles rein. Ich tausche meine weibliche Intuition gegen ein Bett für die Nacht«, bietet sie dem Ignoranten James Stewart an, als sie ihn über das wunderbare Gebilde aufklärt, das er noch nie zuvor gesehen hat. Ebenso gut hätte sie ihm, dem Fotoreporter und Bilderbuchstoffel, erklären können, was der Unterschied zwischen einem Fragonard und einem de Chirico ist. Elfengleich hält sie ihre Tasche in der Hand oder wie beiläufig hängt sie an ihrem Arm: Immer so, als sei sie eigentlich ein Schmuckstück und hätte keinerlei Gewicht oder Funktion.

Einigermaßen überraschend kam dennoch vor einigen Jahren das Come-back der Kelly Bag, weil man nie mehr als eine Hand frei hat, wenn man eine trägt. In der anderen Hand sieht bestenfalls noch eine Hundeleine mit einem Zwergpudel am anderen Ende elegant aus. Alle anderen Lasten hingegen (Hutschachteln, Koffer, Einkaufstüten, Päckchen) müssen von einem Verehrer, Ehemann, Hausdiener, Hotelportier, der in einem gebührenden Abstand hinter einem hertrottet, befördert werden. Damit scheint sich diese Taschenform bei der Frau von heute von selbst zu verbieten. Wie sollen die Aktenmappe, die Laptoptasche, die 25-Kilo-Profi-Fotoausrüstung geschleppt werden, oder womit will man den Kinderwagen schieben, wenn eine kostbare Hand bereits das Henkeltäschchen umklammern muss. Kein Wunder, dass die Remakes der Kelly Bag fast alle mit anzuhängendem Schulterriemen auf den Markt kamen. Das sieht zwar nicht hübsch aus und ist auch nicht stilecht, löst aber das Problem, dass man nur zwei Hände hat. Jeglichen Anflug einer Ähnlichkeit mit Grace Kelly hat man damit natürlich zunichte gemacht. Aber selbst, wenn es einem gelingt, nichts weiter als nur diese eine vergleichsweise kleine Tasche bei sich zu tragen, so ist es ohnehin illusorisch anzunehmen, dass man ihr – der einzigen legitimen Trägerin dieses Accessoires – jemals würde das Wasser reichen können, wenn es um äußere Perfektion geht.

Lady Di und Gracia Patricia verbindet außer der Tatsache, dass sie einer Handtasche ihren Namen gaben, ihr tragischer Tod durch einen Autounfall. Während der von Grace Kelly eine Familientragödie zu sein scheint (steuerte das Fahrzeug sie oder ihre Tochter Stephanie?), so gab Dianas tödlicher Crash Anlass zu allerlei Verschwörungstheorien, aber auch zu beißender Satire. So behauptet das *Neue Journal für zeitgenössisches Schrifttum* am 18. Februar 2003 unter der Überschrift »Lady Diana lebt«, dass nicht die Prinzessin der Herzen und ihr Freund Dodi Al-Fayed am 30. August 1997 in Paris ums Leben kamen, sondern ein zur Ablenkung der Paparazzi in den Wagen gesetztes deutsches Studentenpärchen, Lutz F. und Gaby V. aus Bochum. »Zu spät bemerkt Di, dass sie ihre Handtasche im Wagen liegen gelassen hat«, fabuliert das *Super-NJfzS.* »Per Handy ruft sie den Fahrer Henri Paul an. Der will sofort umkehren. Leider fährt der Mercedes 180 km/h, und das in einem Tunnel. Es kommt zum Crash. Der Fahrer und die beiden Studenten sterben.« Später schneidet der Mossad dann in Dodis Liebesnest folgenden Dialog zwischen Diana und ihrem Liebhaber mit: »Shit! My handbag was in this fuckin' car! And my pills were in it. What shall I do without my pills?« – »Don't worry. I think I've got some rubbers in my bathroom.« So hundsgemein und sehr komisch diese bitterböse Spottgeschichte in ihrem weiteren Fortgang ist, so hat sie doch einen Logikfehler (der sofort zu der Vermutung Anlass gibt, dass ein Mann sie verfasst haben muss): Welche Frau würde ihre Handtasche in ein Auto legen, in das sie dann nicht einsteigt?

Absurderweise hat eine wahre Handtaschengeschichte diese satirische Fiktion längst eingeholt: Patrick Jephson, ein Vertrauter von Diana, veröffentlichte 2001 ein Buch, in dem er der Welt kundtat, dass die scheue englische Rose einen pinkfarbenen Vibrator in ihrer Handtasche mit sich herumtrug. Während ihre Erinnerung allmählich verblasst – zum einen inszeniert sich das Königshaus in letzter Zeit andauernd prächtig selbst und ignoriert dabei stets den Jahrestag von Dianas Tod, zum anderen hat sie im Gegensatz zu wirklichen Ikonen des 20. Jahrhunderts wie Marilyn Monroe, Elvis Presley oder James Dean kein Werk hinterlassen, das an sie erinnert –, kommen peinliche Geschichten über sie ans Licht, und es ist vielleicht kein Zufall, dass diese – egal ob wahr oder erfunden – sich um Sex und Handtaschen oder beides drehen.

Die Mutter edler Handtaschen

Die erste Tasche, die überhaupt je nach ihrer Trägerin benannt wurde (jedenfalls die erste, von der wir wissen), war der Pompadour-Beutel. Auch wenn er ganz anders aussieht als unsere Handtaschen, wirklich ein weicher Beutel war und kein Behältnis mit einem festen Rahmen, so erschließt sich die unmittelbare Verwandtschaft des Pompadour zu seinen heutigen Nichten und Neffen durch den Gebrauch. Es ist längst erwiesen und kein feministischer Mythos, dass Madame de Pompadour, die Tochter eines Fleischlieferanten der französischen Armee und die *maitresse-en-titre* von Ludwig XV., eine einflussreiche Politikerin war, die von 1745, als sie in Versailles einzog, bis zu ihrem Tod 1764 im Hintergrund die Fäden der französischen Innen- und Außenpolitik zog. Dabei ging es um weit mehr, als hin und wieder über den Umweg des königlichen Schlafgemachs auf die ein oder andere Entscheidung direkten Einfluss zu nehmen. Ludwig vertraute noch immer auf den Rat und die politische Weisheit der Jeanne-Antoinette de Pompadour, als sie schon ab etwa ihrem dreißigsten Lebensjahr nicht mehr miteinander schliefen. Sie war die heimliche Herrscherin Frankreichs in der Mitte des 18. Jahrhunderts, und so begreifen wir die Tasche, die ihren Namen trägt, weniger als ein modisches Accessoire als vielmehr als ein politisches Instrument – ganz ähnlich wie die Taschen von Margaret Thatcher.

Auf dem berühmten Gemälde von François Boucher hat sie den nach ihr benannten Tragebeutel freilich nicht bei sich. Andere Gegenstände, ein Buch, ein Brief, Schreibfeder, Tinte und Petschaft scheinen ihr wichtiger und damit auch physisch näher zu sein. Auch François Guérin bildet sie umgeben von einem Haufen Schnickschnack mit Tochter und Schoßhündchen ab, aber ohne Pompadour. Gar zu gerne wüssten wir, was die Damen von einst in ihren Pompadour-Beuteln trugen, aber wir können sicher sein, dass sie es ungemein schätzten, nicht mehr alles in ihren stoffreichen Gewändern unterbringen zu müssen. Mit dem Pompadour hatte der unaufhaltsame Siegeszug der Damenhandtasche begonnen, und auch wenn es keine schriftlichen Zeugnisse über ihren Gebrauch gibt, so hat uns die Malerei mannigfaltige Zeugnisse hinterlassen. Eines ist deutlich: Je dünner die Kleiderstoffe wurden, desto größer wurde der Pompadour.

Betrachten wir beispielsweise das Bild, das Gottlieb Schick 1802 von Wilhelmine von Cotta gemalt hat. Mit ihrem hellen, fließenden, fast durchsichtigen Empiregewand, den spitzen Schleifchenschuhen und ihrem nach der neusten Mode frisierten Haar, zeigt Wilhelmine von Cotta, dass sie ganz auf der Höhe ihrer Zeit ist. Sie sitzt auf einem Steinquader, und hinter sich hat sie fast nachlässig ihren Sonnenschirm und ihre Handtasche abgelegt, einen Pompadour-Beutel von stattlichem Ausmaß, der nur zur Hälfte zu sehen ist, da sie die andere Hälfte mit ihrem Körper verdeckt.

Ist der Beutel in der Rokokomalerei ein reines Accessoire wie Perücke, Hut und Schmuck und baumelt dort stets leblos am Handgelenk seiner Trägerinnen, so ist das auf diesem Bild ganz anders. Der Beutel hat nun eine Aufgabe; er ist aber auch zu einer Last geworden und wurde wegen seines Gewichts für kurze Zeit abgelegt. Die hut- und bis auf zwei zarte Halsketten schmucklose Wilhelmine von Cotta, die dem Aufbruch in ein neues Jahrhundert und in eine neue Zeit wachen Blicks entgegensieht, benutzt den Pompadour nicht mehr als modisches Beiwerk. Bei ihr ist er ein Teil ihrer Selbstinszenierung geworden, ganz ähnlich wie bei Jane Austens Romanfigur Elizabeth Bennet in *Stolz und Vorurteil,* die ihren Pompadour selbstbewusst schwingt, wenn sie sich unbeobachtet glaubt. Elizabeth Bennet vermag sich gegen die Zwänge ihrer Zeit zu emanzipieren, und auch Wilhelmine von Cotta hat der landschaftlichen Idylle, vor der man sie platziert hat, den Rücken gekehrt. Hier weiß eine Frau ziemlich genau, wohin sie will, und ihre Handtasche wird sie auf diesem Weg begleiten.

Wann welche? – Der gute Ton bei Taschen

Für gewöhnlich haben die Taschen von ganz normalen Frauen nicht die Namen ihrer Trägerinnen angenommen, und dennoch vollzieht sich die Identifikation ganz unmittelbar. Selbstverständlich kommt daher die Handtasche in den Benimmratgebern oder Etikettenfibeln vor, als sei sie ein Körperteil und gewissermaßen mit der Frau, die sie hält, verwachsen. So schreibt Walther von Kamptz-Borken in seinem 1954 erschienenen Buch *Der Gute Ton von heute:* »Die Handtasche ist im Allgemeinen für die Dame unentbehrlich; es sei denn, sie trägt im Winter einen Muff, der so geräumig ist, dass sie die nötigen Gebrauchsgegenstände, die sie sonst in der Handtasche verwahrt, unterbringen kann.« Es ist kurios, dass gerade das organischste aller Accessoires, der känguruhbeutelartige Muff, mit der Handtasche in einem Atemzug genannt wird und zudem noch als einzige mögliche Alternative und ansonsten das Tragen der Handtasche für Frauen ein unumgänglicher Imperativ ist. Heute noch lernt man in den entsprechenden Kursen für gutes Benehmen und Parkettsicherheit, dass eine Frau nie ohne ihre Handtasche zur Toilette gehen sollte. Nicht von ungefähr heißt dieser Ort in alten englischen und amerikanischen Clubs, Restaurants und anderen Etablissements »powder room«. Die Frau pudert sich also lediglich das Näschen, wenn sie kurz »verschwindet«, und allein deshalb nimmt sie ihre Handtasche dorthin mit. Dass sie als Frau von Welt, Vertreterin des Adels oder vornehme Dame womöglich irgendetwas anderes auf einer Toilette machen könnte, irgendetwas, wofür sie keine Tasche und die darin befindlichen Utensilien braucht, etwas, das eine reine Körperfunktion ist, dieser Eindruck darf gar nicht erst entstehen. Auch wenn das alles kompletter Mumpitz ist und wir es besser wissen, hier wahrt die Etikette beharrlich den Schein.

Ältere Ratgeber regeln nicht nur den Gebrauch der Handtasche, sondern legen auch fest, welche Größe und welches Material für welchen Anlass das Richtige ist. Von Kamptz-Borken belehrt uns, dass Abendtaschen »aus feinem und feinstem Material« und zudem klein zu sein haben. Größer hingegen und aus Leder sind Taschen, die man zu förmlichen Besuchen mitnimmt. »Natürlich ist das Format der Besuchstasche kleiner als, um wieder ein Beispiel zu geben, die Handtasche für Laufzwecke (Stadttasche).« G. von Hilgendorff sieht dies in seinem Buch von 1953 *Gutes Benehmen – dein Erfolg* ganz ähnlich: »Die Tasche für den Arbeitstag ist geräumig und sportlich. Für den Nachmittag sind bereits kleinere Formen vorgeschrieben. Die Abendtasche ist ein winziges Gebilde aus Seide, Brokat, Perlen oder Petit-point-Stickerei.« Offensichtlich besteht der »Arbeitstag« der Frau nur aus dem Vormittag, und auch da erledigt sie augenscheinlich nur ihre Einkäufe, weswegen die Tasche »geräumig« zu sein hat, aber die züchtige Hausfrau bitte nicht so aussehen lassen soll, als ob sie sich mit ihrer Last abschleppt, sondern diese »sportlich« nach Hause trägt.

Reise- und Sporttaschen, das gesteht Kamptz-Borken zu, dürfen eine »ansehnliche Größe« erreichen. »Der Sinn für das Praktische und zugleich Gefällige bestimmt vom Gesichtspunkt des guten Tons das Aussehen dieses zur Ausgehkleidung der Dame gehörenden Gegenstandes«, schwurbelt der Autor munter weiter und geht dann zur »Badetasche« der Dame über, was etwas befremdlich anmutet, denn selbst bei einem sehr weit gefassten Handtaschenbegriff ist diese doch nur sehr selten gemeint. Kein Wort hingegen zur Aktentasche oder »Arbeitstasche« der Frau, denn ganz offensichtlich ist diese dem Autor in seinem gefestigten Nachkriegsweltbild keine bekannte Größe. Die Frau ist ihm selbst eine Art Accessoire, das je nach Bedarf dem Mann am Abend oder bei Tage zu mehr förmlichen oder zu informelleren Anlässen zur Seite gestellt wird. Darauf hat sie sich wiederum mit ihren eigenen Attributen wie »Handtasche« oder »Schmuck« einzurichten. Dass die Frau ein eigenes Bedürfnis haben könnte, dem sich ihre Handtasche in Form, Größe oder Material anzupassen hätte, oder dass gar aus dem Leben der Frau – ohne Zutun des Mannes – ein Anlass für eine bestimmte Tasche erwachsen könnte, dies alles ist für Kamptz-Borken – und natürlich nicht nur für ihn, sondern für sein gesamtes gesellschaftliches Umfeld wie für seine Generation – undenkbar.

Selbst der Körper der Frau und damit auch ihr Aktionsradius hat sich der Handtasche unterzuordnen. Mit einigem Erstaunen lesen wir bei Hilgendorff: »Sie [die Abendtasche] muss so klein sein, dass man sie bei Tisch neben den Teller legen kann, ohne dass sie stört.« Nach eigener Erfahrung kann eine solche Tasche nicht mehr Raum beanspruchen als eine Streichholzschachtel. »Nur der Theatertasche ist ein größeres Ausmaß erlaubt, weil sie Opernglas und Konfekt beherbergt und nicht so leicht stört.« Hilgendorff traut einer Frau noch nicht einmal so viel Disziplin zu, dass sie ein Theaterstück übersteht, ohne naschen zu müssen. Aber wenigstens sitzt sie dabei still und schweigt, sodass auch die durch das Ausmaß des mitgebrachten Konfekts größere Tasche »nicht so leicht stört«. Aber es kommt noch besser: »Ist der Anlass festlich und die mitgebrachte Tasche zu groß [will heißen, so viel Konfekt und so große Feldstecher, dass die Tasche nicht mehr neben den Teller passt], stellt man sie nicht auf den Fußboden, sondern versucht, sie beim Sitzen zwischen Rücken und Sessellehne einzuklemmen.« Das gibt sicherlich ein großartiges Bild ab: Die Frau sitzt ganz vorn auf der äußersten Stuhlkante im permanenten Bemühen nicht herunterzufallen, während ihre überdimensionierte Tasche, die sie wegen Hilgendorff und Co. nicht auf den Boden stellen darf, ihr von hinten die wenige Luft abklemmt, die ihr das damals sicherlich vorgeschriebene Korsett noch lässt. Damit hält man sie garantiert so in Schach, dass sie nicht auf die Idee kommt, sich in die Unterhaltung bei Tisch einzumischen. Zudem kann sie sich damit trösten, dass sie sich am nächsten Morgen mit ihrer »geräumigen und sportlichen« Tasche wieder etwas Hübsches kaufen darf.

Gegen die Regeln

Gerade weil sich mit dem richtigen Gebrauch einer Handtasche so viele Reglements verbinden, wirkt es besonders offensiv – oder komisch –, wenn diese nicht eingehalten werden. So erzählte mir mein guter Freund Jack, der auf der Upper East Side in einem stinkvornehmen Haus wohnt, folgende Geschichte, von der er beim Leben seiner Großmutter schwört, dass sie wahr ist: Seine Nachbarin, eine verwitwete Mrs. Jones, hielt sich als Gefährten und als Heilmittel gegen die Einsamkeit einen Bobtail. Da man in New York mit extrem hohen Geldstrafen rechnen muss, wenn man den Hundekot des eigenen Haustiers nicht aufsammelt und in den dafür vorhergesehenen Behältern entsorgt, sieht man in den besseren Wohngegenden – und nur dort gibt es überhaupt Hundehalter – auf Schritt und Tritt Menschen, die mit einem Schäufelchen die Haufen ihrer kleinen Lieblinge in transparente Plastiksäckchen befördern und diese dann bis zum nächsten Kotbehälter tragen, der aber oft etliche hundert Meter entfernt sein kann. Dies fand die distinguierte

Mrs. Jones reichlich degoutant, aber natürlich wollte sie die Kacke des Bobtails auch nicht einfach auf dem Bürgersteig liegen lassen. So kam sie auf die geniale Idee, die kleinen, mit Scheiße gefüllten Plastiktütchen in einer ausrangierten, uralten Chanel-Handtasche, die sie natürlich ausschließlich zu diesem Zweck verwendete, bis zum nächstgelegenen Behälter zu tragen. Da sie ohnehin von Kopf bis Fuß in betagtes Chanel gewandet war, fiel dies gar nicht weiter auf, ganz im Gegenteil. Die Tarnung war so perfekt, dass Mrs. Jones eines schönen Tages das Opfer eines Handtaschenräubers wurde, der in Sportkleidung an ihr vorbeijoggte und ihr die Chanel-Tasche brutal entriss. Eigentlich hätte es ihn stutzig machen müssen, dass der alten Dame kein Laut entfuhr und sie nicht etwa »Haltet den Dieb!« oder Ähnliches rief. Sie machte einfach nur auf dem Absatz kehrt, wendete den Bobtail und ging wieder nach Hause.

Sehr beeindruckt hat mich die Geschichte einer meiner Tanten, die eines Nachts auf dem Nachhauseweg von der Oper im Frankfurter Stadtwald überfallen wurde und dem Dieb, der sie niedergeschlagen und ihre Handtasche genommen hatte, diese wieder wegzerrte und so verbissen daran festhielt und dabei laut und schrill schrie, dass er sowohl von ihr als auch von der Tasche abließ. Wie ein Reflex sei das gewesen, sagte sie später. Sie habe keine Sekunde über das nachgedacht, was sie da tue, und sei sich in dem Moment auch nicht der Gefahr bewusst gewesen, in der sie war. Immerhin nahm sie Abstand davon, den Angreifer mit ihrer Handtasche zu verprügeln.

Das kann durchaus sexy sein, beispielsweise in dem Comicstrip, den John Stokes gezeichnet hat, basierend auf der britischen 60er-Jahre-Fernsehserie *The Avengers,* die bei uns unter dem Titel *Mit Schirm, Charme und Melone* lief. Tara King (nicht zu verwechseln mit Emma Peel, die in der Originalserie wie im Remake-Spielfilm nur selten mit einer Handtasche zu sehen ist) haut darin mit ihrer Handtasche auf einen verrückten Wissenschaftler ein, der riesige Menschen fressende Pflanzen züchtet. Mit ihren schicken schwarzen Lackstiefeln, die ihr bis über die Knie reichen, macht sie dabei einen gewaltigen Ausfallschritt. Wie Selbstverteidigung sieht das nicht aus. In ihrer Sprechblase steht: »Take that!«

Lange Zeit hielt ich das Schlagen mit Handtaschen für ein reines Filmmotiv, und zudem noch für eines, das eingesetzt wurde, wenn ein Zweikampf unter Frauen gezeigt werden sollte, wie beispielsweise der zwischen Irma und Lolita in *Irma La Douce,* der damit beginnt, dass die beiden Pariser Bordsteinschwalben mit ihren Handtaschen aufeinander einschlagen, sich gegenseitig in den Hintern treten und schließlich ineinander verkrallt am Boden wälzen. Ich konnte mir schlicht nicht vorstellen, dass im richtigen Leben Frauen ihre Handtasche gegen Männer erheben, vermutlich weil meine eigenen Taschen immer so viel wiegen, dass ich sie nicht ohne große Anstrengung anheben, geschweige denn damit ausholen kann. Am Eingang zu den Boston Commons, einem Park in der Innenstadt von Boston, beobachtete ich im vergangenen Sommer, wie aus der dortigen Unterführung ein gehetzt dreinblickender Mann mittleren Alters gesprintet kam, dicht gefolgt von einer etwa gleichaltrigen Frau, die ihn nicht nur lautstark aufs Übelste beschimpfte, sondern auch noch unablässig mit ihrer Handtasche, die sie wie eine mittelalterliche Schleuder schwang, kräftig auf ihn einhieb. Fast alle Passanten – so auch ich – blieben stehen und beobachteten fasziniert die Szene, aber niemand griff ein. Worum es bei der tätlichen Auseinandersetzung ging, hat sich mir leider nicht erschlossen, aber der szenische Verlauf wird mir auch ohne dieses Hintergrundwissen lange in Erinnerung bleiben. Wer weiß, was der Prügelei vorausgegangen war, möglicherweise einfach nur eine verbale Auseinandersetzung. Vielleicht hat aber auch der Mann zuvor die Frau angegriffen, sie wollte sich wehren, und was käme da als Waffe gelegener? Wie alle Hieb- und Stich-Waffen eignet sich natürlich auch eine Handtasche vorzüglich zur Verlängerung des Arms und zur Verstärkung seiner Schlagkraft. Je mehr man vorher hineingepackt hat, desto besser.

In der Erzählung *Katzengold* von Matthias Schamp ist das ein Katzenkadaver. Der Dieb, dem es nach einem schmerzhaften Zweikampf und wildem Gerangel endlich gelingt, einer wehrhaften Rentnerin ihre Handtasche zu entwinden, weiß das natürlich nicht. Die Bescherung hat er erst später zu Hause, wo er sich voller Freude über sein Diebesgut hermacht. Im Park spurtet er an die Rentnerin heran, um ihr die riesige, mächtig ausgebeulte Ledertasche zu entreißen, und sie bringt ihn dann mit einem gezielt ausgeführten Handtaschenschwinger an den Kopf zu Fall. Dabei hatte der Dieb sich sein Opfer doch so sorgfältig ausgesucht. Sie war ihm schwach und gebrechlich erschienen. Mit der Wucht, die ein toter Vierbeiner entwickeln kann, wenn man nur tüchtig genug mit ihm ausholt, konnte er nicht rechnen.

Der Gebrauch der Handtasche als Waffe und das raumgreifende Ausholen mit derselben zum Zweck des Dreinschlagens dürfen durchaus als Ausnahmesituationen gelten, als Formen der Handtaschennutzung, die von der Norm abweichen. Die Norm der Nutzung und des Tragestils aber ist für jede Frau eine andere und mindestens so identitätsstiftend wie Form, Farbe, Größe, Material und Modell. Kurioserweise hat ausgerechnet ein Mann einen verwertbaren Beitrag zu diesem Thema geleistet, wenn auch eher in Form einer Männerfantasie denn einer wirklichen Beobachtung – aber das sind wir ja vom starken Geschlecht auch gar nicht anders gewöhnt. »Ihr habt sie einfach nicht gesehn, wenn sie so zum Vergehen schön mit diesem leichten hohen Gang betörend ihre Tasche schwang«, sang inbrünstig – und brünftig, sozusagen inbrünftig – 1978 Konstantin Wecker die ersten Zeilen seines Lieds »Ich liebe diese Hure«. Außer dass die im Urschlamm der Fleischlichkeit dahinludernde Lolita, die Wecker in seinem Liedtext heraufbeschwört, die geistige Unverdorbenheit der Jungfrau Maria hat, erfahren wir nicht viel über sie – bloß eben, dass sie eine Handtasche schwingt. Und dies wirkt auf ihn, den Mann, ihren Liebhaber, ihren heimlichen Retter »betörend«. Obwohl Wecker sich mit seinem Frauenbild als ganz und gar im 19. Jahrhundert Steckengebliebener entlarvt, können wir ihm auf der Habenseite wenigstens ein paar Punkte dafür gutschreiben, dass die Handtasche bei ihm als erotisierendes Instrument wahrgenommen wird.

Und tatsächlich gibt es sie ja, die Handtaschenschwingerinnen, und selbstverständlich gehen nur die wenigsten von ihnen dem horizontalen Gewerbe nach. Vermutlich schwingt keine Frau ihre Tasche immerfort und zu jeder Gelegenheit, aber ein gewisses lustvolles Schwingen bei Ausgelassenheit, guter Laune und gutem Wetter lassen sich doch immer wieder im Stadtbild beobachten. Je länger die Griffe sind, desto besser gelingt der Schwung. Mit klitzekleinen Henkeltaschen, die ohnehin auf bescheidene Bedürfnisse, sprich auf ein verkümmertes Sexualleben, hindeuten, lässt sich natürlich nicht schwingen, und wird eine dieser bedrohlichen Schnappverschlusstaschen geschwungen, sieht das eher martialisch denn libidinös aus. So hat also Wecker tatsächlich etwas Wahres erkannt, wenn auch in seinem Lied streckenweise gewaltig die Fantasie mit ihm durchgeht: Das Handtaschenschwingen lässt auf ein unverkrampftes Sexualleben schließen, zumindest aber auf einen temporär befreiten Geist.

Unvergessen als Handtaschenschwingerin bleibt Bette Davis in King Vidors *Der Stachel des Bösen* von 1949. Sie trägt bei ihrem Gang durch die ihr verhasste Kleinstadt eine beutelartige Tasche an einem breiten Riemen und schwingt diese im Takt zu ihren federnden Schritten. »Das ist vielleicht ein Früchtchen«, kommentieren die ehrbaren Frauen des Städtchens dieses Gehabe. »Wie die schon geht!« Bette Davis will nichts mehr, als ihrem beengten, provinziellen Dasein und ihrer langweiligen Ehe entrinnen, und sehnt sich nach der großen Stadt Chicago. Aus eben dieser kommt nun eine vornehme Dame in Bettes bescheidenes Heim zu Besuch. Sie trägt einen Pelzmantel und eine Klemmtasche unter dem Arm, die sicher mehr à la mode ist als der Schwingbeutel der Kleinstädterin. Und obwohl Bette Davis die andere Frau beneidet und heimlich ihren Mantel anprobiert, bleibt sie ihrer eigenen, lebensfrohen Tasche treu. Aber nur ihr: Sie wird zur Ehebrecherin und sogar zur Mörderin. Der entschlossene Schwung ihrer Handtasche hat schon früh im Film darauf hingedeutet, dass sie sich holt, was sie will, und notfalls dafür über Leichen geht.

In Madonnas Film *In Bed with Madonna* gibt es eine Szene, in der sie vollkommen nackt und nur mit einer Handtasche bekleidet auf einem kalifornischen Highway trampt. Diese schwarze Tasche hat sie sich nicht etwa über die Schulter oder gar in die Armbeuge gehängt, sondern sie hält sie fest am Bambusgriff in der linken Hand und schwingt sie leicht, während sie in Fahrtrichtung rückwärts den Seitenstreifen entlanggeht. Unmöglich kann sie in einer so kleinen Tasche ihre Kleidung verstaut haben, für Geldbörse, Ausweis, Kreditkarten und einige andere »necessities« reicht sie jedoch voll und ganz aus. Genau das macht die Szene so bedrohlich. Diese Frau ist entschlossen, aufs Ganze zu gehen. Sie posiert nicht nur kokett ohne Kleider und reckt dabei den rechten Daumen in die Höhe, um sich mal ein bisschen auszuprobieren, nein: Sie ist wirklich aufgebrochen und »on her way«. Entsprechend furchteinflößend wirkt sie auf die Autofahrer: Keiner hält an.

Ähnlich unterwegs, aber auch ein wenig auf der Flucht, ist Leni in Ralf Hanselles Erzählung *Novemberholz*. Alles beginnt, genau wie bei Bette Davis, mit einer Handtasche. Die bestellt sich Leni, obwohl im Dorf sonst keiner so eine hat, und sie tut einen Lippenstift hinein, den Schlüssel und ein Butterbrot und stolziert damit im Ort herum, worüber sich alle mächtig das Maul zerreißen. »Und die Leni (…) guckte rüber zu den Frauen auf dem Kartoffelfeld. Und die Frauen guckten zurück (…). Guckten wieder und konnten's nicht glauben. Da baumelte es in Lenis Hand (...), baumelte vor und wieder zurück, baumelte die ganze Zeit, bis die Leni wieder verschwunden war.« Als ihr Mann Gottlieb abends nach Hause kommt, rastet er angesichts der schwarzen Handtasche mit den goldenen Verschlüssen vollkommen aus: »Wat brauchst du 'ne Handtasche, Leni?«, fragte der Gottlieb dann. »Wat brauchste das? Willste da die Rüben drin tragen, in dem Ding?« Die Leni weint, und Gottlieb stülpt die Tasche kurzerhand um, weil ihn doch plagt, wozu seine Frau eine Handtasche braucht. »Dafür brauchste 'ne Tasche? Wat biste bekloppt!«, lautet Gottliebs abschließendes Urteil, und als er sich am nächsten Morgen versöhnen will, da ist seine Frau schon längst mitsamt Handtasche über alle Berge und per Anhalter bis nach Bielefeld gekommen, wo sie sich von einem Kinoangestellten ein Kind machen lässt, was natürlich der Anfang von einem ganz, ganz schlimmen Ende ist.

Das Gegenteil von diesen lustbetonten, oft triebhaften, zuweilen auch bis zur Grausamkeit egoistischen weiblichen Wesen sind die Frauen, die ihre fest verschlossenen Taschen an kleinen, kurzen Griffen fest umklammert halten. Der Verspanntheit der daraus resultierenden Körperhaltung entspricht die Verklemmung auf anderem Gebiet und vermutlich alles in allem eine gewisse Unfreiheit der Gedanken und Taten. Das wirkt weniger anziehend auf die Umgebung, ist aber auf Dauer vielleicht eine sicherere Daseinsform. Wer will schon enden wie Bette Davis in King Vidors Film, wie die Leni oder wie der gefallene Engel in Konstantin Weckers Lied?

Sie habe sich vom Luder zur Grande Dame gemausert, textete unlängst eine Frauenzeitschrift über Jenny Elvers. Alles Blödsinn. Denn wenn sie eine wäre, eine wirkliche Dame, warum klemmt sie sich dann ihre Handtasche unmittelbar unter die zugegebenermaßen perfekt rasierte Achselhöhle? Irgendjemand hat der guten Jenny bestimmt gesteckt, dass man gleich ein bisschen intellektueller wirkt, wenn man bei Partys nicht mit so einem Tussentäschchen aufkreuzt, sondern mit einer Jackie O. von Gucci. Mal abgesehen davon, dass dieses Modell nicht unbedingt zur Abendtasche taugt, so hat unsere aspirierende Dame aber auch zur falschen Größe gegriffen und trägt das Modell als Baby O. und nicht in der stattlichen Normalgröße. Da kann sie noch so sehr mit einem ordentlichen Haarschnitt und einem damenhaften Kleid in einer gedeckten Farbe posieren: Die am zu kurzen Kettchen schmerzhaft eng über der Schulter und unter dem Arm getragene Gucci-Tasche verrät noch immer den Hang zum Provinziellen, zur unteren Mittelschicht und vermutlich auch zum falschen Mann. Denn wenn ich noch nicht einmal die richtige Handtasche auswählen kann, wie soll es dann erst mit dem ständigen Begleiter klappen?

Da wir gerade beim Thema sind: Was ist eigentlich mit den Ludern los? Plötzlich wollen sie alle keine mehr sein, was doch irgendwie schade ist, denn lustig und unterhaltsam war das schon mit ihnen. Außerdem fühlte man sich viel besser, als es sie noch so richtig gab, denn sie waren eine prima Negativfolie, vor der man selbst immer viel vorteilhafter wirkte. Auch wenn man sich komplett im Dunkeln anzog, war man doch immer unglaublich viel geschmackvoller gekleidet als sie, und selbst, wenn man alle bewusstseinsverändernden Drogen dieses Planeten auf einmal schlucken musste, war man nie ernsthaft in Gefahr, derartig schiefe, sinnentleerte und bar jeder Grammatik geformte Sätze zu äußern, wie die Luder sie beiläufig im erstbesten Interview von sich gaben. »Die neue Naddel. Mit dem Luder-Leben soll endlich Schluss sein«, klärte uns die *Bunte* am 6. März 2003 auf. Was soll nur aus uns werden, wenn uns keiner mehr zeigt, wie wir nicht sein wollen? Und wie sollen wir künftig unsere Kleider, Handtaschen und Schuhe auswählen, wenn uns keiner mehr vorlebt, wozu wir nicht greifen dürfen? Müssen wir uns denn in Zukunft auf unseren eigenen guten Geschmack verlassen?

Auf der »Frauensite« von www.antifan.ch lassen sich »The Punklolita« und »La villaine fille« ebenfalls direkt und uncharmant über den Unter-den-Arm-Tragestil aus. Sie ziehen dabei eine interessante Verbindung zwischen dieser Klemmtechnik und den entsprechenden Handtaschenmodellen und warnen die Männer vor folgenden Erscheinungen: »Vorsicht ist geboten bei farbigen Schlangenledertaschen, Möchte-gern-Louis-Vuitton-Taschen und den unzähligen billigen Direkt-in-der-Achselhöhle-und-reinschwitz-Taschen.« Von Frauen mit solchen Handtaschen sollten Männer besser gleich die Finger lassen, wollen die beiden damit sagen, und vermutlich haben sie vollkommen Recht. Berühmte Unter-der-Achsel-Trägerinnen sind übrigens Simone Kahn (als ob die Ärmste nicht schon genug durchmacht), Nicky und Paris Hilton, Jenny Elvers und Britney Spears.

Dabei gibt es Taschen, deren Name allein zu der verpönten Unter-die-Achsel-Klemmtechnik aufruft, nämlich das Fendi Baguette, das wirklich deshalb so heißt, weil man es sich lässig und bequem wie das französische Weißbrot unter den Arm stecken soll. Obwohl sich diese Bezeichnung durchgesetzt hat (die größeren Modelle heißen tatsächlich Mama Baguette), habe ich diesen Akt der Namensgebung nie verstanden: Zum einen gibt es doch gar keine Baguettes mit

Henkeln dran, und zum anderen muss man schon sehr viele Hollywoodfilme, die in Paris spielen, gucken – wie *French Kiss* oder *Forget Paris* –, bevor man auf die Idee kommt, dass die Achselhöhle der bestmögliche Ort zum Transport eines Baguettes ist. Wie absurd das Ganze ist, offenbart sich durch die Benennung der ganz kleinen Fendi-Tasche, die doch tatsächlich Croissant heißt und natürlich nicht unter dem Arm getragen wird, sondern in der Hand. Das ist nun erst recht blöde, denn bei mir landet das Croissant immer direkt auf dem Teller oder im Mund. Warum ich es erst mit mir herumtragen sollte, außer in einer Tüte, leuchtet mir nicht ein. Ist ja auch viel zu fettig. Aber der Italiener, der ohnehin ein gestörtes Verhältnis zum Frühstück hat, entblödet sich nicht, der kleinen Tasche den Namen Croissant zu verpassen. Nur gut, dass kein Deutscher bislang auf die Idee kam, irgendeinem Handtaschenmodell den Namen »Laugenstange«, »Brezel« oder »Graubrot« aufzudrängen.

Das Einzige, was wirklich unter dem Arm klemmen darf, ist selbstverständlich eine Kuverttasche, und die darf auch nicht unmittelbar unter der Achsel stecken, sondern lediglich knapp über dem Ellbogen. Diese Taschen – und die Frauen, die sie zu tragen verstehen – sehen unschlagbar weltgewandt und elegant aus, aber ganz unter uns: Im täglichen Gebrauch sind *clutches,* wie der Amerikaner diese Modelle nennt, die Hölle. Vielleicht ist es unserer Mode geschuldet, die ja mehr und mehr Anleihen bei der Sportkleidung macht, wozu solche Taschen einfach nicht passen, oder vielleicht auch der schlichten Tatsache, dass man bereits in einer mittleren Stadt, von einer wirklichen Großstadt ganz zu schweigen, eine Tasche, die man nicht an einem Griff oder Henkel festhalten kann, binnen der ersten halben Stunde an den nächstbesten

Taschendieb loswird. Deshalb ist dieser Art von Tasche und der mit ihr einhergehenden Tragetechniken der Abend vorbehalten. Man darf sie in der Hand halten oder elegant einklemmen, und man darf sie – laut Benimmratgeber – sogar neben seinen Teller auf den Tisch legen (wie Carrie bei ihrem vorläufig letzten Abendessen mit Mr. Big). Die allermeisten Partys, Empfänge, Vernissagen, Umtrünke, Galaveranstaltungen gehen aber heutzutage nicht mehr mit gesetztem Essen einher, weswegen viele Frauen dazu übergegangen sind, zu solchen Anlässen gar keine Tasche mehr zu tragen, noch nicht einmal so ein winziges Klemmdings. Vor kurzem geschossene Fotos, egal ob von Salma Hayek, Jennifer Aniston, Heidi Klum, Shawne Borer-Fielding, Halle Berry, Jennifer Lopez oder Tatjana Gsell zeigten die Damen in abendlich festlichen Roben, allesamt ohne Tasche. Selbst die Oscar-Nacht war im Jahr 2003 handtaschentechnisch gesehen eine große Enttäuschung. Um zwei Uhr morgens konnte man auf Pro 7 immer prima die Live-Übertragung vom roten Teppich mitverfolgen und genau studieren, wer wie welches Täschchen trug. Aber viele Frauen kommen neuerdings einfach ohne. Wie machen die das nur? Es wird doch so viel geweint und geschwitzt in dieser Nacht. Ich bräuchte einen Riesenspiegel, ein komplettes Kosmetikset, eine Packung Tampons, falls man vor lauter Aufregung seine Tage bekommt, einen Kamm, einen Parfümflakon, vier bis fünf Packungen Tempotaschentücher, ein kleines Handtuch und einen Deoroller. Wo haben die ihre Eintrittskarten, ihren Hausschlüssel, ihren Führerschein, ihre Fahrzeugpapiere? Oder wenn sie das alles nicht brauchen, was mir jetzt zweifelsohne irgendjemand wird einreden wollen, wo haben sie dann ihr Portemonnaie und ihr Luxushandy? Haben die am Tag zuvor ihre Taschen schon heimlich in das Kodak Theatre hereinbringen und unter ihre Sitze kleben lassen? Ich würde in jedem Fall eine Sporttasche mitbringen und einfach so tun, als sei ich vorher noch beim Training gewesen und hätte es nicht mehr nach Hause geschafft. Aber vermutlich macht genau das einen Star aus – dass er weiß, wie er ganz ohne Handtasche und deren kostbaren Inhalt eine solche Nacht überstehen kann.

Die meisten von uns sind zwar keine Stars und hängen auch nicht ständig bei der Oscar-Verleihung oder auf vergleichbaren Veranstaltungen herum, und trotzdem haben auch wir normale Frauen gerne beide Hände frei. Dabei gibt es regionale Unterschiede. In der Stadt ist das Bedürfnis nach zwei freien Händen größer als auf dem Land, weswegen dort noch Zickentäschchen vorherrschen, bei denen man eine Hand in den Schulterriemen einhaken muss. Dieser Tragestil hat sich in den 60er- und 70er-Jahren des 20. Jahrhunderts durchgesetzt und hatte zum einen den Vorteil, dass einem die Umhängetasche nicht von der Schulter rutschte, was um so eher passieren konnte, je leichter und je kleiner sie war. Zum anderen hatte man dann schon eine Hand beschäftigt, denn angestrengtes Rauchen und wildes Gestikulieren kamen erst danach auf und haben das »Wohin mit meinen Händen« auf andere Art gelöst. Das urbane Umfeld und erst recht die Metropole erfordern allerdings, dass man jederzeit die Möglichkeit haben muss, zuzupacken oder zuzuschlagen, sich zu wehren oder zu umarmen, sein Fahrrad zu schieben, seinen Arm um eine Hüfte oder eine Schulter zu legen, seinen Köter an der Leine zu führen. Das Gefühl von Freiheit, das dem Quer-über-der-Brust-Tragestil entströmt, obwohl man in Straßenfluchten aus Stein, Stahl und Beton gefangen ist, lässt sich kaum überbieten. Deshalb hält sich dieser Stil auch so hartnäckig und nicht allein, weil es derzeit als schick gilt, seine Tasche so zu tragen, und auch nicht bloß, weil sie einem so kaum entrissen werden kann, es sei denn, jemand schneidet den Riemen am Rücken durch. Taschen, die man so trägt, haben sehr rasch den Rucksack, der noch in den 90ern total en vogue war, abgelöst, nicht zuletzt weil man leichter an sein Zeug kommt, nicht hinterrücks beklaut werden kann und nicht dauernd in beengten Räumen ungeschickt gegen seine Mitmenschen rumst.

In München, dem Millionendorf, hat sich der Querstil noch nicht wirklich durchgesetzt und wird es vielleicht auch nie. Große Aktentaschen an breiten Gurten und selbst Freitag-Taschen oder Messenger-Bags trägt man dort über der Schulter und mit meist eingehakter Hand. Aber vermutlich handelt es sich im Vergleich zu Berlin um lauter exquisite Designerstücke, die man nach der herkömmlichen Methode tragen möchte, denn alle möglichen großen Labels, allen voran Prada, haben die Messenger-Bags für sich entdeckt. Ganz davon abgesehen will man sicher auch nicht, dass der teure Mantel von Loden-Frey oder der edle Pelz von Gianfranco Ferré sich abschabt, nur weil man seine Tasche quer über der Brust trägt. In Köln hingegen hatten viele schon früh den Riemen quer über dem Leib und in Berlin sowieso. Im Ruhrgebiet sah man alles Mögliche, und in Hamburg herrschte wie immer sportliche Eleganz, gepaart mit unterschiedlichen Tragestilen vor. Mal sehen, was als Nächstes kommt. Die flachen Nylontaschen, die man sich vorne auf den Bauch schnallen soll, werden sich bestimmt nicht durchsetzen, da doch hauptsächlich Frauen Taschenträger sind, die alles, aber auch alles, was am Bauch aufträgt, unbedingt vermeiden wollen, und sei es noch so sehr der letzte Schrei.

Bleibt noch die Armbeuge zu erwähnen, die gewissermaßen von Grace Kelly als Tragemöglichkeit entdeckt wurde. Die nach ihr benannte Tasche von Hermès ist ganz und gar nicht zierlich, sondern ein ganz schön großer und stabiler Brocken. Die Tasche gibt es heute in unveränderter Gestalt, und leider muss man sagen, dass die meisten Frauen, die eine haben, damit wie veritable Trampel aussehen, da sie sie am Griff halten oder über der Schulter tragen, was vielleicht ursprünglich alles so auch einmal vorgesehen war, denn immerhin hat diese Tasche eine Vergangenheit als Satteltasche. Seit Grace Kelly es uns vorgemacht hat, gibt es für Henkeltaschen dieser Art nur noch die Armbeuge als möglichen Ort, aber ich rate uns allen davon ab, dass wir unsere Handtaschen dort tragen, mit der einzigen Ausnahme von Elizabeth II., die das mit der Armbeuge schon seit langer Zeit vollendet und höchst monarchisch beherrscht und sogar originelle Eigenheiten dabei entwickelt hat, wie beispielsweise die ihr eigene Unterarmtragetechnik, bei der die Henkel der Tasche auf halbem Weg zwischen Handgelenk und Armbeuge am angewinkelten Unterarm hängen, wobei dieser leicht gedreht sein muss, sodass die Handfläche fast nach oben zeigt. Ich habe die Erfahrung gemacht, dass es bei schweren Taschen wirklich blaue Flecken gibt, bei kleinen Taschen affektiert aussieht – und dass es, egal wie wir das Kinn in die Höhe halten und den Arm beugen, die Füße auswärts setzen und den kleinen Finger spreizen, Formen von überlegener und, ich befürchte, angeborener Eleganz gibt, die nur ganz, ganz wenigen Frauen vorbehalten sind.

Das Innenleben einer Handtasche – Intimität und Sexualität

In seiner Weihnachtsausgabe von 2002 schrieb der *Economist* in einem Artikel über die ungebrochene Popularität der Barbiepuppe: »Sie könnte Spiderman und Action Man aus den Schuhen hauen, wenn sie nur einmal mit ihrem kleinen Handtäschchen ausholen würde.« Das ist nicht so abwegig, wie es hier klingt, sondern von hoher symbolischer Kraft. Aber auch wer die Handtasche nicht als Waffe gegen das starke Geschlecht erhebt, vermag sich über sie zu identifizieren. Allerdings tritt bisweilen die Umkehrung dieses Vorgangs ein, und Frauen werden anhand ihrer Handtaschen oder deren Inhalt identifiziert. Ist das wahre Gesicht einer Frau ihre Handtasche?

Diese Vermutung könnte erklären, warum der Handtascheninhalt eine so große Faszination auf die meisten Menschen ausübt. Gerade Männer, die beteuern: »Ich möchte gar nicht wissen, was du alles mit dir herumschleppst«, wollen genau das: wissen, was in der Tasche drin ist. Wissen, was eine Frau für unentbehrlich hält.

Wer ist diese Frau? – Der Blick ins Innere der Handtasche

Manchmal müssen sich Männer anhand eines Blicks in die Handtaschen ihrer Frauen erst einmal darüber klar werden, wer diese eigentlich sind. B-Movies liefern dafür wunderbare Szenen. So beispielsweise der herrlich trashige Streifen *Nightmare Lover* (der im Original *Dream Lover* heißt, also was jetzt?). In diesem Film lernt Ray, gespielt von James Spader, seine künftige Frau Lena (wundervoll schlampenhaft: Mädchen Amick) kennen. Erst nach einem Ehejahr und dem ersten Kind kommen ihm allmählich Zweifel, ob Lena tatsächlich die ist, für die sie sich ursprünglich ausgab. Ein Blick frühmorgens in ihre Handtasche (eine wunderbare braune Hermès oder zumindest eine gute Imitation), die praktischerweise gleich neben dem Ehebett steht, bringt ihm die Gewissheit, dass sie ein ganz verlogenes Biest ist und nichts an der zusammengezimmerten Geschichte über ihre Herkunft und Vergangenheit der Wahrheit entspricht. Weil das beim ersten Mal so wunderbar funktioniert hat, probiert er es wenig später gleich noch einmal, und dieser zweite Blick in die Handtasche offenbart ihm dann, dass Lena ihn auch noch seit geraumer Zeit nach Strich und Faden mit einem anderen Mann betrügt. Lustigerweise schaut er in beiden Fällen zuerst in ihrer Nachttischschublade nach, bevor er in ihrer Handtasche herumstiert bzw. den gesamten Inhalt auf dem Bett auskippt. Hier gleich ein kleiner Tipp für Männer: Keine Frau der Welt bewahrt irgendetwas nennenswert Interessantes oder Geheimnisvolles in ihrem Nachtschränkchen auf, ganz einfach deshalb, weil sie weiß, dass ein Mann dort zuerst nachsieht. Die Handtasche – aber nur die aktuell im

Gebrauch befindliche und nicht irgendeine selten benutzte Abendtasche, wie sie Herbert Knaup in *Irren ist männlich* durchwühlt, um Beweise für das ehebrecherische Treiben seiner Frau Corinna Harfouch zu finden – ist da schon der richtige Ort, an dem sich das Herumschnüffeln lohnt. Allerdings ist dieser so gut wie nie unbewacht oder frei zugänglich.

Zu einem ersten Wendepunkt in dem absurd schlechten Film *Never Talk to Strangers* kommt es, als Latin Lover Antonio Banderas heimlich in Rebecca de Mornays Handtasche, einem kleinen schwarzen Lederrucksack, herumkramt, während sie ohnmächtig auf seinem Bett liegt. Als sie zu sich kommt und die verdächtigen Geräusche hört, sieht sie nur den breiten Rücken ihres neuen Liebhabers, schleicht sich von hinten an, und siehe da, als er sich umdreht, hält er eine Tasse Kamillentee in der Hand (die er anscheinend gerade liebevoll in ihrem Rucksack zubereitet hat). Natürlich fällt auf so einen Blödsinn noch nicht einmal die Psychopathin de Mornay herein und reagiert – obwohl sie sich später als vom Vater missbrauchtes Vergewaltigungsopfer herausstellt, das seine Mutter umgebracht hat und in der Freizeit Männer tötet, zudem schizophren ist und zugleich auch noch eine multiple Persönlichkeit hat – wie jede normale Frau: Sie ist stocksauer, sie misstraut dem Mann, der diese doch eigentlich gut sichtbare Grenze überschritten hat. Sie lässt den Kamillentee stehen und geht.

Für Menschen, die nicht versessen darauf sind, B-Movies zu gucken, wird der Handtascheninhalt durch andere Medien erschlossen. So hatte die *Berliner Zeitung* über viele, viele Monate hinweg eine wirklich nette Kolumne namens »Eva Corino geht durch die Stadt und fragt: Was haben Sie in Ihrer Tasche?«, die inzwischen als Buch erschienen ist und in der jedes Mal einer Frau oder einem Mann in die Handtasche geschaut wurde. Keine Leserin dieser Zeitung hat diese überaus unterhaltsame Lektüre je ausgelassen – und ich kenne nur wenige Männer, die sich wirklich nicht dafür interessiert haben. Meist entwickelte sich nämlich aus der Inhaltsangabe in nur wenigen Sätzen eine ganze Lebensgeschichte. Bei einer Frau, die ein Nachthemd, Unterwäsche und ein paar Schuhe in der Tasche hatte, stellte sich heraus, dass sie zu ihrem Geliebten nach Köln fuhr, und nebenbei erfuhr man noch einiges über das Verhältnis der Frau zu ihrer Mutter. Ein älterer Mann hatte drei selbst gedrehte Videos dabei und erzählte, dass er sich erst mit 63 Jahren dazu entschloss, den Beruf des Kameramanns zu ergreifen, den er schon sein ganzes Leben lang ausüben wollte, sich aber nicht traute, weil seine Eltern ihn immer unterdrückt hatten. Der Blick in die Taschen fremder Menschen befriedigt einen voyeuristischen Impuls, der allen von uns innewohnt, ohne dass man sich davor fürchten muss, beim Hineinsehen erwischt und vielleicht sogar dafür bestraft zu werden.

In der Erzählung *Der Wolf* von Nora Dornfeld umschleicht ein Kind die furchteinflößende Handtasche seiner Großmutter, die ihm wie ein Wolf mit schwarzem Fell und goldenen Zähnen erscheint. Niemals würde das Kind es wagen, in den Wolfsrachen zu greifen, aber immer wieder starrt es in den dunklen Schlund und möchte gar zu gerne wissen, was sich alles in Großmutters Handtasche befindet und von außen vielleicht nicht zu sehen ist. Schließlich schießt das kleine Mädchen die Tasche mit einem Wasserball vom Schuhschrank, versetzt ihr noch einen gezielten Fußtritt und kann sich dann über den Inhalt hermachen, der ihm tatsächlich außer einem Gebetbuch, einem Psalm, einem Rosenkranz auch noch einen Hinweis auf die Identität des Großvaters gibt, der Wehrmachtsoffizier gewesen und im Krieg gefallen ist. Die Welt des Kindes, in der Großväter bärtige alte Männer und keine jungen Soldaten sind, kommt durch diesen Fund gehörig ins Wanken. Es pinkelt vor Angst in die Hose, verkrümelt sich am helllichten Tag ins Bett und hofft, dass alles wieder gut wird.

Manche fühlen sich auch als Erwachsene ähnlich getrieben wie das kleine Mädchen in Nora Dornfelds Geschichte. So beispielsweise Gregor, den ich aus dem Sportstudio kenne, wo wir uns nach dem Training hin und wieder erschöpft zusammen über einem Multivitaminsaft zur Zeitungslektüre an einen der kleinen runden Tische setzen. »Mich lässt der Gedanke nicht in Ruhe, was Frauen so in ihren Handtaschen haben«, gestand er mir vor einiger Zeit. »Das ist manchmal richtig schlimm und wie ein Zwang, und dann warte ich, bis eine Kollegin oder eine Freundin meiner Frau aus dem Zimmer geht, greife mir ihre Tasche, wenn sie die hat stehen lassen, und werfe schnell einen Blick hinein.« »Und dann?«, wollte ich wissen. »Ja nichts und dann, ich weiß dann, was drin ist, wenn ich genügend Zeit hatte, alles zu durchstöbern, und bei manchen geht das schnell, die haben ja nicht viel dabei, und dann ist gut.« – »Und schon mal etwas Interessantes gefunden, ein abgetrenntes Ohr oder Beute vom letzten Ladendiebstahl?« – »Das will ich dir nicht sagen.« – »Ach komm.« – »Nein, das wird mir jetzt wirklich zu intim.« – »Was, das wird dir zu intim, aber das Reingucken und Rumstöbern ist wohl nicht intim, das findest du wohl in Ordnung, oder wie? Weißt du, wenn ich dich erwischen würde, wie du … während ich einen frischen Saft …« Gregors weidwunder Blick machte mir schlagartig klar, dass es bereits zu spät war. Er hatte sich meine Tasche schon vorgenommen, vielleicht schon vor Wochen oder Monaten, während ich sie vertrauensselig hatte stehen lassen, um an die Bar oder aufs Klo zu gehen. Ich war schockiert und fühlte mich schlimmer blamiert als bei unserem Aerobic-Gehopse. In meinem Kopf raste ein Film mit allen möglichen Handtascheninhalten des letzten halben Jahres an mir vorbei, aber außer dass ich einmal vier Paar Wiener Würstchen statt in einer Plastiktüte in meiner Handtasche transportiert hatte, fiel mir partout nichts wirklich Kompromittierendes ein, wenn man die üblichen benutzten und zerknüllten Taschentücher, die lose herumfliegenden Tampons und die in der Seitentasche verstauten Kondome nicht mitrechnet. Ich nutzte also rasch Gregors Verlegenheit, um mir ein Pokerface übers Gesicht zu stülpen, und fragte weiter: »Wo ist dabei der Reiz?« Er beäugte mich einen Moment lang misstrauisch und holte dann aus: » Der Reiz liegt mehr in der Jagd als in der Beute. Bis ich überhaupt an die Handtaschen rankomme ... Bei manchen Frauen dauert es Monate, die treiben mich echt zur Raserei, wenn sie auf Schritt und Tritt ihre Täschchen mitnehmen und da einfach nichts zu machen ist. Bei vollkommen fremden Frauen funktioniert es manchmal auf Anhieb. Die gehen für fünf Minuten aus dem Zugabteil und lächeln mir noch freundlich zu, und lassen ihre Handtaschen stehen wie ein einziges großes Geschenk. Andere kennt man urlange und kommt trotzdem nicht zu Potte. Aber das Interessante an dem Ganzen ist, kaum habe ich hineingesehen, dann ist gut. Die Frau ist quasi abgehakt und interessiert mich nicht mehr. Ich sehe in keine Tasche zweimal.« Ich atmete innerlich auf: Wenn er sich nicht ausgerechnet den Tag mit den Würstchen ausgesucht hatte, war ich fein raus. »Und deine Frau?« – »Och, die ist nicht so ein Handtaschentyp.« Denkst du! »Das meine ich nicht, sondern wie findet sie deinen Tick?« – »Sie wusste es schon, bevor wir geheiratet haben, und muss irgendwie damit klarkommen.«

Ich kann sicher sagen, dass ich damit nicht klarkommen würde, aber ich bin zum Glück mit Gregor nicht verheiratet. Männern, die heimlich – oder auch nicht heimlich – dieses Buch lesen und auf die Idee kommen, sie könnten in den Taschen ihrer eigenen Frauen herumschnüffeln, sei Folgendes anheim gegeben: Lassen Sie sich bloß nicht dabei erwischen, denn es kann zu allerschlimmsten Zerwürfnissen führen, auch wenn Sie vielleicht glauben, Ihre Frau sei da nicht so verkrampft, eher der relaxte Typ und hätte nichts in Ihrer Handtasche, was keiner sehen darf. Falls es Sie allzu sehr plagt, dann seien Sie versichert, dass Kondome kein Grund zur Panik sind. Weiß der Kuckuck, warum sie die dabeihat, aber seien Sie doch froh. In Zeiten von Aids ist das allemal besser, als ohne aus dem Haus zu gehen. Falls Sie unbedingt einen Anhaltspunkt für Untreue, eine Affäre oder ein Doppelleben aufspüren wollen, gibt es viel belastendere Indizien: Streichholzbriefchen von Hotels in der Stadt, in der Sie wohnen. Fahrscheine, die zu merkwürdigen Uhrzeiten abgestempelt sind. Kreditkartenbelege, die zu brisant sind, um sie zu Hause abzuheften. Oder Schlüssel, die Sie noch nie gesehen haben.

Vieles verstehen könnte Juttas Ehemann Herbert in der Erzählung *Familienbande* von Sabine Grimm, wenn er den Handtascheninhalt seiner Gattin kennen würde. Der Text beschreibt den 80. Geburtstag eines weiblichen Familienoberhauptes, und die kurzen Schilderungen der Speisenfolge in der ländlichen Gaststätte sowie der missgünstigen Gedanken der anwesenden Personen werden unterbrochen von akkuraten Auflistungen des Handtascheninhaltes jeder Einzelnen. Dabei gibt der Inhalt der Handtasche, auch der Herrenhandtasche des Ehemannes, der Plastiktüte des elfjährigen Sohnes und des Plüschteddy-Rucksacks von Juttas 15-jähriger Tochter Melanie genauen Aufschluss über den jeweiligen Menschen und das, was ihn im Innersten – im wahrsten Sinn des Wortes – bewegt: Oliver ist noch ein kindliches Gemüt, aber mit einem Hang zum Sadismus, die Großmutter ist krank, schon lange abgeschoben und wird mit billigen Geschenken abgespeist, Melanie hat eine Essstörung, raucht und hasst ihre Mutter, Herbert ist ein analer Kontrollfreak, aber naiv, die ledige Waltraud hat ein Verhältnis mit dem katholischen Pfarrer, und Jutta ist gerade im Begriff ihren Mann zu verlassen. Deshalb trägt sie unter anderem ein aufgelöstes und daher gelochtes Sparbuch, ihre ganze Barschaft, zwei Flugtickets nach Miami, ein Englischlexikon und ein Kondom bei sich. Und da wundert Herbert sich noch, dass sie vom Telefonieren nicht zurückkommt.

Der Handtascheninhalt beschäftigt die Gemüter schon im zarten Alter. »The Punklolita« und »La villaine fille« bekennen unter www.antifan.ch, dass sie mit so vielen Anfragen zum Thema bestürmt wurden, dass sie sich nun »gezwungen sehen, einen Beitrag darüber zu schreiben«. Vermutlich kamen die verzweifelten »Anfragen« von ratlosen Jungs, denn an sie scheinen sich die folgenden Informationen zu richten: »Keine Sorgen musst du dir machen, wenn folgende Dinge in der Tasche deiner Freundin sind: Taschentücher, Schlüssel, Labello, Geld, Kaugummi, Discman plus guter Musik (versteht sich von selbst), irgendwelche Haarklammern/Nadeln, Feuerzeug, Zigaretten, Gras, Wasserflasche, Nivea Creme,

Flugblätter. – Sorgen solltest du dir bei folgenden Dingen machen: Jasskarten, Unmengen Schokolade (deutet auf Verzweiflung hin), Bewerbungsformular, um Tänzerin bei DJ Bobo zu werden, oder gar eins für die Miss-Schweiz-Wahlen, das neuste *Girl!-Extra,* die neue *Trance Superhits/Bravohits* oder sonstige so Hitzusammenschnitte, Frauenzeitschriften like *Sixteen* (böse Gerüchte sagen, dass es nicht nur von dieser Altersgruppe gelesen wird), eine Axt, Fotos von folgenden Personen/Gruppen: Westlife, Leonardo diCaprio, Sascha, Oli-Punkrock-P, Ricky Martin (Anm. der Macher: Brad Pitt befindet sich nicht in dieser Liste, da er schon in verschiedenen *Jackass-Folgen* gesehen wurde und daher einen Sympathie-Bonus besitzt.).« Übrigens: Wenn Ihnen in dieser Liste nur das Wort »Axt« etwas sagt, dann sind Sie für die »Frauensite« bereits zu alt, aber zum Glück nicht für dieses Buch.

Die gehobene Literatur spart das Thema »Handtascheninhalt« keineswegs aus, wie Herta Müller mit ihrer Kurzgeschichte *Mutter, Vater und der Kleine* beweist. Die Mutter ist eine Frau, die sich durch ihre Frisur, ihre Kleidung, schicke, aber zu enge Schuhe und dadurch, dass ihr Mann im Urlaub am Schwarzen Meer für das Abendessen im Hotelrestaurant (das beharrlich »Kantine« genannt wird) deplatzierterweise einen Anzug mit Krawatte tragen muss, als mehr ausgeben möchte, als sie nach Herkunft, Bildung und Sozialverhalten ist. Ihr wahres Wesen und das ganze Drama ihres Daseins offenbaren sich durch den Zustand ihrer Handtasche: »Mutter findet die Zimmerschlüssel nicht und stülpt die Handtasche um, und Vater ekelt es vor ihrer speckigen Brieftasche, ihrem ewig zerknüllten Geld, ihrem klebrigen Kamm, ihren ewig nassen Taschentüchern.« Der Vater, der das Kind hasst und es vor lauter Gleichgültigkeit sogar im Aufzug vergisst, hat der Mutter nichts mehr zu sagen. Die einzige menschliche Regung, zu der er sich fähig zeigt, ist seine auf die Kellnerin zielende Lüsternheit. Natürlich steckt alle Verachtung, die er für seine Frau empfindet, in der Feststellung, dass er sich vor dem Inhalt ihrer Handtasche ekelt. Diesen Inhalt gibt die Mutter in einer explosionsartigen Geste des Umstülpens preis, die einem spontanen Erbrechen gleichkommt. Die Zimmerschlüssel finden sich schließlich nicht in ihrer Handtasche, sondern in des Vaters Jackentasche, auch wenn die Mutter ansonsten in dieser desolaten Ehe die Hosen anzuhaben scheint, die Geldbörse verwaltet, die Kleiderordnung festlegt und die Urlaubspostkarten schreibt.

Die Nichtigkeit ihrer Existenz zeigt sich darin, dass sie außer Kamm und Geld lediglich die vom vielen stummen Weinen nassen Taschentücher mit sich herumträgt. Ihr mühsam durch Lockenwickler, Kleidung und zu enge Schuhe zusammengehaltenes Äußeres, ihre Fassade einer bürgerlichen, glücklichen Kleinfamilie, die sie durch den Text ihrer Urlaubspostkarten aufrechterhält – dies alles fällt in sich zusammen, wenn sie ihre liederliche, armselig bestückte und in bejammernswertem Zustand befindliche Handtasche öffnet und mit einem Schlag alles offenbart, was sich darin befindet. Herta Müller scheinen es Handtaschen angetan zu haben, denn sie hat auch den Band zum 11. Würth-Literaturpreis herausgegeben, der *Die Handtasche* heißt.

Im humoristischen Fach der Hochliteratur hat der Handtascheninhalt ebenfalls seinen festen Platz. So tut Jack in Oscar Wildes zeitloser Komödie *The Importance of Being Earnest* der indignierten Lady Bracknell kund, die ihn gerade auf seine Tauglichkeit als Heiratskandidat für ihre Tochter Gwendolen überprüft, dass er die Bekanntschaft von Mr. Thomas

Cardew erstmals »in a hand-bag« gemacht habe. »A hand-bag?«, ruft die entsetzte Lady, und Jack rettet die Situation keineswegs, indem er lang und breit die Beschaffenheit der Tasche erläutert: »Ja, Lady Bracknell. Ich befand mich in einer Handtasche, einer ziemlich großen, ledernen schwarzen Handtasche mit Griffen – einer ganz gewöhnlichen Handtasche eigentlich.« Und zudem noch genau angibt, wo sich diese schicksalhafte Begegnung abgespielt hat, nämlich in der Gepäckaufbewahrung von Victoria Station am Bahnsteig in Richtung Brighton. Lady Bracknell weist ihn zurecht: »Der Bahnsteig spielt keine Rolle. Mr. Worthing, ich muss gestehen, was Sie mir soeben eröffnet haben, hat mich ein wenig verstört. Wenn jemand in einer Handtasche geboren oder doch zumindest aufgewachsen ist, ob sie nun Griffe hat oder nicht, dann lässt das meiner Meinung nach auf eine Missachtung aller gängigen Anstandsregeln des Familienlebens schließen, das an die übelsten Auswüchse der französischen Revolution erinnert.« Ganz offensichtlich gibt es in Lady Bracknells Augen nichts Dubioseres als eine Herkunft aus einer Handtasche, also sprich die ungeklärte Herkunft eines Findelkindes. Und so dauert es noch gute anderthalb köstlich komische Stunden, bis sich herausgestellt hat, dass Jack eigentlich Ernst heißt, Lady Bracknells Neffe ist und einer Hochzeit mit der reizenden Gwendolen wirklich nichts im Wege steht.

Vorher allerdings spielt die Handtasche abermals eine entscheidende Rolle, denn Jacks/Ernsts Herkunft kann nur aufgeklärt werden, wenn die Handtasche nach 28 Jahren eindeutig als die identifiziert wird, in die die etwas verwirrte Miss Prism einst den Säugling statt eines Manuskripts, das sie in ihrer »knappen Freizeit verfasst hatte«, legte (und das Manuskript in den Kinderwagen bettete). Miss Prism betrachtet die Handtasche: »Ja, da ist der Kratzer, den sie in jüngeren, glücklicheren Tagen erhielt, als in der Gower Street ein Omnibus umstürzte. Hier ist der Fleck im Futter, den die Explosion eines antialkoholischen Getränkes verursacht hat, eine Begebenheit, die sich in Leamington ereignete. Und hier auf dem Schloss sind meine Initialen. Ich hatte ganz vergessen, dass ich sie dort einmal in einem Anfall von Extravaganz anbringen ließ. Es ist ohne Zweifel meine Handtasche. Ich freue mich außerordentlich, sie wiederzubekommen. Sie hat mir in all den Jahren doch sehr gefehlt.« Oscar Wilde, der sich bekanntlich mehr zu seinem eigenen Geschlecht hingezogen fühlte, muss ein tiefes Verständnis vom Räderwerk des weiblichen Geistes gehabt haben, denn sonst hätte er als Mann niemals so akkurat diesen Prozess des Wiedererkennens schildern können. Miss Prism identifiziert ihre Tasche zuerst anhand einer äußeren »Verletzung« (»injury« steht im Original), dann an einem Fleck im Innenfutter und ganz zum Schluss erst an ihren eigenen Initialen. Dass das Lebensglück von einem halben Dutzend Menschen von ihrer Aussage abhängt, tritt hinter der ihr viel wichtigeren Tatsache zurück, dass das Leben ohne ihre Tasche all die Jahre lang nicht dasselbe war: »It has been a great inconvenience being without it all these years.«

Die Ratgeberliteratur hält sich keineswegs zurück, wenn es um den Handtascheninhalt geht. Die Nonprofitorganisation Dress for Success, die sich die Jobvermittlung von Frauen zum Ziel gesetzt hat und ihnen für das Bewerbungsgespräch und den Jobanfang sogar das nötige Outfit zur Verfügung stellt, hat eine Liste mit Tipps zusammengestellt, in der für den Abend vor dem Vorstellungsgespräch zu folgender Präventivmaßnahme geraten wird: »Entscheiden Sie, was Sie in Ihrer Handtasche mitnehmen wollen und legen Sie es bereit. Nehmen Sie auf alle Fälle Schreibzeug und Papier mit sowie ein zusätzliches Paar Strumpfhosen.« Sicher ein ganz sinnvoller Hinweis, wie jede Frau weiß, die schon mal den ganzen Tag mit einer Riesenlaufmasche im Büro zubringen musste und die Strumpfhose nicht ausziehen konnte, weil es draußen bitterkalt war oder sie sich dummerweise schon seit drei Tagen die Beine nicht rasiert hatte. Leider fehlt aber der ganz dringend notwendige Hinweis, die Strumpfhosen so einzupacken oder zu verstauen, dass sie nicht am Spiralblock oder am Kugelschreiberclip hängen bleiben und in der Aufregung mit aus der Tasche gezerrt werden, wenn man gerade seine Schreibutensilien zücken will, um sich beflissen ein paar Notizen zu machen. Jede Wette, dass das noch blöder aussähe als eine Laufmasche, für die Männer interessanterweise ohnehin keinen Blick haben, da sie bei weiblichen Accessoires grundsätzlich unsicher sind und Laufmaschen im Zweifelsfall eher für ein asymmetrisches Muster im Strumpf halten.

Die Werbung hat ebenfalls das Thema Handtascheninhalt für sich entdeckt. So sieht man beispielsweise in der Fernsehwerbung für ein Mittel gegen Sodbrennen eine junge Frau in der Straßenbahn sitzen (und ich dachte immer die Zielgruppe für solche Magentabletten seien ältere Männer). Sie kramt in einer wirklich abscheulichen, billig wirkenden Handtasche und fördert eine Hand voll Kondome zutage, wobei sie sich halblaut fragt, ob sie auch genug dabeihat. Damit meint sie dann aber gar nicht die Kondome, sondern ihre Magentabletten, die sie ebenfalls aus den Tiefen ihrer Handtasche ans Tageslicht bringt. »Willst du auch?«, fragt sie ihr Gegenüber, eine andere junge Frau, bei der nun die Kamera offenbart, dass sie schwanger ist. Natürlich muss die Schwangere jetzt erstaunt gucken, weil die mit der hässlichen Handtasche ihr ein Kondom anbietet. Aber nein, die meint ja gar nicht die Kondome, sondern die Magentabletten, worauf sie sich befriedigt und selig lächelnd über ihren Kugelbauch streicht. Denn nicht nur können Schwangere keinen Sex mehr haben, sondern offenbar haben sie auch ständig einen übersäuerten Magen und müssen schrecklich rülpsen und brauchen daher diese Tabletten. Sie kommen aber wegen lauter hormonalem Durcheinander nicht auf die Idee, sich selbst solche Pillen zu besorgen und einzustecken, sondern müssen sich von Frauen, die noch über ein ausschweifendes Sexualleben verfügen, aber wohl ebenfalls immer schrecklich rülpsen müssen, obwohl sie nicht schwanger sind, welche borgen. So jedenfalls die etwas verdrehte Botschaft dieser Fernsehwerbung.

Noch schöner als im B-Movie, in der Hochliteratur oder der Werbung geht es in der Realität zu. Einige Männer sind ja wenigstens ehrlich, und just ein solcher saß unlängst vor mir und bekannte: »Es gibt nur zwei Dinge, über die sich Männer bei Frauen den Kopf zerbrechen. Das eine ist: Was reden Frauen, wenn sie zusammen aufs Klo gehen? Und das andere: Was haben Frauen in ihrer Handtasche?« Nicht nur verriet dieses Bekenntnis viel mehr über den betreffenden Mann als über die Frauen, die er vorgab, nicht ergründen zu können, sondern ich konnte zudem beide Fragen zügig beantworten. Zur ersten Frage: Es kommt nur noch in abgestandenen Herrenwitzen und in schlechten Filmen vor, dass Frauen zusammen aufs Klo gehen. Im wirklichen Leben tritt dieser Fall bloß ein, wenn sie so betrunken sind, dass sie sich gegenseitig stützen müssen, und was sie dann zusammen reden ist ohnehin komplett für die Katz. Zur zweiten Frage: Jede Frau hat ein Geheimnis, und das befindet sich in ihrer Handtasche.

Wer das nicht glaubt oder nicht kapiert, der sollte sich nicht wundern, wenn er irgendwann erfährt, dass seine Frau seit Jahren ein Tagebuch führt und es in ihrer Handtasche verbirgt. Oder dass sie sonst irgendwelchen komplett kompromittierenden Krempel tagein, tagaus mit sich in ihrer Handtasche herumschleppt, ganz einfach deshalb, weil sie nicht weiß, wohin sie damit soll, und weil sie den betreffenden Gegenstand einzig und allein dort in Sicherheit wähnt: Die Liebesbriefe des Seitensprungs (Grace Kelly in *Bei Anruf Mord),* das wichtige Schreiben eines Arztes oder einer Behörde (Enid in *Die Korrekturen),* Babys und Manuskripte (Miss Prism in *The Importance of Being Earnest),* Beweisstücke aus der Vergangenheit (die Großmutter in *Der Wolf)* – das alles ruht tief auf dem Grund der weiblichen Handtasche. Nur Männer sind so doof und versenken alles, was sie belasten könnte, auf dem Grund eines Sees, wo es ihre Frauen (Michelle Pfeiffer in *What Lies Beneath)* prompt finden.

Das alte Rein-Raus-Spiel

Frauen interessieren sich meist gar nicht für den Inhalt der Taschen von Männern. Sie wissen, dass Männer viel zu unsentimental sind, um etwas, das sie verraten könnte, aufzubewahren, geschweige denn täglich mit sich herumzutragen. Selten hat ein Mann einen so interessanten Handtascheninhalt wie die schicken Terroristen in Bret Easton Ellis' *Glamourama,* die Sprengsätze transportieren. In Eva Corinos Kolumne »Was haben Sie in Ihrer Tasche?« bringt Reiner von Klingebiel das so auf den Punkt: »Meine Mutter sagte immer: Reiner, den Charakter einer Frau erkennt man am Inhalt ihrer Handtasche. Bei den Männern ist das schwieriger, die haben nicht so viel dabei.« Da hat er wirklich Recht, denn beispielsweise guckte Eva Corino nur wenige Wochen zuvor einem Mann in die Tasche, der alte Zeitungen, Bananen und Kondome dabeihatte. Das lässt nun wahrlich keinen Rückschluss auf den Charakter des Trägers zu, dafür umso mehr auf seine Lebensweise.

Frauen haben zweifelsohne Interessanteres dabei als Männer, auch Aussagekräftigeres, vor allem aber mehr. Und deshalb stellt das Zurechtfinden in der Handtasche ein Problem dar. Wir alle kennen sie, die manischen Wühlerinnen ebenso wie die Kontrollfreaks, die zigfach prüfen, ob das, was sie glauben, in ihre Taschen getan zu haben, sich auch sicher drei Minuten später noch darin findet. Oder die organisierte Businessfrau, die mit einem Griff das Gewünschte aus ihrer generalstabsmäßig strukturierten Handtasche zutage fördert. In Hollywoodfilmen kommt gern die liebenswerte Chaotin vor (früher hätte sie Barbra Streisand gespielt, heute wird sie vermutlich mit Sandra Bullock besetzt), die ihre Handtasche komplett auskippt, um was auch immer zu finden. (Im Privatleben trägt Sandra Bullock übrigens meist eine sehr große Businesstasche der Marke Tod's und sieht hyperorganisiert damit aus.)

In einem ganz frühen Mickey-Mouse-Heft, dessen deutsche Ausgabe 1952 erschien, erfindet Donald Duck ein Handtaschensuchsystem für Daisy, indem er ihren gesamten

Handtascheninhalt etikettiert. Wir, die wir zur entsprechenden Altersgruppe gehören, haben jahrzehntelang die Erfahrung gemacht, dass das Weltwissen der 30- bis 50-Jährigen in den Donald-Duck-Geschichten gesammelt ist, und dass man eigentlich nie irgendetwas anderes hätte lesen müssen (wenn man nur die Geduld gehabt hätte, auf das nächste Heft zu warten, aber weil es daran mangelte, musste man dann doch Schopenhauer und Nietzsche und Heinrich Böll als Zwischenlektüre einschieben). Natürlich wundert es uns auch keineswegs, dass dieses Thema bei Donald bereits mit einer praktischen Lösung abgehandelt ist.

Da sein Suchsystem offenbar nie zum Patent angemeldet wurde, kommt es aber immer noch zu Szenen wie dieser, die meine Kollegin Martina mir erzählt hat. Ihre Freundin Jennifer suchte seit Wochen ihren Spiralblock, den sie in ihrer Handtasche glaubte. Sie kramte auf der Suche nach dem unentbehrlichen Block darin herum, und zwar wiederholt und, wie sie fand, durchaus systematisch, doch der Block blieb verschwunden. Bis zu dem Tag, an dem sie ihre Handtasche in der amerikanischen Botschaft durchleuchten lassen musste und auf dem Monitor deutlich die große Spirale ihres Blocks erkannte. Unten rechts.

Die allerbesten Geschichten schreibt eben doch das Leben. Kein Mann glaubt, dass sich so etwas zutragen kann, während jede Frau mindestens eine solche Geschichte selbst erlebt hat oder aus dem engsten Freundeskreis kennt. Und weil es kein Mann glaubt, hält er es für lustig, einen Witz darüber zu machen. Ich kann es Ihnen leider nicht ersparen: Der Ehemann kommt nach Hause und sagt: »Du siehst so erschöpft aus, mein Schatz!« – »Bin ich auch!« antwortet die Ehefrau. »Ich habe den ganzen Tag lang meine Handtasche aufgeräumt.« Oh, ahnungslose Männerwelt! Allen, die diesen Witz surreal finden, sei geraten, in der nächsten Videothek schleunigst den französischen Film *Die fabelhafte Welt der Amélie* auszuleihen. Amélies Mutter, der leider keine große Rolle beschieden ist, da sie rasch von einer herabstürzenden Selbstmörderin erschlagen wird, liebt es nämlich, den Boden zu wienern und ihre Handtasche aufzuräumen, indem sie sie komplett ausleert und neu packt. Durch dieses Verhalten, das möglicherweise nur knapp an einer Zwangsneurose vorbeischrammt, passt sie sehr gut zu ihrem Ehemann, der seinerseits eine gewisse Befriedigung daraus zieht, seinen Werkzeugkasten zu reinigen und alles darin neu zu ordnen. Wie sich die Bilder gleichen! Weil wir das überlegene Geschlecht sind, verkneifen wir uns Werkzeugkastenwitze jeder Art. Immerhin habe ich im Internet 69 Heimwerkerwitze gefunden. Ob das ein erstes Anzeichen dafür ist, dass wir Frauen witztechnisch zurückschlagen und damit auf ein ähnlich unterirdisches Niveau gelangen wie die Männer? Apropos Internet: Im World Wide Web führen wir mit 47900 Einträgen zum Thema Handtasche und weiteren 30 000 zur Pluralform, während der Werkzeugkasten es immerhin auf 36 600 Einträge im Singular und 3200 im Plural bringt.

Der Eingriff

Ich kenne wirklich keine Frau, die entspannt darauf reagiert, wenn sich jemand an ihrer Handtasche zu schaffen macht, sie öffnet und hineinsieht – oder womöglich darin herumkramt. Es ist egal, wie gut sie den anderen kennt, ob beste Freundin oder Ehemann, in dieser Sache versteht eine Frau überhaupt keinen Spaß. Sogar dort, wo es unumgänglich ist, nämlich bei einem Standard-Security-Check, zicken viele Frauen mächtig herum (denn nicht immer findet sich dabei ein längst verschollen geglaubter Spiralblock wieder): »Ist das wirklich notwendig?« »Muss das unbedingt sein?« Es ist, als hätte man sie soeben aufgefordert, sich in aller Öffentlichkeit splitternackt auszuziehen. Irgendwie sind diese Reaktionen ja auch verständlich, denn welche Frau hat schon parat, was sie akut alles mit sich führt. Das Flughafenpersonal ist vermutlich geschult, auch die absurdesten Gegenstände mit Schweigen zu quittieren, solange es sich nicht um Waffen handelt.

So musste ich mich jüngst dafür rechtfertigen, warum ich acht Lippenstifte dabeihatte, und jeden einzeln aufschrauben. Obwohl ich fand, dass alle acht vollkommen unterschiedlich waren, wollte das dem wachsamen Herrn an der Handgepäckkontrolle keineswegs einleuchten, und meine Erklärung, dass ich keinen Überblick darüber hätte, wie viele Lippenstifte ich in meiner Handtasche mit mir herumtrage, hat ihn ebenfalls keineswegs zufrieden gestellt. Das liegt natürlich daran, dass er keine Handtasche besitzt und vermutlich zu jeder Stunde des Tages genau weiß, was sich in seinen Hosentaschen befindet. Er ist eben ein Mann. Hinter mir hatte sich bereits eine Schlange von Geschäftsmännern formiert, die mit den Augen rollten oder mit ostentativ zur Schau gestelltem Genervtsein die Luft ausstießen. Den Gipfel bildete dann aber ein ungezogenes Kind, das seine Mutter fragte: »Mama, warum hat die Frau soooo viele Lippenstifte dabei?« Worauf die noch viel ungezogenere handgebatikte Mutter sagte: »Das weiß ich nicht, Schatz. Vielleicht will sie ganz besonders schön sein!«

Die Geschichte vom Spiralblock und die Geschichte von den acht Lippenstiften beweisen stellvertretend für viele andere, noch peinlichere Geschichten, dass man bei einer Handtaschenkontrolle vor Demütigungen niemals gefeit ist. Nach dem 11. September 2001 erlebte ich in Washington, dass die Sicherheitskontrollen in Gebäuden von Uniformierten durchgeführt wurden, die sich über eine Hand einen OP-Handschuh gestreift hatten und in der anderen einen Plastik- oder Holzstab hielten. Während sie mit der behandschuhten Hand die Taschen offen hielten, schoben sie mit dem Stab die Gegenstände darin zur Seite und lugten vorsichtig dazwischen. Sollte ein bestimmtes Objekt herausgenommen werden, wurde die Handtaschenbesitzerin dazu aufgefordert. Ich empfand dieses Verfahren als überaus rücksichtsvoll und stellte nicht nur an meiner eigenen, sondern auch an den Reaktionen anderer Frauen fest, dass diese zurückhaltende Form der Handtaschenkontrolle weniger einen Eingriff in die Intimsphäre darstellt, als wenn ein Wildfremder mit beiden Händen darin wühlt oder womöglich noch anfängt, sie vor den Augen anderer auszuräumen. Tatsächlich packt eine Frau lieber ihren Koffer aus, auch wenn er Berge von getragener Wäsche und zwei Sets Clairol-Hotrollers enthält, und blamiert sich damit, als dass sie möchte, dass der Inhalt ihrer Handtasche ausgebreitet wird.

Der Übergriff

Wie Lippenstifte, Dessous oder Schuhe sind Handtaschen zutiefst intime Gegenstände. Deshalb reagieren wir auch so empfindlich, wenn ein Mann sich unserer Tasche bemächtigt, auch wenn er nur gezielt die Konzertkarten oder die Streichhölzer sucht. Viele Männer respektieren die natürliche Grenze, die eine Frauenhandtasche darstellt, und würden niemals ungebeten hineingreifen oder gar anbieten, einem die Handtasche zu tragen (auch dann nicht, wenn es sich gerade um ein großes Modell handelt, in dem man ein achthundert Seiten starkes Manuskript und zudem drei Bücher mit dem ungefähren Umfang von *Krieg und Frieden* mit sich herumschleppt, und ein solches Angebot also durchaus einen gewissen Sinn ergeben würde). Anderen Männern wiederum ist diese Grenzüberschreitung gar nicht bewusst. Sie wundern sich dann, wenn sie mit Reaktionen konfrontiert werden, die denen eines Raubtiers, dem man zu nahe gekommen ist, nicht unähnlich sind, obwohl sie doch bloß nach einem Tempotaschentuch gefischt haben.

Selten geschieht es, dass eine Frau den Mann explizit zur Überschreitung dieser unsichtbaren Grenzen, die um die Handtasche gezogen sind, auffordert. Dazu muss sie schon in einer extremen Notlage sein (plötzliche Lähmung beider Hände) oder einen anderen triftigen Grund haben. Meine Freundin Bettina jedenfalls schien eine klare Absicht mit ihrer Geste zu verfolgen. Nach einer tragisch gescheiterten, längeren Beziehung gab es seit kurzer Zeit einen neuen Mann in ihrem Leben, und Bettina hielt den Zeitpunkt für gekommen, zu dem mein Freund und ich ihn kennen lernen sollten. Damit man auf neutralem Boden blieb, wurde ein nettes

Lokal in Berlin-Schöneberg ausgesucht. Jens und ich waren wie immer zu früh und saßen bereits seit einer Viertelstunde über unseren Weißweinschorlen, als Bettina und Thomas eintrafen. Wie immer in solchen etwas verkrampften Situationen ergab sich fürs Erste genügend Gesprächsstoff durch die Erörterung der Parkplatzsuche und des Angebots auf der Speisekarte. Nachdem wir bestellt hatten, ging es an eine möglichst zwanglose Befragung von Thomas nebst heimlich durchgeführtem Charaktercheck. Thomas (Anfang vierzig, Hochschuldozent, wenn auch für ein unverständliches Fach) schlug sich wacker, und zufrieden machten Jens und ich ziemlich viele Haken auf unserer imaginären Beziehung-mit-Bettina-Tauglichkeitsliste.

Die Lage entspannte sich zusehends, die zweite Runde Weißweinschorle traf mit dem Essen ein. Thomas gab eine gelungene Geschichte, die irgendwie mit seiner Arbeit zusammenhing, zum Besten. Es versprach, ein lustiger Abend zu werden. Doch dann wurde binnen Sekunden das zerstört, woran Bettina seit Wochen und Jens und ich immerhin schon seit anderthalb Stunden gearbeitet hatten. Thomas fragte nämlich nach dem Essen: »Wo sind denn die Zigaretten?« Bettina antwortete ihm: »Na, in meiner Handtasche.« – Und tat das Unfassbare: Sie nahm ihren roten Lederbeutel von der Stuhllehne und reichte ihn Thomas mit den Worten über den Tisch: »Darin kennst du dich doch aus.« Dem überaus verdutzt dreinschauenden Thomas blieb nichts anderes übrig, als den Beutel umständlich (und offensichtlich erstmals) zu öffnen und, aufgrund der Größe der naturgemäß unübersichtlichen Tasche, unerträglich lange nach den Zigaretten zu kramen, während Jens mir mehrfach unter dem Tisch gegen das Schienbein trat. Inzwischen hatte Thomas' Gesicht eine dunkelrote Farbe angenommen. Bettinas Stimmung wechselte innerhalb eines Augenblicks von heiterer Seligkeit zu gereizter Ungeduld. ›Wir müssen jetzt los‹, verkündete sie prompt und entriss dem armen Thomas entnervt den Beutel, den dieser immer noch verlegen auf dem Schoß hielt. Die Beziehung hielt nach diesem unvergesslichen Abend noch knappe zwei Wochen.

Alles im Griff?

Frauen kann das Innere ihrer Handtasche das komplette Universum ersetzen oder zumindest die zivilisierte Welt. Eigentlich könnte man dafür plädieren, dass die englische Redewendung »in a nutshell«, die eingestandenermaßen schon immer etwas sinnlos war, zu »in a handbag« umphrasiert werden sollte, aber damit wird sich dann wieder kein Mann identifizieren können. Frauen werden eben immer noch am besten von Frauen verstanden (weswegen »Frauenversteher« einst einen ziemlich ranghohen Platz in der *FAZ-Weicheiliste* einnahm, irgendwo in der Nähe von »Beckenrandschwimmer«), und wer sollte Frauen besser verstehen als Frauenzeitschriften? Es nimmt also nicht Wunder, dass www.brigitte.de unter der Überschrift »Hier finden Frauen einfach alles« eine ultimative ganzseitige Werbeanzeige schaltete, die in vielerlei Hinsicht ungeheuer aufschlussreich ist. Das Szenario ist auf den ersten Blick chaotisch: Am rechten Bildrand liegt eine elegante, aber recht businesslike Damenhandtasche, deren gesamter Inhalt sich offensichtlich gerade nach links über einen Holztisch ergossen hat. Am linken Bildrand erahnen wir die Besitzerin der Tasche, sehen von ihr aber nur eine manikürte, schmucklose, nicht mehr ganz junge Hand, die aus einem rot karierten Chanel-Jäckchen ragt und sich unverkrampft und beiläufig mit fünf Fingern auf den Tisch stützt. Die gesamte obere Hälfte des Bildes nimmt der Ausblick durch ein Fenster auf die Rollbahn eines Flughafens ein, woraus die geneigte Betrachterin die Weltläufigkeit der elegant gekleideten Geschäftsfrau ablesen möge. Nun aber zum schutzlos vor unseren Augen ausgebreiteten Handtascheninhalt. Es finden sich da: ein Handy, eine Puderdose, ein Lippenstift, eine Feng-Shui-Fibel, Weingummi (lose und in der Rolle), ein Flugticket, ein mit einer Adresse und einer Uhrzeit beschriebener Zettel, zwei Kreditkarten, eine sehr große, ganz schicke Geldbörse, ein Reisepass der Europäischen Union, ein Kinderschokolade-Überraschungsei, eine Streichholzschachtel vom Berliner Edel-Restaurant Bovril und eine Ausgabe der *Financial Times Deutschland*. Nachträglich in dieses Stillleben einmontierte Pfeile, die aussehen wie von der Benutzeroberfläche eines PCs, zeigen auf die einzelnen Gegenstände und kommentieren diese: »Shopping« steht neben den Kreditkarten, »Rezepte« verweist auf die Streichhölzer, »Lifestyle« steht lustigerweise neben dem Feng-Shui-Handbuch, das Handy ist mit »Chats« markiert, der Lippenstift mit »Kosmetiktipps« und der Pfeil, der auf das Überraschungsei zeigt, ist mit »Diät« beschriftet.

Leicht zu entziffernde Symbole für Internationalität und Weltgewandtheit wie »Flughafen« und »Internet« werden in dieser Werbeanzeige mit einem starken Sinnbild für weibliche Intimität kontrastiert, dem Inhalt einer Handtasche, der nicht ganz so anonym bleibt, wie es zunächst scheint, denn immerhin sehen wir die Hand der Besitzerin, wenn auch nicht ihr

Gesicht. Doch tut sich zwischen dem Extrovertierten, für das das Rollfeld und die verschwommen im Hintergrund erkennbare Gangway von »Gate 16« stehen, und dem Introvertierten der ihr Inneres nach außen gekehrten Handtasche kein Widerspruch für die Frau auf, denn die Anzeige sagt weniger »Seht mal, wo wir Frauen überall herumkommen« als vielmehr: »Alles, was ich brauche, habe ich noch immer in den vier Wänden meiner eigenen Handtasche gefunden.« Aber es kommt noch schlimmer. Selbst wenn die Ikonografie der *Brigitte* über den Horizont der eigenen Handtasche hinausgeht, kommt nichts Vernünftiges dabei heraus, denn alles, was Frauen brauchen, scheinen noch immer dieselben Dinge wie schon vor 2000, 500 oder 100 Jahren zu sein: der Tratsch (»Chat«), eine Anleitung zum Schönmachen (»Kosmetiktipps«), eine Aufforderung zum Schlanksein (»Diät«), Hilfestellungen beim Schaffen eines behaglichen Heims für Mann, Kinder, Gäste (»Lifestyle«, »Rezepte«) und das Einkaufen (»Shopping«). Was könnte auch sonst zum weiblichen Universum gehören? Wie wäre es mit »Karrieretipps« statt »Kosmetiktipps«, was spricht gegen »Börsenkurse« anstelle von »Rezepte«, warum nicht »Fortbildung« statt »Chats« auf der Website einer engagierten Frauenzeitschrift? Und warum hat sie kein Filofax, sondern muss sich Termine auf einem abgerissenen Zettel notieren (oder hat ihr vielleicht ein Mann ein Date zugesteckt?). Nichts Neues unter der Sonne. Wir sollten uns nicht wundern, wenn diese Frau ihr Flugzeug gerade verpasst hat, wenn sie ihre Prioritäten so setzt: An der Gangway von »Gate 16« klafft nämlich nur noch eine große Leere an der Stelle, wo einmal das Vehikel stand, das den Aufbruch in eine erfolgreiche Zukunft oder zumindest zum nächsten Termin versprach.

Große Taschen, böse Mädchen

Als ich vor kurzem in einer geselligen Runde verkündete, dass ich an einem Buch über Handtaschen schreibe, platzte es aus einem mir bis zu jenem Zeitpunkt unbekannten Menschen namens Jörg heraus, dass er die »Offenheit« einer Frau immer an ihrer Handtasche ablesen könne. Vor meinem geistigen Auge sah ich Sigmund Freud ein paar ganz tiefe Züge an seiner Zigarre nehmen und fragte Jörg, ob er mir das näher erläutern könne. »Na klar«, meinte er, »so eine große, oben offene Tasche signalisiert, dass die Frau, die damit in eine Bar marschiert, zumindest gesprächsbereit ist, meist aber einem Flirt nicht abgeneigt, und oft kriegt man sie sogar schnell rum. Wenn eine hingegen so ein kleines, zugeknipstes Täschchen bei sich hat, das sie dann auch noch den ganzen Abend bewacht, neben sich auf die Bar stellt oder womöglich auf ihrem Schoß hält, dann ist da nicht viel zu machen.« Am schlimmsten seien Frauen ohne Handtaschen, weil sie nur sehr schwer einzuschätzen sind. »Manchmal sind das so Mannweiber, so burschikose; manchmal haben sie aber auch alles, was sie so brauchen, in ihrer Manteltasche und sind noch toller als die mit den großen Shoppern. Aber egal wie, denen ist meistens nicht zu trauen.«

Natürlich fand ich das alles hochspannend, und Jörg, ein Fotograf, der in jeder Hinsicht schon viel herumgekommen war, schien mir in dieser Angelegenheit eine gewisse Glaubwürdigkeit zu besitzen. Ausgemachte Schlampen hätten immer Riesentaschen dabei, deren innerer Zustand – schließlich seien die fast immer offen oder werden geöffnet, sodass man sich ungestört darin umsehen könne – meist zugleich verrät, wie es bei ihnen zu Hause aussieht und was sie noch so vorhaben. Bei dieser Bemerkung schoben meine Freundin Bea, die Jörgs Kollegin ist und ihn mitgebracht hatte, und ich unsere Riesentaschen vorsichtig mit der Fußspitze unter den Tisch. In der Schlampenecke wollten wir dann doch nicht gleich stehen, nur weil wir wieder aus alter Gewohnheit ordentlich viel eingepackt hatten oder auf den neu ausgerufenen Trend hereingefallen waren, dass Oversize-Taschen den City-Nomaden-Look komplettieren würden und ein ganz besonderes *must* seien. Aber auch Susanne, die wie immer nur ihren Autoschlüssel und ein kleines Portemonnaie auf den Kneipentisch gelegt hatte, begann unruhig auf ihrem Stuhl hin und her zu rutschen. Vermutlich wünschten wir uns alle in diesem Moment, wir hätten eine kleine, verkniffene Tasche dabei, die Jörg unmissverständlich suggerierte: Hier ist nichts zu holen.

Während ich ihm noch fasziniert zuhörte, fielen mir die Folgen aus *Ally McBeal* ein, in denen Kimmie ihre Auftritte hat. Kimmie ist eine überkandidelte Zicke, die immer in Begleitung ihrer Mutter unterwegs ist. Zudem verklagt sie ständig alles und jeden (nur noch übertroffen von Ling), weil sie sich dauernd ungerecht behandelt fühlt und den Fehler dafür, dass sie keine Dates bekommt, grundsätzlich bei anderen sucht. Wann immer man Kimmie sieht – ob im Gerichtssaal oder im Besprechungszimmer der Kanzlei –, steht vor ihr ihre Handtasche. Die Handtasche ist nie dieselbe, sondern immer farblich und im Muster genau auf Kimmies Kostüme abgestimmt. Sie parkt diese rosa, mintgrünen, babyblauen, hellgelben, oft schachtelförmigen Taschen mit den goldenen Kettchen vor sich auf dem Tisch, als seien sie ihre stärksten Argumente und zugleich ihre Schutzschilde gegen die böse Welt, die ihr in Gestalt von Richtern oder der Gegenpartei gegenübersitzt. Durch Jörgs Ausführungen wurde mir plötzlich klar, was diese immer zugeknipsten, oft sogar bastionsartig durch Schlösser, Schnallen, Reiß-, Schnappverschlüsse und Applikationen gesicherten Handtäschchen uns mitteilen sollen: Kimmie ist eine Hysterikerin, und zwar eine jungfräuliche. Dies kommt dann tatsächlich im Verlauf einer der Gerichtsverhandlungen ans Licht. Sie hat schon zeitlebens das kleine Büchschen so strikt verschlossen gehalten, dass sie ganz närrisch darüber wurde und annimmt, alle wollen ihr nur an die Wäsche. Um sich dagegen zu feien, nimmt sie zu allen Verabredungen mit Männern (sogar zum Tanzen) ihre Mutter mit, was natürlich potenzielle Interessenten derartig stark verschreckt, dass sie die Flucht ergreifen und Kimmie fürderhin fern bleiben. Worauf Kimmie sie verklagt, denn natürlich will sie nichts lieber als einen festen Freund. So hat sie sich in einen Teufelskreis begeben, den sie kaum wird durchbrechen können. Aber vielleicht wäre eine andere Handtasche schon mal ein Anfang.

Während Jörg sich in statistischen Erhebungen erging, wie oft er mit seiner Theorie schon richtig gelegen hätte, fielen mir alle möglichen Episoden aus dem richtigen und dem erfundenen Leben ein, die seine Thesen untermauerten. Beispielsweise ist es doch so, dass, wann auch immer in einem Hollywoodfilm die Hure mit Herz zu besetzen ist, sie eine Riesenumhängetasche mit sich herumträgt. Nicht nur das, sondern das Ungetüm steht ständig klaffend offen. Julia Roberts ist in *Pretty Woman* mit einem solchen Ding mindestens ebenso gestraft wie mit ihrer blonden Pagenkopfperücke. Zum Glück wird sie beide noch in der ersten Hälfte des Filmes los. Und dann natürlich Sharon Stone in dem uncharismatischen Remake von John Cassavetes Klassiker *Glo-*

ria. Auch wenn »La« Stone in Sidney Lumets Version keine Gena Rowlands ist, trägt sie ihre riesengroße Ledertasche, ihre superkurzen Minis und ihre schwindelerregend hohen Riemchensandalen mit einer Entschlossenheit, die einem signalisiert, dass diese Frau notfalls über Leichen geht, um das Leben des kleinen Nicky zu retten, für den sie sich verantwortlich fühlt und den sie in ihr Riesenherz geschlossen hat.

Da sie gerade aus dem Gefängnis entlassen und noch auf Bewährung ist, hat Gloria keine Bleibe und lebt quasi aus ihrer Wahnsinnstasche. Toll ist, dass sie nie darin herumkramen muss, obwohl sie ihren gesamten Besitz in diesem einen Behältnis aufbewahrt. Mit einem Griff holt sie das Bestechungsgeld für den Apotheker, aber, wenn es sein muss, auch ihre beeindruckende Knarre daraus hervor. *Cool as a cucumber.* Gar nicht mehr cool, sondern genuin verzweifelt ist Gloria, als sie den kleinen Nicky auf einem unübersichtlichen Flohmarkt, wohin sie vor ihren Verfolgern mit ihm geflohen ist, verliert und er den ganz bösen Jungs in die Hände fällt. Sie läuft den Kidnappern zunächst noch hinterher, erkennt dann die Ausweglosigkeit ihrer Situation, wirft ihre Tasche frustriert zu Boden, geht noch einige Male wütend auf und ab und setzt sich schließlich resigniert auf eine Bank, während hinter ihr das bunte Flohmarkttreiben weitergeht. In diesem Moment fährt die Kamera himmelwärts, wir sehen Gloria klein und verloren von oben, und ihre riesengroße Handtasche steht gute vier bis fünf Meter von ihr entfernt auf dem Bürgersteig. Winzig und zusammengesunken steht die Tasche da, ein guter Gefährte, der versagt hat, ebenso wie die Frau, die er begleitet. Die Isoliertheit dieser beiden Individuen – Glorias und ihrer Tasche – vor der Kulisse des geschäftig heiteren Flohmarkts ist ein wunderbar sensibles Bild großer, existenzieller Verzweiflung.

Eine Wendung zum Guten nimmt der Film, als Gloria von ihrer Freundin und ehemaligen Arbeitgeberin, einer Puffmutter, so ausgestattet wird, dass sie bei einem Exlover vorsprechen kann. Die Straßenstrichklamotten seien indiskutabel, meint die Dame vom Fach, und verpasst Gloria als ehrbares Outfit ein beiges Kostüm mit Pelzkragen, das aber ebenso ordinär kurz ist wie ihr Flittchenfummel, und neue Schuhe, deren Absätze genauso hoch sind wie die ihrer Sandalen. Das Einzige, das sich verändert, ist die Handtasche: Sie ist sehr, sehr viel kleiner geworden.

So zurechtgemacht, trifft Gloria ihren Ex, der jetzt den Paten und väterlichen Freund heraushängen lässt, beim Pferderennen, und – wie sich die Bilder gleichen – war es nicht beim Polospiel, als Richard Gere sein Freudenmädchen Julia Roberts in die bessere Gesellschaft einführen wollte? (Ein Schuss, der trotz bravem Kleid und Hut und trotz kleiner Handtasche wegen der Avancen eines schmierigen Unsympathen gründlich nach hinten losging.)

Mich musste Jörg nach diesen Überlegungen, die ich während seiner Erläuterungen anstellte, wahrlich nicht mehr überzeugen, so einleuchtend fand ich das alles. Die Mädels hingegen konnten sich auf dem Nachhauseweg in Susannes Auto gar nicht mehr beruhigen. »Was ist denn das für einer!«, entfuhr es Susanne. »Was wohl den Typen noch alles Absurdes einfällt, woraus sie die angebliche Flirtbereitschaft oder den Rumkrieg-Index einer Frau ablesen wollen. So ein Schmarrn.«

»Tut mir Leid, dass ich den mitgebracht habe«, meinte Bea kleinlaut. »Obwohl, wenn ich so über alles nachdenke; vielleicht ist es gar nicht so blöd. Mein erster richtiger Freund nämlich, ein Typ namens Horst – jetzt reißt euch doch mal zusammen und wiehert nicht immer gleich los –, also mit dem hatte ich mal ein Erlebnis, das würde nämlich auch in dieses Theoriegebilde passen. Ich war damals 16 und noch Jungfrau, und in dieser Clique um Horst waren lauter Mädchen, die irgendwie schon weiter waren, und man spürte denen förmlich an, dass die mit ihren Freunden schon geschlafen hatten, die hatten irgendwie so ein selbstbewusstes Auftreten, während ich mich immer noch ganz kindlich fühlte. Na ja, auf jeden Fall saßen wir eines Abends alle bei so einer Art Stammtisch in der Dorfkneipe, und Horst machte vor seinen Kumpels lauter so Sprüche, als ob wir auch schon Sex gehabt hätten, und irgendwann sagte dann sein Freund Armin: ›Ach, wen willst denn du beeindrucken, da muss ich mir nur Beas Beutelchen ansehen, um zu wissen, dass mit der nichts läuft.‹ Natürlich hat mich das umso mehr getroffen, weil es wahr war. Das war ganz schrecklich.«

»Aber das Beutelchen, was hatte es denn damit auf sich?«, wollte Susanne wissen. »Ach so, ja, richtig, also das Beutelchen war ein ganz winzig kleines Ding aus dem Indien-Shop, aus lila Satin mit einem Tunnelzug zum Zuziehen. An den Beutel hatte ich eine lange lila Schnur aus glänzendem Garn angehäkelt, und das band ich mir um die Hüften. Ich fand Handtaschen damals unpraktisch, doof und tussenhaft, und die kamen mir schon so erwachsen vor. Aber natürlich musste ich auch meinen Fahrschein und meinen Hausschlüssel und Tampons und Tempotaschentücher irgendwo rein tun, wenn ich gerade mal keine Jeans und keine Jacke mit Taschen anhatte, also vor allem im Sommer, und so kam ich auf den kleinen Beutel.« – »Und jetzt lass mich mal raten«, sagte Susanne. » Du hast den kleinen Satinbeutel an diesem Abend das letzte Mal um die Hüften gehabt und dir stattdessen eine Handtasche zugelegt, stimmt's?« – »Ja, schon am nächsten Tag«, gab Bea zu. »Meine Mutter hat das echt glücklich gemacht. Sie hat mir sogar das Geld dafür gegeben.«

Kleine Taschen, böse Mädchen

Mein von Jörg an diesem Abend initial gezündetes Handtaschen-Weltbild nahm allmählich Gestalt an. Kleine, fest verschlossene Taschen standen also für Unerfahrenheit, nicht nur für Unwilligkeit oder Prüderie. Das muss nicht automatisch unsexy sein, wenn man nur mal wieder an die berühmte Kelly Bag denkt, die zwar nicht sehr klein ist, dafür aber mit ihrem martialischen Verschluss deutlich signalisiert, dass alles darin tabu ist, und die so natürlich vortrefflich zu ihrer jungfräulichen, unberührten Namensgeberin passt. Nur ein Keuschheitsgürtel dürfte ähnlich kompliziert zu öffnen sein wie diese Handtasche. Mit einer am Schulterriemen übergeworfenen Tasche, womöglich einer, in der sie noch ihren Daumen einhakt, können wir uns die göttliche Grace gewiss nicht vorstellen. Das wäre frivol. Der Kelly Bag haftet trotz ihrer vornehmen Distanziertheit dennoch ganz und gar nichts Lustfeindliches an und der kühlen und überlegenen Grace Kelly ebenso wenig. Ganz im Gegenteil gibt diese Frau – unterstützt durch ihre Tasche – eine der größten Aufforderungen und Verheißungen, derer Frauen überhaupt fähig sind: Erobere mich, und du wirst der Erste sein.

Das klitzekleine Abendtäschchen – vielleicht noch in Kombination mit dem entsprechenden Kleid – verheißt hingegen schnellen, unproblematischen und folgenlosen Sex. So vermag Jennifer Aniston in der Hollywoodkomödie *Der gebuchte Mann* erstmals dauerhaft die Aufmerksamkeit von Kevin Bacon auf sich zu lenken, als sie bei einer Büroparty der Werbeagentur, bei der beide arbeiten, in einem neuen winzigen Etwas von Abendkleid und einem dazu passenden Miniaturtäschchen auftaucht, das nicht größer ist als ein zusammengeknülltes Papiertaschentuch. Der Märchenprinz gibt ihr schon bald ein eindeutiges Zeichen, worauf beide zusammen verschwinden, und zwar erst einmal zum Fastfood-Chinesen (wo er bezeichnenderweise nichts isst, aber ihr beim Essen zusieht). Dort thematisiert sie sein plötzliches Interesse an ihrer Person und führt es auf das Kleid zurück. Aber nein, nein, so beteuert er, es ist nicht das Kleid …

Kevin Bacon bleibt uns eine Erklärung schuldig, warum er Jennifer Aniston, die er jeden Tag im Büro vor Augen hat, gerade in dieser Nacht so begehrenswert findet, dass er auf der Stelle »schönen, schmutzigen Sex« mit ihr haben will, aber tatsächlich gibt die Handtasche hier den entscheidenden Hinweis. Sam (Kevin Bacon) hat nämlich Kate (Jennifer Aniston) schon früh im Film klar gemacht, warum ein Rendezvous nicht infrage kommt: Sie sei ein gutes Mädchen, und er will sich nur mit bösen Mädchen verabreden. Der Abend, an dem sie ein Kleid trägt, das für Unterwäsche – egal wie marginal – keinerlei Raum lässt, und eine Handtasche, in der sie noch nicht einmal das Geld fürs Taxi nach Hause untergebracht haben kann, ist für ihn ein deutliches Signal, dass sie vielleicht doch auf der Seite der bösen Mädchen oder – sagen wir es ruhig – der Schlampen steht. Kate ist in dieser Komödie als promisker Single angelegt, was sie nicht müde wird zu thematisieren und wovon eine stattliche Liste von Verflossenen zeugen soll.

Es hätte allerdings genügt, sich ihre Handtaschen anzusehen: Jeden Tag trägt sie eine andere. Die wechselnde Handtasche ist so sehr Teil ihrer Persönlichkeit, dass sie ihrer Mutter (!) sogar am Telefon über ihre Tasche Auskunft gibt, als diese von Kate wissen will, was sie zu einem bestimmten Anlass getragen hat: »Blumenkleid, Schlangenledersandalen, Perlentasche.« Nicht von ungefähr lautet die Antwort auf die nächste Frage der Mutter: »Diaphragma, Schwämmchen, Gummi.« Leider endet dieser sympathische Film ganz und gar brav, und es steht zu befürchten, dass Kate nicht nur, wie bereits in der letzten Szene geschehen, ihre unverschämt kurzen Röcke und Kleidchen dauerhaft gegen etwas sittsam Wadenlanges eintauscht, sondern dass sie vielleicht sogar bei ein und derselben Handtasche bleiben wird, denn – so tut sie Sam mit einem züchtigen Abschiedsküsschen kund – sie gehört doch nicht zu den bösen Mädchen, sondern ganz entschieden zu den guten. Schade eigentlich.

Seltsame Taschen, böse Mädchen

Frauen, denen ganz und gar nicht zu trauen ist, tragen meist merkwürdige Handtaschen mit sich herum, so zum Beispiel Allegra Geller, die Computerspiele-Entwicklerin in David Cronenbergs Film *eXistenZ*. Ihr ekliges Bioport, das sie sich in die Wirbelsäule stöpselt, und ihre restlichen, vermutlich ebenso unappetitlichen Utensilien trägt sie in einem großen, blauen Plastikskistiefel mit sich herum, den sie sich mit einem breiten Nylongurt über die Schulter gehängt hat. Das sieht nicht nur befremdlich aus, wirkt außerdem schwer und unpraktisch, sondern birgt zudem noch einen eigenartigen Querverweis zur späteren Handlung. Nachdem Jude Law sie nämlich vor einem Attentäter gerettet hat, bringt er sie in ein obskures Laboratorium, wo ihr lädiertes Bioport repariert werden soll. Dieses Laboratorium befindet sich ausgerechnet in einem stillgelegten Skilift. Sperrig und schwierig zu handhaben wie ihre Handtasche ist auch Allegra Geller selbst, und eigentlich weiß man bis zum Schluss nicht, ob sie zu den Guten oder zu den Bösen gehört. Hätte Jude Law sich gleich ihre merkwürdige Handtasche genauer angesehen, dann hätte er es sich vielleicht doch noch einmal anders überlegt mit seinem Angebot, ihr zu helfen.

Auf den ersten Blick ein böses Mädchen – wenn auch mit einem Herz aus Gold – ist Shirley MacLaine als die Prostituierte Ginny Moorhead in Vincente Minnellis Film *Verdammt sind sie alle* von 1958. Und ihre Handtasche ist an Merkwürdigkeit kaum noch zu überbieten: Es ist ein großer schmuddeliger Stoffhase mit langen Ohren und einem Reißverschluss am Rücken. In diesem eigenartigen Behältnis wühlt sie hin und wieder herum, wobei der Hase ganz traurig die Löffel hängen lässt, wenn er am Rücken auf- und zugezogen wird. Die seltsam kindliche Tasche hätte Frank Sinatra wenigstens einen Hinweis darauf geben können, dass die gute Ginny alles andere als ein ausgekochtes Flittchen ist, sondern eher gutmütig bis zur Lebensgefährlichkeit. Prompt wird sie von einem Schurken erschossen, wenige Augenblicke, nachdem Frank Sinatra ihr einen Heiratsantrag gemacht hat. Wahrscheinlich konnte er sich ein Leben an der Seite einer Frau mit einer Hasenhandtasche dann doch nicht vorstellen.

Keine Handtasche, ganz böses Mädchen

Natürlich ließ mich auch nicht mehr los, was Jörg über Frauen ohne Handtaschen gesagt hatte. »Nicht zu trauen« sei denen. Zu Hause angekommen, beschloss ich, einen guten alten Freund aus Studienzeiten namens Didi anzurufen, der in Köln lebt und dort bekannt ist wie der sprichwörtliche bunte Hund. Ein Anbaggerer und Abschlepper wie aus dem Bilderbuch. Da ich schon mehrfach Zeugin seiner durchschlagenden Wirkung auf Frauen geworden war, konnte ich mich auf sein Praxiswissen verlassen. (Ich kenne Didi schon seit über 15 Jahren, habe nie etwas mit ihm gehabt und finde ihn weder gut aussehend noch charmant und schon gar nicht besonders aufmerksam, da er meist nicht richtig zuhört, dafür aber viel von sich erzählt. Aber mein Männergeschmack steht hier ja nicht zur Debatte.)

Trotz des deutlich fortgeschrittenen Abends, immerhin war es schon nach 23 Uhr, konnte ich sicher sein, Didi zum einen wach und zum anderen noch zu Hause anzutreffen. Seine Beutezüge begannen erst gegen Mitternacht. »Didi«, fing ich in medias res an, »was fällt dir zu Frauen ein, die ohne Handtasche unterwegs sind?« – »Einiges«, erwiderte Didi, während ich mich genüsslich in meinem Sessel zurücklehnte. Hatte ich es mir doch gedacht. »Die sind meist auf was aus. Tanzen gehen und so. Einem näher kommen. Auch mehr. Das signalisieren sie dir, indem sie beide Hände frei haben und sich nicht an einem Zickentäschchen festhalten – oder einen umständlichen Aktenkoffer mitschleppen wie du immer, Ally.« – »Können wir bitte beim Thema bleiben?« »Aber das ist doch das Thema. Diese Frauen wirken ganz anders als du. Nicht so geschäftsmäßig. Bei denen ist gleich klar, dass sie nichts bindet oder behindert – jedenfalls nicht an diesem Abend. Du hältst dich hingegen immer an deiner wasser- und auch sonst alles abweisenden Laptoptasche fest.« »Dafür habe ich auch eine richtige Arbeit«, giftete ich zurück. – »Haben diese Frauen auch.« – »Ach ja, und was sind die dann so?« – »Also eine war Hebamme und eine andere Frauenärztin, eine hat in einer Werbeagentur gejobbt, eine hat Jura studiert, eine BWL, eine war Sozialarbeiterin, eine Lehrerin …« Etwas verstört hängte ich auf und blieb in meinem Sessel hocken. So war das also. Die Männer dachten, meine schöne neue Mandarina-Duck-Laptoptasche, die mir in der Tat derzeit die Handtasche ersetzte, stünde zwischen uns. Zwischen mir und einem Flirt. Zwischen mir und meinem Liebesleben. Ally hatte Didi mich genannt. O Gott, Ally McBeal. Es gab wohl kaum eine schlimmere Assoziation. Rasch ließ ich alle meine Anwaltsfreundinnen im Kopf Revue passieren und stellte fest, dass auch sie ausnahmslos große Mandarina-Duck-Umhängetaschen oder riesige lederne Bree-Aktentaschen besaßen. Ich musste mein Image retten und meine gute Laune. Jetzt sofort! Auf der Stelle! Es war Viertel vor zwölf, aber es war noch nicht zu spät. Ich kramte die Einladung zum Geburtstagsumtrunk meiner ehemaligen Kollegin Anouschka aus dem Altpapierstapel. »Ab 22 Uhr in der Bar vom Savoy-Hotel.« Na also. Ich steckte einen 50-Euro-Schein in die Dose mit den Fisherman's Friends und diese in die linke Manteltasche. Lippenstift, Puderdose und Monatskarte in die rechte Manteltasche. Ein Glück, dass Winter war und ich diesen Mantel anziehen musste. Noch ein sauberes Stofftaschentuch in die linke Manteltasche und die Brille in die rechte. Und mein Schlüsselbund? Slipeinlagen? Personalausweis? Pfefferspray? Labello? Wohin damit? Wie machten diese rheinländischen Didi-Superfrauen das nur? Vor allem bei dieser scheißengen Mode. Ich stand vor dem Spiegel und kriegte den Mantel nicht zu, weil die Taschen unförmigst ausgebeult waren. Inzwischen war es fünf vor zwölf. Gleich würde es zu spät sein. Ich zerrte das meiste wieder aus den Taschen, bis nur noch der Lippenstift, die Fahrkarte und der Geldschein übrig blieben und ich den Mantel schließen konnte. Dann pulte ich Haus- und Wohnungsschlüssel unter unsäglichen Flüchen und Verlust eines Fingernagels vom Schlüsselring und rannte zur U-Bahn Richtung Zoo.

Wie zu erwarten, war Anouschkas Feier schon gut in Fahrt, hatte aber den Höhepunkt noch lange nicht überschritten, das heißt, sie war noch nicht in der Phase angelangt, in der sich die ersten Gäste schon wieder verabschieden. Ich stürzte in die Bar des Savoy, fetzte mir Mantel und Schal vom Hals, gratulierte Anouschka, denn inzwischen war es ihr Geburtstag und nicht mehr der Vorabend, und bekam ein Glas Champagner in die Hand gedrückt. Und da stellte es sich mit einem Mal ein. Dieses ganz merkwürdige Gefühl, nichts dabeizuhaben, woran ich mich festhalten konnte. Zum Glück gab es das Champagnerglas. Ich ging drei Schritte zurück und stützte mich mit der Hand auf die Rückenlehne eines Clubsessels, zumindest dachte ich das, es stellte sich aber heraus, dass es dummerweise der Kopf eines darin sitzenden Mannes war. Schon hatte ich – taschenlos wie ich war –

meinen ersten Kontakt an diesem Abend geknüpft. Um halb fünf Uhr morgens war ich eine der Letzten, die ging.

Da ich mich zwischen meinen beiden neuen Verehrern, dem Mann aus dem Clubsessel und einem anderen, den ich ebenfalls dort erst kennen gelernt hatte, nicht entscheiden wollte (oder konnte), ließ ich beide schließlich sitzen und sprang glücklich vor dem Hotel in ein Taxi. Ich kannte nur ihre Vornamen. Und sie meinen. Wir hatten noch nicht einmal Visitenkarten ausgetauscht. Wie auch. Ich hatte keine dabei, und die der beiden Herren hätte ich nirgendwo verstauen können. Wenigstens musste keiner von uns dreien so tun, als hätte unsere Unterhaltung noch irgendeinen geschäftsmäßigen Hintersinn, wenn es doch in Wirklichkeit einfach nur darum ging, einen netten Abend zusammen zu verbringen. Nett war er wirklich, und dazu barg er noch eine ganz neue Erfahrung. Ich bin mir nämlich sicher, dass ich mich, mit meiner Tasche bewehrt, an die bekannten Gesichter gehalten hätte. Ich hätte mich mit all denen prächtig unterhalten, die ich ohnehin schon kannte, und so ganz nebenbei noch drei bis fünf geschäftliche Dinge geklärt, ohne dass das jemandem komisch vorgekommen wäre. Auf gar keinem Fall hätte ich einem Fremden mit der flachen Hand auf den Kopf gefasst, weil ich gar nicht auf die Idee gekommen wäre, bei irgendetwas anderem als bei meiner Tasche Halt zu suchen. Und ich hätte – aus demselben Grund – viel, viel weniger Champagner getrunken.

Am nächsten Morgen kam ich nicht aus dem Bett. Als es dann endlich so weit war, musste ich sehr lange unter der Dusche stehen, um wieder wie ein Mensch auszusehen. Wie das die Hebamme, die Frauenärztin und die Jurastudentin hinkriegen, weiß ich nicht. Aber vielleicht hat ihnen Didi ja einen Hormonschub verpasst, oder es liegt am Klima in Köln. Als ich aus der Dusche kam, hockte meine große Mandarina Duck schmollend in einer Ecke im Schlafzimmer. Ich tätschelte sie beschwichtigend. Schon am selben Abend durfte sie wieder mit.

»Mir passiert so etwas dauernd«, sagt Marilyn Monroe, als sie in *Das verflixte 7. Jahr* mit Tom Ewell vom Klavierhocker fällt. Ja, solche Temperamente gibt es. Frauen, die ständig Männer kennen lernen und dann gleich in einer »Situation« mit ihnen sind. So wie Didis Hebammen, Frauenärztinnen und Jurastudentinnen. Überhaupt Marilyn Monroe. In keinem Film trägt sie eine Handtasche, soweit ich mich erinnern kann. Jedenfalls keine, die einen nennenswerten Eindruck hinterlassen oder gar eine wesentliche Rolle gespielt hätte, wie das in Grace-Kelly-Filmen der Fall ist. Sowohl in *Fenster zum Hof* als auch in *Bei Anruf Mord* tragen Handtaschen wesentlich zur Aufklärung des jeweiligen Verbrechens bei. In Marilyn-Monroe-Filmen ist das einzige Verbrechen, um das es geht, die Frau selbst, sei es in *Blondinen bevorzugt, Nicht gesellschaftsfähig, Wie angle ich mir einen Millionär, Niagara* oder *Das verflixte 7. Jahr.* Dort würde eine Tasche nur stören. Oder hatte Anita Ekberg vielleicht eine dabei, als sie in Fellinis *La Dolce Vita* in die Fontana di Trevi sprang?

»Meine Frau ist nicht so ein Handtaschentyp«, versicherten mir in letzter Zeit gleich mehrere Männer. »Meistens hat sie gar keine dabei, und wenn, dann weiß ich, was drin ist.« Also Jungs, bitte, denkt doch mal nach. So simpel ist die Welt nun auch wieder nicht! Wenn eure Frauen keine Handtaschen dabeihaben, dann hat das einen Grund, siehe oben. Und wenn sie eine dabeihaben, ihr aber wisst, was drin ist, dann habt ihr entweder hineingesehen, wofür ihr euch herzlich schämen solltet, oder aber eure Frauen sind ganz ausgekochte Luder, indem sie euch durch einen Blick hinein absichtlich auf die Probe gestellt haben.

Ein schrecklicher Verdacht beschlich mich: Gab es da draußen in der freien Wildbahn womöglich ein ganzes Sortiment von Signalen, mit denen sich Menschen ähnlich wie bei den Single-Partys mit den blinkenden Lämpchen – nur raffinierter und differenzierter – etwas zufunkten, und nur ich hatte nichts davon geahnt?

Umfragen unter Freunden und Recherchen im Internet sorgten rasch für Klarheit. Jörg war ein eher singulärer Fall. Kaum einem Mann, den ich fragte, hatte sich je über die Handtasche einer Frau mehr mitgeteilt als das übliche männliche Staunen, wozu sie die wohl braucht. Auch wir Frauen, die wir doch tagein, tagaus Handtaschen tragen, wissen meist gar nicht, welche Impulse wir damit an Männer wie Jörg oder Didi weiterleiten. Zuweilen überkommt uns eine Ahnung, und im Unbewussten spielt sich natürlich sehr viel ab, aber keine von uns steht da draußen und betätigt ihre Tasche gezielt wie eine manuell zu schaltende Ampelanlage. Irgendwie ist das beruhigend. Aber andererseits, wenn es so wäre, könnte man sicher einen Kurs belegen, in dem man alles Erforderliche lernt.

Männer und Handtaschen

Obwohl (oder gerade weil?) Handtaschen und ihre Trägerinnen in einer Art inniger Symbiose miteinander leben, ist das Verhältnis von Männern zu den Handtaschen ihrer Frauen – wie alle Dreiecksverhältnisse – ein überaus problematisches. »Was schleppst du nur alles jeden Tag mit dir herum?« »Was soll das heißen, die Konzertkarten sind in deiner *anderen* Tasche?« »Können wir den Koffer heute nicht zu Hause lassen?« »Har, har, gab's die auch in schön?« »Warum hast du *fünf* Lippenstifte dabei?« »Was soll denn das sein?« »Wie oft musst du da heute Abend noch hineinsehen?« Aber auch: »Kann ich mein Notebook in deine Handtasche stecken?« Diese zumeist rhetorischen Fragen bieten nur einen kleinen Ausschnitt aus dem breiten Repertoire der von Männern geäußerten Impertinenzen.

Einem Mann wird sich die Idee, der Sinn von »Handtasche« niemals erschließen. Sämtliche Versuche, Handtaschen für Männer zu propagieren, so in der *Zeit* 51/2000 oder im Februar 2002 im Magazin der *Süddeutschen Zeitung* unter dem schönen Titel »Das Ende der Beulenpest«, sind fehlgeschlagen, und unweigerlich hinterlassen die wenigen Herrenhandtaschen, die tatsächlich zum Einsatz kommen, einen peinlichen, effeminierten Eindruck. Wer eine braucht, ist eben doch kein ganzer Kerl.

Die Handtasche für den Mann

»Richtige« Männer tragen das, was sie brauchen am Leib, bevorzugt in den Innentaschen ihrer Sakkos und den Gesäßtaschen ihrer Hosen – daher »Beulenpest«. Alles, was dort nicht hineinpasst, hat in der Aktentasche Platz. So tragen auch Berufsstände wie Bauarbeiter und Klempner, Heizungsmonteure und Metzger gerne Aktentaschen mit sich herum, obwohl sie im Gegensatz zu, sagen wir mal, Juristen oder Lehrern gar keine Dokumente transportieren. Sitzt man neben einem solchen Aktentaschenträger in der U-Bahn und erhascht einen Blick ins Innere der merkwürdig asymmetrisch ausgebeulten Tasche, stellt man fest, dass ihre Besitzer fast immer eine Thermoskanne, belegte Brote und die *Bild-Zeitung* darin haben – sonst nichts. Das ist rührend, und man fragt sich, warum noch nie jemand einen Thermoskannen-belegte-Brote-*Bild*-Transport-Behälter erfunden hat.

Ein Mann, der keine Aktentasche mit sich herumtragen möchte – ob zweckentfremdet oder nicht – und dem es nicht gelingt, alles in seinen in der Kleidung befindlichen Taschen zu verstauen, hat ein Problem. Das Problem heißt Herrenhandtasche und ging durch mehrere Gestaltungsphasen, die samt und sonders nicht den gewünschten Effekt zeitigten, nämlich den, diesem Utensil die ihm innewohnende Peinlichkeit zu nehmen. Dies ist erstaunlich, denn immerhin brachte es die Produktgestaltung in den letzten Jahrzehnten zustande, viele Gegenstände, an deren Hässlichkeit wir uns schon gewöhnt hatten, doch noch irgendwie anders auszuformen. Klobürsten zum Beispiel oder Mobiltelefone oder Computer.

Ein großer Teil dieser Peinlichkeit der Männerhandtasche provoziert ihr Griff. Aus irgendeinem Grund fand man es wohl unmännlich, wenn sie Schultertrageriemen hat, und verpasste ihr Schlaufen. Der Mann steckt also seine Hand durch die Schlaufe und hält die Tasche dann fest, oder aber sie baumelt an seinem Handgelenk. So oder so spreizt der Träger die Hand in einem manieriert wirkenden Winkel ab und sieht unweigerlich affig aus. Ergo hatte es sich mit dieser Art der Herrenhandtasche, die in den 70er-Jahren aufkam, relativ rasch erledigt. Nur Rentner beobachtet man bisweilen noch bei der hartnäckigen Benutzung des unzeitgemäßen Utensils.

Unwillkürlich fragt man sich bei einem Mann sofort, warum er seine Siebensachen nicht bei sich hat, sondern in einem Täschchen verstauen muss, und unweigerlich hat man das Gefühl, dass ihm wesentliche männliche Eigenschaften und Tugenden wie Beschränkung aufs Nötigste, Nüchternheit und Entschlossenheit dadurch abgehen. Ein Mann mit einem solchen Gebaumel am Handgelenk reißt sich doch nicht spontan die Klamotten vom Leib und rettet Hund, Katze, Kind vor dem Ertrinken! Kann man sich Bruce Willis oder Clint Eastwood mit einer Herrenhandtasche vorstellen? Na also. Was bei Frauen eine Fortsetzung ihres Körpers und ihres Wesens ist, wirkt bei Männern wie ein körperliches Gebrechen, das sie zum einen stark behindert und zum anderen zwangsläufig die Blicke anderer auf sich zieht. Dann doch lieber ein Leben mit der Beulenpest.

Kürzlich konnte man in Klatschblättern ein aktuelles Foto von William Shatner bestaunen, auf dem er außer einer spacemäßig glänzenden, viel zu langen, seitlich zu knöpfenden Sporthose, einem weißen T-Shirt mit weibisch nach unten gezogenem Rundausschnitt, das über seinem dicken Bauch mächtig spannte, in der linken Hand eine schwarzlederne Herrenhandtasche trägt und sich, als sei das alles nicht schon schlimm genug, mit der rechten Pfote noch ein Handy ans Ohr hält. Was ist nur aus dem schneidigen Offizier aus *Trial at Nuremberg* und dem Captain Kirk unserer ersten durch Hormondurchwirbelung erzeugten schlaflosen Nächte geworden? Ein fetter Handtaschenträger, der in keine vernünftigen Klamotten mehr passt und deshalb in Sportsachen zum Einkaufen schlappen muss, obwohl man nun gerade diesem Körper ansieht, dass Sport das Letzte ist, was er treibt. Unterwegs stellt er dann noch fest, dass er die Hälfte der Einkaufsliste vergessen hat, und muss deswegen bei seiner Frau anläuten. Keine Ahnung, wie alt William Shatner mittlerweile ist und mit wem er derzeit zusammenlebt, aber eine solche Entgleisung ist durch nichts zu entschuldigen. Wenn man ihn so sieht, wird einem natürlich spontan klar, warum der Mann eine Handtasche braucht. Wo an diesem speckigen, jackettlosen Wanst und wo in dieser taschenlosen Knöpfhose wollte er wohl seine Siebensachen, die er offensichtlich in seinem adretten Täschchen verstaut hat, denn auch unterbringen?

Mitschülerinnen, deren Väter sich als Herrenhandtaschenträger entpuppten, taten mir immer aufrichtig Leid (ein solcher Waschlappen als Erzeuger, die Ärmsten), bis meiner sich auch eine zulegte. Meine Mutter und ich redeten einige Wochen intensiv auf ihn ein, dann hatte der Spuk zum Glück ein Ende. Lehrern, die mit schlenkerndem Täschchen verkündeten, dass sie von nun an für Physik und Sport zuständig wären, traute man beides gleichermaßen nicht zu. Vermutlich zogen sie aus dem Ding gleich einen Taschenspiegel und überprüften, ob die Frisur saß. Auch wenn für kurze

Zeit in den Siebzigern ungewöhnlich viele Männer sich dieses Accessoire zulegten, vermochte es sich nicht dauerhaft durchzusetzen. Die 70er waren in jeder Hinsicht eine Epoche großer Verunsicherung: Frauen wollten plötzlich beim Sex auch auf ihre Kosten kommen, und Kinder wurden von ihren Eltern dazu ermutigt, sich in Pfützen zu wälzen. Die überforderten Männer ließen sich die Haare lang wachsen, sangen Protestsongs, aßen Müsli – und manche trugen sogar Herrenhandtaschen.

Dann kamen die 80er, und alles am Mann wurde breiter, was dem Täschchen den Garaus machte, da es plötzlich überaus lächerlich wirkte. Kein Wunder, dass erst heutzutage, wo der ideale Männerkörper irgendwo zwischen magersüchtig und fipsig vermutet werden muss (wenn man sich an der Werbung, an Zeitschriften wie *Neon* und den diversen Boy Groups orientiert), wieder ernsthafte Versuche unternommen werden, die Handtasche an den Mann zu bringen. Diese dünnen Kerlchen mit ihren engen Pullovern können vermutlich mehr unter ihren Wollmützen verstauen als an ihren schlanken Leibern. Nur konsequent ist es da, dass die Modemacher ihnen mit Futteralen ausgestattete Nylongurte quer über die Brust schnallen wollen oder ihnen organisch geformte Behältnisse aus Wasser abweisenden Materialien auf den Body schneidern. Durchsetzen wird sich das alles nicht, dazu sitzt uns der Schreck, den die Männerhandtasche der 70er-Jahre ausgelöst hat, noch viel zu sehr in den Knochen unseres kollektiven Gedächtnisses.

Philipp Bestier spricht daher in seinem *SZ-Magazin-Artikel,* in dem er ein neues Modell von Herrenhandtasche propagiert, explizit nicht von einem »Comeback«, sondern von einem »Come« und bemerkt zu Recht, dass kein einziger cooler Mensch, der im öffentlichen Bewusstsein herumgeistert – also Filmstars, Rockstars etc. – sich je mit einer Herrenhandtasche gezeigt habe. Er ging daher völlig neu an die Aufgabe heran, eine Handtasche für den Mann zu erfinden, indem er – so stellt sich das in seinem Artikel dar – von einem Männlichkeitsbild, wie es unter anderem die Marlboro-Werbung vertritt, ausging: »Unsere wunderbare Herrenhandtasche sollte riechen: nach Leder, Pferd, Tabak, Mann.« Bedingung war zudem, dass kein Laptop in die Tasche passen darf, denn es sollte keine Arbeitstasche, sondern eine Freizeittasche werden. Klar erkannt hat Philipp Bestier die Sache mit dem Tragen: »Für Herrenhandtaschen sind Schulterriemen natürlich absolut verboten, ebenso und erst recht Gelenkschlaufen.« Da hat er sicher Recht. Seine Idee wurde von dem Wiener Schuster Ludwig Reiter aus braunrotem Pferdeleder realisiert und kann für 199 Euro in allen Ludwig-Reiter-Shops erworben werden. Das innovative Modell hat auch einen Namen: Es heißt »Butch Cassidy« nach dem Film mit Paul Newman und Robert Redford, obwohl ich mir sehr, sehr sicher bin, dass keiner von beiden weder in diesem noch in einem anderen Film und schon gar nicht im richtigen Leben je eine Herrenhandtasche trug. »Wir wollten cool sein, bitte nicht lachen«, kommentiert Bestier seine pathetische und zugleich selbstironische Namensgebung.

Das lustige Foto von Dieter Mayr, das den Artikel illustriert, zeigt einen korrekt in teuren grauen Nadelstreif und weißes Hemd mit steifer Manschette gekleideten Arm, der aus einer sich gerade schließenden Chrom-Fahrstuhltür heraus dem Betrachter die Tasche entgegenstreckt. An einem Tragegriff. Ob das funktioniert? Männer haben ja gerne beide Hände frei, wahrscheinlich wegen des Lassos und des Pferdes, und ich würde mal vermuten, sie kommen sich doch irgendwie komisch vor mit so einem kleinen kastenförmigen Täschchen, auch wenn ich zugeben muss, dass es sehr edel und schön und tatsächlich cool, weil benutzt und robust aussieht. Durch die sehr eckige Form (kantig steht für männlich!) vermittelt sie irgendwie einen zweckdienlichen Eindruck, also so, als ob sie eine Tasche für Diabetiker zum Herumtragen ihrer Messgeräte und Spritzen wäre oder einem bestimmten Berufsstand, beispielsweise Frisören, zum Transportieren des Notwendigsten an Kämmen, Scheren und Klämmerchen dienen müsste. Schade. Der eigentliche Sinn der Tasche, den coolen Männern ein körperfernes Behältnis für »Portemonnaie, Terminkalender, Schlüsselbund, Kaugummis, Mobiltelefon, Sonnenbrille, Zigaretten und Feuerzeug« (Bestier) ganz wörtlich an die Hand zu geben, drückt sich durch die Form und die Art des Tragens nicht wirklich aus. (Wobei ich nicht gesagt haben will, dass Diabetiker oder Frisöre nicht cool sind. Aber Sie wissen schon, was ich meine.)

Das Dilemma ist doch, dass das Marlboro-Country des modernen Großstadtmannes der Büroturm ist, und das Abenteuer, das er zu meistern hat, besteht darin, die Aufzugstür vor dem Schließen zu bewahren, ohne dass er sich die Finger einklemmt. Dafür erfüllt die Tasche ihren Zweck. Aber eigentlich hätten wir doch gerne gesehen, wie der ganze Mann damit im Kontext anderer Menschen aussieht. Wie er auf der Straße inmitten von Passanten damit umgeht. Und was seine Frau dazu sagt, hätten wir auch gerne gehört. Wenigstens wollen wir sehen, welche Blicke sie ihm zuwirft oder wie sie ihn verstohlen mustert. Leider (aber natürlich absichtlich!) bleibt das Foto uns derartige Erkenntnisse schuldig. Immerhin teilt uns Bestier seine Erfahrungen mit, wie es ist, »wenn man mit so einem Teil spazieren geht«: »Die Blicke der anderen sind unsicher, dann fest, dann begeistert, dann neidisch. Denn es geht, es geht wirklich! Und die Anzüge sitzen wieder. Und die Hosentaschen sehen nicht mehr aus wie Klammerbeutel.«

Männer, die man zu diesem Thema befragt, winken ab. Nein, das überzeugt sie nicht. Gerne hätte ich gewusst, wie viele Einsendungen damals zur Verlosung von fünf »Butch-Cassidy-Taschen« beim *SZ*-Magazin eingegangen sind. Mein Freund tippt auf vier. Ich glaube, es waren mehr, allerdings sicher von Frauen, die niemals einer Gratistasche widerstehen können, auch wenn sie fürs andere Geschlecht gedacht ist. Zumindest habe ich neulich im Gespräch mit einem befreundeten Journalisten ermittelt, dass er tatsächlich das Modell »Butch Cassidy« besitzt. Jonas selbst hat daran viel Freude, vor allem weil er jetzt nicht mehr völlig entstellte Körperformen darbietet, wie noch zu Zeiten, als er alles in die Hosen- und Jackettaschen stopfen und sich vorher genau überlegen musste, was wohin. Er hatte sich, bevor er die Handtasche kaufte, sogar eigens einen Parka von der US-Armee mit etwa 38 eingenähten und aufgesetzten Taschen zugelegt, um alles mit sich herumtragen zu können. Weniger erfreulich ist allerdings der Spießrutenlauf bei seinen Kollegen und Freunden. Jonas ist ein Hetero-Mann, und scheinbar geht es anderen Hetero-Männern in seinem Umfeld nicht in den Kopf, warum er diese Herrenhandtasche trägt, wenn er doch gar nicht homosexuell ist. Als ob das der einzig vorstellbare Grund ist, warum Männer eine Handtasche brauchen könnten. Auch der Hinweis darauf, dass nur ein einziger schwuler Mann, den ich kenne, eine Handtasche benutzt, und die etwa drei Dutzend anderen nicht, könnte diese Typen höchstwahrscheinlich nicht umstimmen. Szenen wie die, die Kurt Scheel in Eva Corinos Kolumne »Was haben Sie in Ihrer Tasche?« schildert, sind auch bei Jonas keine Seltenheit: »Schon in den Siebzigerjahren, als das unter den Studenten losging mit diesem Genderkram, hatte ich eine schicke schwedische Damenhandtasche aus hellbraunem Leder. Zu Hause hieß es immer: ›Na, Brüderchen! Hast du wieder dein Schwulentäschchen dabei?‹ Also, das war nicht ganz ohne.«

In intellektuellen Kreisen ist die Stimmung längst nicht mehr offen homophob, ganz im Gegenteil, aber eine latente Abneigung gegen Männer, die in den Verdacht kommen, möglicherweise keine »richtigen« Männer zu sein, besteht doch. So erzählte Jonas, dass die häufigste Reaktion auf seine Tasche nicht die war, dass die Leute wissen wollten, was er drin hat, oder einen Kommentar dazu abgaben, ob sie das Behältnis nun cool oder uncool fanden, sondern dass sie sich hinter seinem Rücken bei Freunden, Bekannten und Kollegen erkundigten, ob er schwul sei. Jeder neue Auftritt von »Butch Cassidy« schürt das Feuer erneut. Neulich kam sogar das Gerücht auf, Jonas' Ehe sei nur eine Tarnung, aber so perfekt er die Fassade auch vortäusche, seine Handtasche habe ihn letztlich doch verraten.

Dieses Stigma, das gleichbedeutend mit »unmännlich« ist, haftet der Handtasche für den Mann stärker an als jedes andere und auch stärker als jedem anderen, scheinbar weiblichen Accessoire oder Kleidungsstück. Beispielsweise hatte ich im Hauptstudium einen Kommilitonen, der nachweislich nicht homosexuell war, sich aber sehr für Mode interessierte, selbst Kleidungsstücke entwarf und im Sommer ab und an gerne einen wadenlangen Rock zu schwarzen Kniestrümpfen und blitzblank polierten, teuren englischen Herrenschuhen trug. Dieser Aufzug provozierte Mitte der Achtzigerjahre starke Reaktionen, obwohl man dem jungen Rockträger in seinem Studiengang der Kunstgeschichte, der zu 98 Prozent von Frauen besetzt war, vorwiegend freundlich, interessiert und aufgeschlossen begegnete. Es war der Gang zur Mensa, vorbei am Gebäude der Betriebswirtschaftler, Elektrotechniker und Sportstudenten, der für ihn zum täglichen Spießrutenlauf wurde. Und dennoch scheint mir das, was sich damals an diesem Männerrock entzündet hat, harmlos im Vergleich zu dem, was sich angesichts von Jonas' Handtasche abspielt.

Die Handtasche wechselt das Geschlecht

Ein wenig vermag all dies zu erklären, warum Männer, die selbst keine tragen können, ohne sich komplett zum Obst zu machen, für die Handtaschen von Frauen nur Unverständnis oder Verachtung übrig haben. Dabei liegt die Herkunft der Handtasche keineswegs irgendwo im Dunkel der Geschichte, sondern beim Mann. Im Verlauf ihrer Geschichte war die Handtasche ganz ähnlich wie Virginia Woolfs *Orlando* abwechselnd dem männlichen, dann wieder dem weiblichen Geschlecht zugehörig.

Die ersten Handtaschen wurden von Männern getragen, und zwar schon im Mittelalter, zu einer Zeit, als Frauen noch keine brauchten, weil sich alles noch mühelos in den geräumigen Taschen ihrer voluminösen und stoffreichen Gewänder verstauen ließ. Die kleinen Beutel, die dem Mann hinten am Gürtel baumelten, enthielten Geld und Munition. Aus dieser Zeit stammt der Ausdruck »Beutelschneiderei«, wenn nämlich Taschendiebe die Riemen, die die Säckchen befestigt hielten, durchtrennten.

Die Erfindung der Handtasche ist also unter umgekehrten Geschlechtervorzeichen zu sehen: Männer hatten eine, Frauen nicht. Um 1400 trugen dann sowohl Männer als auch Frauen kleine, dann immer größere Beutel, die zunehmend reicher verziert wurden, und um 1500 hatte das Herzeigen der Handtasche als Statussymbol, dessen äußere Pracht auf die inneren Schätze verweisen sollte, bei beiden Geschlechtern einen Höhepunkt erreicht. Von der Form her waren es noch immer mit Kordeln zusammengezogene flache Beutel, die jetzt auch schon größer ausfallen konnten. Ende des 16. Jahrhunderts verschwanden diese Beutel unter den Röcken der Frauen.

Aber werfen wir einen Blick zurück. Männer hatten hundert Jahre zuvor begonnen, ihr Gemächt in einer so genannten Schamkapsel oder Braguette zur Schau zu stellen. Diese aus reichlich Stoff gefertigten Ausbeulungen an den Hosen setzten sich durch ein auffallendes Muster (oft waren sie gestreift), durch eine besondere Textur oder eine aufreizende Farbe (beispielsweise Blutrot) von der restlichen Kleidung ab, in erster Linie aber natürlich durch ihre Form, die von einem Beutel, über eine Schnecke (Guidobaldo della Rovere auf einem Gemälde von Bronzino) bis zu einem erigierten Penis (originell!) reichen konnte. Dass es dabei darum ging, die Geschlechtsorgane zu schützen, ist ein Irrglaube. Als die Männer noch Rüstungen trugen, mag die Schamkapsel einen praktischen Zweck gehabt haben, aber ihre einzige Bestimmung bestand nun darin, die Aufmerksamkeit auf ihren Inhalt zu lenken. (Also in etwa das, was der heutige Mann erreichen will, wenn er sich den Schritt mit Socken ausstopft – oder mit einer Hasenpfote, wenn er Mick Jagger heißt.)

Es besteht also tatsächlich ein intimer und sexueller Zusammenhang zwischen Männern und ihren »Kästchen« (leider hat Freud uns hierzu nichts hinterlassen), denn in diese allererste Tasche, die sein Eigen war, packte das männliche Geschlecht eben selbiges. Ihre Herkunft fand die Braguette in der Tracht der Landsknechte. Zur kriegerischen Aufmachung gehörte offensichtlich die Zurschaustellung der Geschlechtsteile, indem man sie so umhüllte, dass sie umso deutlicher zur Geltung kamen. Die Landsknechte waren offenbar ein stilbildender Haufen, der zudem ordentlich in der Welt herumkam, denn alsbald hatte sich diese Mode bei Männern quer durch alle Länder und Stände des 16. Jahrhunderts durchgesetzt. Da die Schamkapsel nun schon einmal überdimensioniert angelegt war, lag der Gedanke nicht fern, dass sie außer zum Herumtragen des Geschlechts gleich noch zum Transport von anderen Gegenständen benutzt werden könne. Rabelais berichtet vom dort verstauten Sacktuch nebst Geldbörse, aber auch von Orangen, »die sie [die Männer] vor den Augen der Damen herausholen und diesen anbieten durften«. Ob die Damen beherzt zugriffen, hat er uns leider nicht überliefert.

Diese Taschen wurden in so mancher Kleiderordnung als Stoffverschwendung, hoffärtiger Luxus und unzüchtiger Auswuchs angeprangert und verschwanden mit der Wende zum 17. Jahrhundert, als sich zunehmend eine gewisse Prüderie ausbreitete. Just in dem Moment aber, als der Mann diese Taschen aufgeben musste, schaffte er sich wieder einen extern getragenen oder umgebundenen Beutel an.

Beginnende Beulenpest

Das »Taschenbuch« war damals zwar noch fest gebunden, aber ein Buch, das man beim Lesen mit einer Hand halten konnte. Es hat seinen Namen daher, dass es in eine der oft auf den Saumaufschlag der weiblichen Kleidung aufgenähten Taschen passte, im Gegensatz zu den mächtigen Folianten. Was immer Männer oder Frauen mit sich trugen, fand den Weg zurück an ihre Körper und in ihre Kleidung, in die man jetzt an allen möglichen Stellen Taschen einnähte. Die Folge: Im 18. Jahrhundert war für beide Geschlechter die außerhalb des Körpers getragene Tasche ganz aus dem modischen Repertoire verschwunden.

Das änderte sich nach der Französischen Revolution, als die Kleidung der Frauen zwar natürlicher, körperferner und befreiter wurde, aber zugleich die Stoffe so transparent und leicht waren, dass sich nichts mehr in ihnen einnähen ließ und daher richtige Handtaschen wieder erforderlich wurden. »Reticule« nannte man diese in der französischen Modewelt, und es verwundert nicht, dass dies sogleich vom starken Geschlecht zu »Ridicule« verballhornt wurde – sicherlich nicht die erste frauenfeindliche Wortschöpfung in der Geschichte, die ihren Ausgang von der Handtasche nimmt. Danach wurde die Kleidung der Frau wieder weiter, und eingenähte Taschen feierten eine Wiederkehr.

Erst als die Damenkleidung sich seit 1880 mehr und mehr der Form des Körpers annäherte und enger wurde, ergab sich daraus die Notwendigkeit, den Frauen etwas an die Hand zu geben, worin sie vielleicht nicht nur das besagte Taschenbuch, sondern auch andere Utensilien unterbringen konnten. Das Beinkleid des Mannes hingegen, das sich seit der Zeit nach der Französischen Revolution, als das Bürgertum zur treibenden Kraft wurde, in Form und Farbe nicht mehr wesentlich verändert hat, bekam jetzt Hosentaschen verpasst. Lässt man sich heute als Mann von Welt nicht gerade mit den Händen in den Hosentaschen erwischen, so war das damals ganz anders. Jacques Offenbach posierte gut gelaunt für den Fotografen in weiten Pantalons, die für den heutigen Geschmack zu lang wären, und hat beide Hände in den schräg angesetzten Hosentaschen vergraben. Auch die Modezeichnungen des ausgehenden 19. Jahrhunderts zeigen den Mann immer mit einer Hand in der Hosen- oder der Jackentasche, in der anderen trägt er den Gehstock oder in geschlossenen Räumen seinen Hut. Gemälde der Zeit zeigen sogar Offiziere in Uniform zuweilen mit der Hand in der Hosentasche, zum Beispiel Anton von Werners *Im Etappenquartier*, das auf eine Begebenheit während des Deutsch-Französischen Kriegs zurückgeht. Die Lässigkeit dieser Pose zeugt von der Entspannung des Überlegenen, schließlich hat man gerade ein kleines Schlösschen besetzt und macht es sich nun darin bequem. Die Kleidung des Zivilisten mit den schmalen Hosen und den knapp auf den Leib geschneiderten Jacken hat sich der Soldatenuniform bereits angenähert. Umgeschnallte Beutel oder umgehängte Taschen sind an dieser ornamentlosen Zivilkleidung, die durch Funktionalität und Praktikabilität noch lange Zeit auf ihren revolutionären Charakter verweist, fehl am Platz. Will der Mann etwas bei sich tragen, muss er dies in seine Hosen- oder Jackentasche stecken. Der Siegeszug der Beulenpest hatte begonnen.

Der Mann hat die Sache fest im Griff

Zu Beginn des 20. Jahrhunderts waren die Damenröcke so unmöglich eng, dass man die mangelnde Bewegungsfreiheit durch sehr große Handtaschen ausgleichen musste, die an langen Bändern oder Ketten über der Schulter getragen wurden.

Der Mann indes blieb in bestimmten Situationen ein Handtaschenträger, wie eine Karikatur im *Simplicissimus* von 1902 beweist, in der es explizit um die Vorbildfunktion der englischen Mode geht. »So sahen Herr und Frau Schmidt aus, als sie nach London reisten«, steht unter dem ersten Bild geschrieben. Man sieht die beiden in für diese Zeit typischer Bekleidung, und siehe da: Er trägt eine Handtasche, und zwar eine sehr große, mit Troddeln verzierte, bestickte Teppichtasche (ziemlich genau die »Fleischbrühtaschen«-Form, die meine Oma und Großtanten noch Mitte der Siebzigerjahre favorisierten) und zusätzlich noch eine quer über der Brust getragene kleinere Umhängetasche, die er lässig ziemlich weit nach hinten geschoben hat, sodass sie fast über seinen Rücken herabbaumelt, ganz ähnlich, wie das der heutige Freitag- oder Eastpak-Taschenträger so macht. Das zweite Bild trägt die Unterschrift: »Und so sahen sie aus, als sie nach acht Tagen als Mr. und Mrs. Smith zurückkehrten.« Wir sehen die beiden mit neuer Kleidung, bei der sich die Silhouette vereinfacht und das Erscheinungsbild sich von überflüssigen Ornamenten befreit hat. Teppichtasche und Umhängetasche sind verschwunden. Stattdessen trägt er nun an einem Griff in einer Hand eine kleine längliche Handtasche mit einem dreieckigen Querschnitt, und sie geht gänzlich taschenlos, dafür mit Schirm. Aus heutiger Sicht ist nur schwer nachzuvollziehen, warum das eine die propagierte Norm, das andere die karikierte Abweichung darstellen soll. Aufschlussreich bleibt, dass der Mann in beiden Fällen die Handtasche trägt.

Lustigerweise arbeitet eine französische Karikatur in *Le Rire* aus genau demselben Jahr, die das mangelnde Modebewusstsein der Engländer verspottet, mit denselben Accessoires: Zwei spindeldürre Gestalten, eine männlich, eine weiblich, haben sich kleine Umhängetaschen quer über die Brust gehängt. Er ist zweifellos als Engländer auszumachen, da er ein kariertes Nick-Knatterton-Sakko und einen ebensolchen Hut trägt und zudem noch Pfeife raucht. Dieses Ehepaar ist nun der festen Überzeugung, sie können als modische Pariser durchgehen, solange man sie nicht an ihrem Akzent erkennt. Aber vermutlich verraten sie nicht nur das Karo und ihre hagere Gestalt, sondern auch die Handtaschen. Die Herkunft von geschmacklichen Entgleisungen sowie von Geschlechtskrankheiten schoben schon immer gerne alle Länder über die Grenze zum jeweiligen Erbfeind.

Von den 20er-Jahren des 20. Jahrhunderts bis auf den heutigen Tag ist die Silhouette der weiblichen Kleidung stets so angelegt, dass eingenähte Taschen undenkbar sind und die Handtasche als Accessoire und als Behältnis zur Beförderung der wichtigsten weiblichen Utensilien nicht mehr aus dem Erscheinungsbild einer Frau wegzudenken ist. Obwohl nun also der Mann vor einigen Jahrhunderten eine ganz ähnliche Entwicklung in der komplizierten Beziehung zwischen Geschlecht und Tasche durchlaufen hat wie die Frau nur wenig später, scheint sich diese Erfahrung nirgendwo bei ihm festgesetzt zu haben. (Im Gegensatz zu anderen früh in der Menschwerdung gesammelten Erfahrungen wie beispielsweise der, dass lautes Schnarchen wilde Tiere vertreibt, oder wie sonst ist es zu erklären, dass der Mann dies noch immer so ausgiebig tut?) Möglicherweise war die Zeit, in der Männer das Handtaschentragen als eine Selbstverständlichkeit ansahen, einfach zu kurz, als dass sie einen bleibenden Eindruck in der Matrix des männlichen Gehirns hätte hinterlassen können. Aus welchen Gründen auch immer, Männer tun sich mit den Taschen von Frauen schwer. Und auch wenn Männer heute in der Lage sind, den G-Punkt zu finden, Tampons vom Supermarkt mitzubringen, Coq au Vin zuzubereiten und Verständnis für Migräne aufzubringen, müssen wohl noch etliche hundert entwicklungsgeschichtlich bedeutende Jahre vergehen, bevor sie verstehen, was es mit Handtaschen auf sich hat.

Auf schwule Männer scheint das nicht zuzutreffen. Ihre diesbezügliche Überlegenheit gegenüber heterosexuellen Männern demonstrieren sie unter anderem bei so genannten Tuntenrennen, wo sie neben Staubsauger-Posing ihre Fertigkeiten beim Teebeutelweitwurf und beim Einsatz der Handtasche als Waffe unter Beweis stellen. (»Das Schlagen offener Wunden führt jedoch zur Disqualifikation«, so die offiziellen, auf einer Website einzusehenden Wettkampfregeln.) Das Ganze kommt nicht von ungefähr, gilt doch der sachgemäße Gebrauch einer Handtasche als unübertroffen weiblich und in der finsteren Zeit der 50er-Jahre offensichtlich auch immer als schwul. Einen komischen Moment, der sich aus der damals vorherrschenden Feindlichkeit gegenüber Homosexuellen speist, erhält der letzte Teil von Alfred Hitchcocks *Bei Anruf Mord* durch die Szene, in der ein Polizeibeamter Grace Kellys Handtasche aufs Revier zurückbringen soll. Artig hängt sich der beflissene Ordnungshüter das Täschchen übers Handgelenk. »Warten Sie doch«, sagt der besorgte Inspektor. »Sie können doch nicht so auf die Straße gehen; man würde Sie sofort verhaften. Nehmen Sie die Aktentasche.« Spricht's und verpackt die weibliche Tasche in der zweifelsfrei männlichen Tasche, auf dass seinem Beamten kein Makel anhaften möge.

Der Versuch mancher Handtaschenhersteller, ihre Kreationen unter dem Label »unisex« anzubieten, darf insgeheim als gescheitert gelten. Louis Vuitton beispielsweise bietet das Modell »LV-Musette« explizit für beide Geschlechter an, was vermutlich daran liegt, dass die Tasche, eine so genannte »Messenger Bag«, sich wegen ihrer recht stattlichen, hochformatigen Größe zum Transport von schmalen Aktenordnern durchaus eignet und zudem über einen so langen Schulterriemen verfügt, dass man die Tasche auch quer über der Brust tragen kann, was vielleicht nicht jede Frau wegen des daraus resultierenden Amazonenlooks will. »Funktionales Design«, lobt der Hersteller sich selbst und hält sein Produkt daher sowohl für die Dame als auch für den Herrn geeignet (was ja wohl impliziert, dass Handtaschen, die ausschließlich für Frauen entworfen wurden, nicht funktional, sondern nur schön sind). Kurzum, diese Taschen werden nicht von Männern getragen, unisex hin oder her, da müssen wir uns nichts vormachen. Außer vielleicht von Rudolph Moshammer, der seinen Hund Daisy regelmäßig in einer Handtasche spazieren führte. In diesem Fall stellt sich freilich die Frage, ob man Herrn Moshammer primär als Mann wahrnimmt oder als etwas anderes. Sobald es einem Taschenmodell tatsächlich gelingt, die Geschlechterbarriere zu überspringen – wie die Freitag-Umhängetaschen, die Kreationen von Milkberlin oder die Retro-Sport- oder Airlinestaschen –, kann man sich schon wieder darüber streiten, ob es überhaupt noch unter die Gattung »Handtasche« fällt.

In der jüngsten Verfilmung von *Der talentierte Mr. Ripley* wird die sexuelle Ambiguität des Helden bereits in einer frühen Szene angelegt. Matt Damon in der Titelrolle packt darin nämlich in seinem schäbigen Kellerappartement seine Siebensachen zusammen für die Überfahrt nach Europa. Papiere und Unterlagen steckt er dabei nicht etwa in eine männliche Aktenmappe, sondern in eine lederne, recht weiblich anmutende Umhängetasche, die dem Modell »LV-Musette« nicht unähnlich ist. Diese trägt er über der Schulter, und später im Film fällt ihm doch tatsächlich aus der gerissenen Bodennaht dieser Tasche, in die er massenweise Jazzplatten gesteckt hat, um Dickie Greenleaf, der sein erstes Mordopfer wird, zu beeindrucken, ein wichtiger Brief absichtlich unabsichtlich zu Boden. Sein letztes Opfer in diesem Film wird sein neuer homosexueller Lebensgefährte, der offensichtlich Tom Ripley schon immer für Seinesgleichen gehalten hat, und ganz bestimmt hat die »weibliche« Umhängetasche dazu ihren Teil beigetragen.

Kastrationsfantasien

Vor einigen Jahren war ich an einem lauen Sommerabend mit meiner Freundin Charlotte im winzigen Vorgarten eines italienischen Restaurants auf der Upper East Side verabredet. Ich war etwas früher dran und erwartete ihre Ankunft. Pünktlich sah ich sie von meinem unterhalb des Straßenniveaus gelegenen Sitzplatz um die Ecke biegen. Charlotte hatte sich an diesem Abend aus ihrem unendlichen Handtaschenvorrat für eine flache, wunderschöne Tasche von Longchamp entschieden, die aus beigem Stoff und dunkelblauem Lackleder gefertigt war und die Charlotte – die Grace Kelly der Kuverttaschen – formvollendet und vollkommen unverkrampft unter ihrem linken Arm trug, so als gäbe es in ganz New York keinen einzigen Straßenräuber. In der rechten schlenkerte sie elegant eine milkakuhfarbene Condé-Nast-Plastiktüte mit einigen beiläufig erledigten Einkäufen, und natürlich sah sie wie immer von Kopf bis Fuß so unangestrengt perfekt aus, wie es nur New Yorkerinnen können. »Handbag?«, begrüßte mich Charlotte, die um mein Lieblingsthema wusste und immer sofort überprüfen muss, was ich gerade im Gebrauch habe. Obwohl es nur ein alter College-Rucksack in bejammernswertem Zustand und noch dazu total voll gestopft war, der nur vage farblich zu meinen Schuhen passte, kreischte die stets enthusiastische Charlotte: »I love it!« Nachdem ich dann ihre wirklich einzigartig schicke Tasche, ein älteres Modell, ausgiebig gelobt hatte, konnten wir uns den wirklich wichtigen Themen des Abends zuwenden: unseren Jobs, unseren Männern, der Speise- und der Weinkarte.

Als wir nach dem Essen bei der zweiten Flasche eines überteuerten Chianti Classico angelangt waren und ein segensreiches Gewitter seine warmen Regenströme rechts und links der uns schützenden Marquise über die Blumenkübel des Vorgärtchens ergoss, seufzte Charlotte plötzlich »Kastrationsängste, es liegt an den Kastrationsängsten.« »Von was um alles in der Welt redest du?«, wollte ich wissen und war insgeheim froh, dass die wenigen Menschen, die außer uns in dem Vorgärtchen Platz gefunden hatten, bei den ersten zuckenden Blitzen bezahlt hatten und gegangen waren. »Ist dir schon mal aufgefallen«, setzte Charlotte nun an, »dass es einen ganz bestimmten Handtaschentyp einfach nicht mehr gibt, und zwar den, der oben so einen Schnappverschluss hat, und wenn man den öffnet, dann kann man die Tasche, weil sie so Scharniere hat, ganz weit aufmachen. Aber die Chancen, dass man sich dabei die Finger einklemmt oder die Nägel abbricht, sind größer.« »Na siehst du, Darling, das wird der Grund sein, warum sie nicht mehr hergestellt werden, glaubst du nicht?« »Nein«, meinte Charlotte, die im angeschickerten Zustand immer eine immense Entschlossenheit an den Tag legt. »Der Grund ist, dass diese Taschen die Kastrationsängste der Männer verkörpern: Erst kommen sie nicht oder nur mit Hindernissen hinein, und wenn sie drin sind, kann es sein, dass es einfach schnapp! macht und alles abschnippelt.« Charlotte schwor, es gäbe ganze Theoriegebäude zur Signifikanz von Schnappverschlüssen an Handtaschen. Wer – außer ihr Mann Donald, dem ich das sofort zutraute – diese Gebäude errichtet haben soll, blieb Charlotte mir leider schuldig. Stattdessen gab sie mir ein prominentes Beispiel: Bei Wortgefechten habe die britische Premierministerin Margaret Thatcher anstelle eines weiteren Arguments des Öfteren einfach ihre Tasche einmal schnappen lassen, und sofort seien die umstehenden Männer beklommen verstummt vor lauter Kastrationsangst.

Als Charlotte später, als wir zusammen, aufmerksam beschirmt durch den Oberkellner des italienischen Restaurants, am Straßenrand standen, mit ihrer Longchamp-Tasche routiniert und ladylike ein Taxi heranwinkte, begann ich anders über die Kastrationsangsttheorie zu denken. Ich stellte mir vor, wie ich die schöne, schicke Charlotte mit einer der von ihr beschriebenen Schnappverschlusstaschen wahrnehmen würde. Vollkommen anders. Doch sicher nicht wie das stets schwebende Wesen, dem die Schwerkraft in jeder Hinsicht wenig anzuhaben schien, dem Männer begehrliche und Frauen neidische Blicke hinterherwarfen. Mit einer solchen Schnappverschlusstasche wäre Charlotte vermutlich ein Trampel, ein hübscher Trampel zwar, aber ein Trampel – zumindest aber eine thatcherartige Bedrohung oder ein insgeheim den Männern überlegenes Wesen wie Miss Marple in der Verfilmung mit Angela Lansbury aus den 80er-Jahren. Alles an ihre würde man anders lesen: Ihre flachen Slippers wären nicht mehr »casual«, sondern würden plumpe Bequemlichkeit verströmen; die hochgeschlossenen Blusen wären nicht das ironische Zeichen für ihre Unnahbarkeit, sondern sähen altjüngferlich aus; und ihr stets perfekt sitzendes Haar würde einen künstlichen und manierierten Eindruck machen. Dass eine solche Frau mit ihrer Schnappverschlusstasche, vor der Männer sich spontan fürchten, Kastrationsfantasien auslebt, war plötzlich ein durch und durch glaubhaftes Szenario.

Während wir nebeneinander auf der Rückbank des Taxis saßen und das New Yorker Wetter sich zu einem veritablen Sturm auszuwachsen begann, während ich zerknautscht und feucht und angeschmuddelt war und mir Wasser aus den Strähnen lief, war Charlotte wie immer wie aus dem Ei gepellt, kein Haar saß schief, die Wimperntusche zerfloss nicht, die Longchamp-Tasche hatte keinen Tropfen abbekommen. Charlotte roch nach frischer Wäsche und entfernt nach einem zitronigen Parfüm, ich hingegen wie ein nasses Schaf. »See you tomorrow, darling«, sagte Charlotte liebenswürdig, als das Taxi vor ihrem Apartmenthaus zum Stillstand gekommen war, küsste die Luft erst hinter meinem linken, dann hinter meinem rechten Ohr, öffnete mit dem allerzartesten Schnappen der ganzen Welt ihre Handtasche, griff nach ihrem Hausschlüssel, knipste ihre Tasche leise wieder zu und stieg aus.

Noch am selben Abend, als ich mich in meinem Hotelzimmer vor dem Fernseher darum bemühte, meine Haare mit einem Handtuch trockenzurubbeln, musste ich erfahren, dass Charlotte mit ihrer Theorie vollkommen Recht hatte. Der Mann, der mich in dieser Nacht von der Richtigkeit ihrer These überzeugte und der genau um die Bedeutung des Schnappverschlusses gewusst haben muss, war Alfred Hitchcock. Gerade hatte nämlich *Suspicion – Verdacht* begonnen mit der göttlich komischen Kennenlernszene zwischen den beiden Protagonisten Lina (Joan Fontaine) und Johnny (Cary Grant). Er, der Spieler, Taugenichts, Tunichtgut, der mögliche Heiratsschwindler und vielleicht sogar Mörder, umgarnt sie, die Tochter aus gutem Haus, gekonnt und charmant, und sie – obwohl eigentlich altjüngferlich und spröde – blüht dabei förmlich auf. Er löst ihren strengen Nackenknoten und steckt ihr Haar als neckisches Zöpfchen in die Höhe und versucht dann, sie zu küssen, worauf sie – reine Übersprungshandlung! – die reichlich große Handtasche mit dem wahrhaft wehrhaften Verschluss direkt vor seiner Nase zuschnappen lässt und ihm dabei noch versichert, dass sie mit ihm fertig werden würde, wenn sie ihn »erst mal an der Kandare« hätte. Das Bild rundet sich zum Sittengemälde, als Lina wenige Minuten später nach Hause zurückkehrt und durchs Fenster mitanhören muss, wie ihr Vater sie als »alte Jungfer« tituliert und prognostiziert, dass sie sicherlich nie heiraten wird. Prompt ehelicht sie aus Trotz und aus Liebe Johnny, der alles Geld auf der Rennbahn verjubelt und den sie die nächsten anderthalb Filmstunden lang mit ihrem Misstrauen, ihren Nachforschungen und Verdächtigungen zunehmend in seiner Männlichkeit kastriert.

Hitchcock, der Meister im Setzen kleinster, psychologisch bedeutsamer Zeichen, hat sein ikonografisches Repertoire ganz offensichtlich an Regisseure späterer Generationen weitergegeben. Der nächste Fernsehabend in meinem New Yorker Hotelzimmer brachte nämlich einen weiteren Wissensvorschub. In der Folge »Grenzgänger« von *Sex and the City* regt sich Miranda fürchterlich darüber auf, dass ihr neuer Freund, der gerade das erste Mal die Nacht mit ihr und in ihrer Wohnung verbracht hat, morgens vor ihren Augen pinkelt. Als sie Charlotte empört davon berichtet, trägt sie zu einem kleinen schwarzen Kleid eine abscheuliche, überdimensionierte, abgesteppte, schwarze Klemmtasche mit einem waffenartigen Schnappverschluss. Die Bedeutung ist ganz klar: Das »Ding«, von dem Miranda so angewidert berichtet (und das ihr in der Nacht noch sichtlich Vergnügen bereitet hat), wünscht sie sich in dem Moment, in dem sie sich mit dieser Handtasche aufrüstet, nur noch abgetrennt vom restlichen Mann.

Ein fast noch größerer Meister der Psychologie als Hitchcock ist Loriot, und im Vergleich zu seinem Sketch »Eheberatung« kann auch Bergman mit *Szenen einer Ehe* echt einpacken. Unvergessen bleibt die Episode, wie Loriot mit seiner Filmfrau bei einer Therapeutin sitzt, und sie knipst ständig ihre Handtasche auf und zu, was Ehemann wie Ärztin gleichermaßen zur Raserei treibt. Manchmal tun sie einem dann doch Leid, die Männer.

Die Wahrheit über den Mann

Worin trägt nun aber dieses zutiefst bedauernswerte Geschöpf seine Siebensachen durch die Welt? Nicht alle Männer sind so souverän wie Alexander von Schönburg, der auf Eva Corinos Frage, wie er es mit Taschen halte, die Antwort gab: »Hat man in ein leichtes Jackett von Brioni einmal, nur einmal einen Schlüssel gesteckt, wird man das ewig sehen. Deshalb lasse ich die Taschen zunähen, um gar nicht erst in Versuchung zu kommen. Ich leiste mir den Luxus, eine Frau zu haben, und meine Frau hat eine schöne Handtasche, in die ich alles, was mir überflüssig erscheint, hineinschmeißen kann, Zigaretten zum Beispiel und das kleine Etui mit den Kreditkarten.« Dieser Mann lässt tragen, und zudem noch die Dinge, die ihm überflüssig erscheinen. Tiefenpsychologisch tut sich hier ein Abgrund auf, denn keine Frau wird jemals von sich behaupten, dass sie das, was ihr überflüssig erscheint, in ihrer Handtasche mit sich herumträgt, sondern sie wird immer sagen, dass sie nur das Notwendigste dabeihat.

Nicht jeder hat eine so geduldige und tolerante Frau wie Alexander von Schönburg. Außerdem gibt es sicher Männer, die sich nicht permanent in Begleitung ihrer Frauen befinden. Hier ist durchaus Kreativität gefragt, oder der Mann muss Teil jener weltweiten Verschwörung werden, die sich offenbar auf ein einziges Behältnis geeinigt hat. Wer nicht auf immer aufs Allernotwendigste beschränkt bleiben will, wer aber auch nicht zur grassierenden Beulenpest beitragen möchte, wer sich gegen die Herrenhandtasche sperrt, wer einer permanent getragenen Aktentasche nicht die richtige Lebensfreude abgewinnen kann und wer für quer über der Brust getragene Umhängetaschen aus Lastwagenplanen zu alt oder zu etabliert ist, der landet über kurz oder lang bei der Bowlingtasche. Männer mit Geschmack und Geld fackeln nicht lange, gehen zu Jack Spade und kaufen eine, egal, was sie kostet. Zu dieser Entscheidung kann man raten, denn die Taschen sind solide und wirklich schön, halten ewig und, ganz wichtig für den modernen Mann: Sie sehen nicht neu aus, sondern haben den gewissen Charme, der sich sonst nur über jahrelanges Gebrauchen und Tragen einstellt. Andere Männer kaufen echte Bowlingtaschen von einschlägigen Sportartikelherstellern oder schlichte schwarze Nylon- oder Ledermodelle.

Warum aber Bowlingtaschen? Warum ist das eine Art ungeschriebenes Gesetz in der Männerwelt, von dem wir Frauen nichts wissen und das in etwa so lautet: Wenn du ohne Tasche nicht auskommst, mach bloß nichts falsch und kauf dir eine Bowlingtasche. (Nur rasch zur Gedächtnisstütze: Bowlingtaschen sind nicht besonders groß, haben einen stabilen Boden, eine halbrunde Form, einen großen Reißverschluss vom einen Ende der Tasche zum anderen und zwei stabile Henkel. DIN-A4 passt mit Mühe der Länge nach hinein, der Höhe nach gar nicht, eine Bowlingkugel und ein Paar Bowlingschuhe nebst Handtuch dagegen ohne Problem, was an der speziellen Form liegt.)

An meinem guten Freund Andreas war mir die Bowlingtasche erstmals aufgefallen. Das war vor etwa fünf Jahren. Ich traf ihn sonntagmorgens im Café, er trug sportlich sommerliche Klamotten in hellen Farben und eine schwarze Nylon-Bowlingtasche. Wir unterhielten uns ein bisschen, tranken einen Milchkaffee, und ich fragte ihn, ob er noch zum Bowling gehe. Er wehrte verlegen ab. »Zum Sport?«, wollte ich wissen, was er ebenfalls verneinte. »In den Park?«, bohrte ich ratlos nach, weil ich jetzt doch erfahren wollte, was es mit dieser Tasche auf sich hatte. Auch nicht. Schließlich fragte ich ihn unumwunden, wo er nach dem Cafébesuch noch hingehe. Ich fühlte mich wie bei der Spanischen Inquisition, aber die komischen Windungen, die Andreas auf seinem Stuhl vollführte, kamen mir sehr interessant vor. »Ich gehe noch zu Sandra«, sagte er. Ach so, das war seine Freundin, und eigentlich war es doch weiter nicht bemerkenswert, dass er zu ihr ging. »Habt ihr dann was vor, fahrt ihr ins Grüne oder so?«, setzte ich meine Karriere als Großinquisitorin fort. »Vielleicht am Abend ins Kino.« Es war an der

Zeit, Farbe zu bekennen, bevor das Gespräch eine verkehrte Wendung nahm. Also beichtete ich, dass ich eigentlich nur wissen wollte, was er in seiner Tasche hatte. Andreas klärte mich auf, restlos. Jahrelang hatte er sich mit dem Problem herumgequält, dass er nicht wusste, worin er sein Zeug herumtragen solle, ohne dass es affig (Gürteltasche, Handgelenkstasche), weiblich (Umhängetasche) oder prolig (Plastiktüte, Hosen- und Jackentaschen) aussah. Schließlich kam er (und mit ihm ganz offensichtlich etwa 2 Millionen weiterer Männer auf fünf Kontinenten, wie mir nach diesem Sonntag allmählich klar wurde) auf die Idee mit der Bowlingtasche. Er machte sie sogar für mich auf. Es war fast ein Déjà-vu-Erlebnis: Brieftasche, Schlüsselbund, Führerschein und Fahrzeugpapiere, Rasierwasser, Zahnbürste und kleine Zahncremetube, Minifotoalbum mit Fotos von Freundin und Tochter, Filofax, Handcreme (ich schwöre!), Augentropfen, Nasenspray, ein kleiner Deoroller, Sonnenbrille, kleiner Stadtplan, ein Architekturführer (aha!), ein Krimi, zwei Äpfel, Feuerzeug. Eigentlich fehlten nur der Lippenstift und die Unterhose zum Wechseln, um diesen Handtascheninhalt mit meinem identisch zu machen.

»Verstehst du jetzt?«, fragte Andreas. Ich verstand. Ich verstand alles.

Professor Freud lässt grüßen

In seiner Show stellte Harald Schmidt einmal mit Playmobilfiguren die Erfindung des Ödipus-Komplexes nach. Neben einigen todkomischen Kalauern wie beispielsweise einem Schild mit der Aufschrift »My Big Fat Greek Wedding«, das die Heirat von Ödipus mit seiner Mutter Iokaste ankündigte, barg auch diese Folge – wie das meist bei Schmidt so ist – tiefe Erkenntnis für diejenigen, die bereit waren, sie inmitten des Klamauks zu empfangen. Sinnigerweise hatte Schmidt seine Inszenierung des antiken Stoffes in die Rahmenhandlung »Wien um die Jahrhundertwende (19./20.)« eingebettet, in der er zeigte, wie Sigmund Freud Heurigenlieder singend vom Prater zurück in die Praxis schlingerte. Dort legte Freud sich aufs Sofa, konnte aber seine förmlich mit seinem Playmobilkörper verwachsene Aktentasche nicht ablegen, weswegen die mit aufs Sofa musste, was Schmidt zu der Bemerkung hinriss: »Professor Freud litt unter Taschen- und Kofferzwang.«

Mit diesem Witz ist der Kern des Problems benannt. Die Tasche des Mannes wird nur dann als Teil seines Wesens akzeptiert, wenn sie einem erkennbaren, objektiv nüchternen Zweck dient: Aktentasche, Bowlingtasche, Arzttasche, Golftasche, Sporttasche, Geigenkasten, Computertasche. All diese Taschen sind im Grunde genommen Mutationen des Werkzeugkastens, den nun wirklich niemand mit einer Handtasche verwechseln würde. Kommt der Mann jedoch in den Verdacht, er könne »einfach so« eine Tasche brauchen, macht ihn das zum Psychopathen oder Zwangsneurotiker, womit er einer Frau so ähnlich geworden ist, wie es ähnlicher schon gar nicht mehr geht. (Dies alles aus Männersicht betrachtet.) Das hält der stärkste Mann nicht aus, weswegen er – siehe oben – seine Siebensachen in der Bowlingtasche verstaut, die offensichtlich seit geraumer Zeit die leicht angegammelte lederne Arzttasche früherer Jahrzehnte abgelöst hat.

Nachdem im Frühjahr 2000 etliche große Modehäuser von Gucci bis Prada ihre männlichen Models mit kleinen Handtaschen über die Laufstege von Mailand gejagt hatten, machte der New Yorker Journalist Ian Spiegelman einen Selbstversuch, der sicherlich nicht weniger schmerzlich war als der des Arztes, der sich selbst bei vollem Bewusstsein einen Herzkatheter durch den Arm in den Brustkorb schob. Und zwar ging er in der Stadt, die niemals schläft, zu einer In-Party mit einem kleinen Freund über der Schulter: einer ledernen Herrenhandtasche von Prada, für die er immerhin 610 Dollar gelöhnt hat. (Behauptet er jedenfalls. Vermutlich bekam er sie von Prada umsonst, und nach Schilderung seiner Erlebnisse klagte er höchstwahrscheinlich obendrein auf ein erhebliches Schmerzensgeld.) Prompt wird er von einem Freund mit einem unverschämten Grinsen und den Worten »Nette Tasche!« begrüßt. Dann aber stellt er fest, dass die meisten Leute ihn gar nicht darauf ansprechen. Der Abend nimmt seinen Lauf, und bald schon vergisst er das kleine Ding, das an ihm baumelt. Schließlich steuert eine junge Frau auf ihn zu: »Was wollen *Sie* eigentlich damit? *Ich* will diese Tasche!« Eine andere fragt ihn, ob er in seinem »Täschchen« ein Feuerzeug hat. Er öffnet die Handtasche, und dabei offenbart sich, dass außer zwei Packungen Marlboro, einem Feuerzeug und einem Mobiltelefon nichts hineinpasst. Genau genommen, so Spiegelman, ist die Tasche unnütz, aber er hat sich bereits an sie gewöhnt, und so ertappt er sich dabei, wie er fünf Whiskeys später auf dem Sofa sitzend die Kissen durchwühlt auf der Suche nach der verlorenen Tasche und ruft: »Welches von euch Arschlöchern hat meine Handtasche genommen?«

Selbst wenn wir davon ausgehen, dass Spiegelman übertrieben hat, was die zeitliche Verdichtung seiner Erlebnisse auf nur einen einzigen Abend angeht (und auch, wenn wir den sicherlich diesen Prozess beschleunigenden Alkoholgenuss abziehen), schildert der Journalist doch ziemlich akkurat die Entwicklung, die ein Mann im Umgang mit seiner Tasche durchmacht. Auf eine Phase des durch Peinlichkeit geschärften Bewusstseins folgt eine Zeit der Selbstverständlichkeit, fast schon Gleichgültigkeit und darauf dann der Endzustand der Anhänglichkeit und Abhängigkeit, also genau der Zustand, in dem sich Frauen von der ersten Minute an mit ihren Taschen befinden.

Und genau deshalb haben Männer ein Problem mit Taschen: Warum sollten sie sich an eine Tasche binden, wenn ihre Bindungsängste in Bezug auf Frauen bereits nach der ersten Nacht beginnen? Sich an ein Auto binden, ist okay, denn schließlich ist es ein in Dauererektion befindlicher Penisfortsatz oder -ersatz. Ebenfalls die bedingungslose Bindung an einen idiotischen Sport wie Wildwasser-Rafting. Auch das regelmäßige Abhängen mit einer Bier trinkenden Horde gleich gesinnter Kumpels wird als Ausdruck von Freiheit verbucht. Aber sich von einer Tasche nicht mehr trennen wollen (und panisch zwischen den Sofakissen danach suchen), das ist doch so, als hätte man sich sexuell von einer Frau abhängig gemacht und könne nun ohne diese nicht mehr leben. Als ob einem richtigen Mann so etwas jemals passieren würde. »Professor Freud litt unter Taschen- und Kofferzwang.« Der vielleicht, aber ich doch nicht, denkt sich der Mann.

»Omnia mea mecum porto – Alles, was ich brauche, trage ich bei mir«, klärte mich mein Kollege Dieter auf, einmal mehr mit seinem uferlosen lateinischen Zitatenschatz angebend, als ich ihm erklärte, dass ich an einem Buch über Handtaschen schreibe. Latein ist schon lange her, aber sogar ich verstehe, dass er und ich das Wort »mecum« hier unterschiedlich auslegen. Für ihn bedeutet es »am Leib tragen«, also keine Tasche brauchen, während ich finde, dass auch ich alles, was ich brauche, bei mir trage, nur eben in einer ziemlich großen Tasche, die ihn regelmäßig, wenn wir zusammen zum Mittagessen marschieren, zu Sätzen verleitet wie: »Ach so, du gehst nach dem Essen nach Hause / ins Schwimmbad / zum Sport / ins lange Wochenende.« Dabei habe ich jeden Tag dieselbe Tasche im Büro dabei, und er hätte sich längst an sie gewöhnen oder sich zumindest merken können, wie sie aussieht. Freilich interessieren ihn Handtaschen nicht, und seine Frau interessiere sich ebenfalls nicht dafür, meint er, die habe in ihrer sowieso nur einen Lidschatten drin. Wenn er sich da mal nicht täuscht! Zum einen transportiert keine Frau unter der Sonne in ihrer Handtasche nur einen Lidschatten, zum anderen gibt es keine Frau, der ihr ständiger Begleiter so egal ist, dass sie sich nicht für ihn interessiert.

Männer reagieren auf das Thema Handtasche deshalb so ulkig, weil sie instinktiv die Bedrohung spüren. Die Bedrohung, die von einem Widersacher, Nebenbuhler oder möglichen Dreiecksverhältnis ausgeht. »Dass ich nicht lache«, sehe ich Dieter beim Lesen dieser Passage ausrufen. Gleich wird er durch die Tür marschieren und, das Buch in der Hand, zu mir sagen: »Du hast echt einen Knall.« (Das kann natürlich niemals passieren, weil er dieses Buch auf gar keinen Fall bis ganz hier hinten durchlesen wird.)

Frauen haben zu ihren Handtaschen eine unmittelbare, ursprüngliche Beziehung, die sich nicht unbedingt immer analytisch in den Griff kriegen lässt, die aber durch Szenen und Begebenheiten trefflich illustriert werden kann. Nehmen wir beispielsweise ein sehr deutsches Mädchen, nehmen wir Heidi Klum. Deutschlands schönster Exportartikel, unser aller Heidi, erzählte in einem charmanten Interview mit Moritz von Uslar im Magazin der *Süddeutschen Zeitung* vom 17. April 2003, dass sie in Las Vegas einmal richtig gewonnen hat: »Mit dreihundert rein-, mit 1500 rausgegangen. Sofort eine Handtasche gekauft.« Und das, obwohl wir doch alle wissen, dass Heidi Tagesgagen kassiert, von denen sie sich zehn exklusive Taschen leisten könnte. Es ist eine Szene, wie alle Frauen sie kennen: Kaum stellt man fest, dass sich das Girokonto wieder ein wenig berappelt hat, schon stürzt man in den nächsten Schuhladen, und hat man vielleicht eine Gewinnausschüttung oder eine Bonuszahlung bekommen oder gar eine Kleinigkeit geerbt, dann rennt man in den nächsten Handtaschenladen. Selbst ein modebewusster Mann oder einer, der sich auch mal mit was Schönem belohnt, kann das nicht verstehen.

Ein anderes Bild: Eine junge Frau sitzt entspannt und glücklich in einem Museum in der Impressionistenabteilung (natürlich!), in der einen Hand hält sie ein ziemlich großes Praliné, die andere leckt sie sich gerade genießerisch ab, und darunter steht: Does quality time always have to be spent with a person? Die Anzeige wirbt für Schokoladenkonfekt, das in einer Schachtel rechts von der Frau auf der Bank liegt. Links von ihr steht ihre ziemlich große Handtasche. Nein, man muss die schönsten Stunden des Tages oder des Lebens nicht unbedingt mit einem anderen Menschen verbringen. Diese Anzeige rät sogar explizit dazu, es einmal ohne Mann, dafür aber mit einer Schachtel Pralinés zu versuchen, eine subtile Anweisung zur Selbstbefriedigung sozusagen. Nie im Leben aber hätte diese Werbung irgendeine Überzeugungskraft, wenn da nicht die Handtasche stünde. Ohne einen, ohne meinen Mann, okay, aber nicht ohne meine Handtasche.

Genau dieses Szenario ängstigt die Männer, ebenso wie Heidis (und unser aller) Impuls, vom gewonnenen Geld spontan und sofort eine Handtasche zu kaufen. Wo kämen wir denn hin, wenn sich die unmittelbaren Gedanken nicht mehr um den Mann, sondern um einen anderen zuverlässigen Freund und ständigen Begleiter drehten?

Wie wenig Männer von Frauen wissen, offenbart sich leider immer dort, wo sie so tun, als ob sie sich ganz besonders toll in sie hineinversetzen könnten. Da kein Mann allen Ernstes behauptet, dass er das schafft, bleiben solche Versuche der Komödie vorbehalten, damit der Lacher gleich in Selbstironie umgebogen werden kann. So schreibt beispielsweise Daniel Bielenstein ein ganzes Buch über *Die Frau fürs Leben,* in dem er zu schildern versucht, wie selbst ein hoffnungsloser Macho und Rüpel doch noch die Richtige findet, indem er einfach die nimmt, die ohnehin tagaus, tagein vor seiner Nase herumzappelt, nämlich seine Lieblingskollegin. Garantiert hat Daniel Bielenstein dieses Buch nicht für andere Männer, sondern für eine rein weibliche Zielgruppe geschrieben, die nun begreifen soll, wie sie am besten »die Frau fürs Leben« von irgendeinem Kerl abgibt. Aber im ganzen Buch fällt kein einziger Satz über Handtaschen. Übers Einparken, übers Weinen, übers Jogurtessen von Frauen, über ihr Verhältnis zu Kollegen, zum Job, zu Männern im Allgemeinen, aber nicht den leisesten Ton zu Handtaschen. Nur ein Mal schwingt eine kampfeslustige Rentnerin ihre Einkaufstasche und donnert sie versehentlich ihrem senilen Mann an die Schläfe. Eine Einkaufstasche! Wie realistisch, bitte schön, ist denn das? Als Frau will man ein solches Buch gleich nach zwanzig Seiten wieder enttäuscht zuklappen und lieber ein paar alte Folgen von *Sex and the City* gucken oder noch einmal die schönsten Stellen aus *Königinnen* von Elke Naters lesen, denn dort spricht man wenigstens unsere Sprache.

Der stellenweise recht komische Film *Was Frauen wollen* mit Mel Gibson und Helen Hunt wartet mit dem lustigen Regieeinfall auf, dass Mel Gibson (herbeigeführt durch einen Unfall mit seinem Föhn und einer vollen Badewanne) plötzlich alles hören kann, was Frauen denken. Und was er dabei so mithört im Kaufhaus oder auf dem Weg zur Arbeit, ist ziemlich enttäuschend: Dauernd geht es nur um Männer oder um Kalorien. Für diese Erkenntnis hätte ihm ein Blick in irgendeine Frauenzeitschrift genügt, und als weiblicher Zuschauer versteht man gar nicht, warum ihn das so aus der Bahn wirft. Dann muss er sich auf Anweisung seiner neuen Chefin Helen Hunt in die weibliche Psyche hineinversetzen, um als Werbefachmann die Produkte besser einem weiblichen Publikum anbieten zu können. Dafür hat die clevere Helen ihm ein Paket zusammengestellt mit Heißwachs, Lippenstift, Mascara, Badeperlen, einem Wonderbra und einer Strumpfhose. Okay, er bekommt abends vor dem Spiegel, als er all diese Sachen auf einmal ausprobiert, eine ziemlich genaue Vorstellung davon, wie kompliziert es ist, eine Frau zu sein, und wie unendlich viel komplizierter, eine gewaschene, rasierte, geschminkte und bestrumpfte Frau zu sein. Wenn man ihm bei seinen Bemühungen so zuschaut, kann man sich gleich anerkennend selbst auf die Schulter klopfen: Ist ja super, wie man das jeden Morgen hinkriegt und meist sogar ohne nennenswerte Schnittwunden oder Laufmaschen und dazu noch in vergleichsweise atemberaubender Geschwindigkeit. Müssten Männer durch die Prozeduren hindurch, die wir uns tagtäglich auferlegen, könnte man sie wohl erst gegen 15 Uhr im Büro begrüßen, und jeden dritten Tag würden sie wegen nervlicher Zerrüttung ganz zu Hause bleiben. Aber wie dem auch sei, in diesem netten Filmchen gibt es ebenfalls keinen einzigen Satz, keine Anspielung, keine Geste zum Thema Handtasche. Das ist schon irgendwie enttäuschend, denn eigentlich hätte es gereicht, wenn Helen Hunt statt ihres Frauen-Starter-Sets Mel Gibson einfach eine Fendi Baguette in die Hand gedrückt hätte. Vermutlich wäre er jetzt noch mit dem Verschluss beschäftigt oder hätte sie schon längst in der U-Bahn vergessen.

Besser traf es in diesem Genre Blake Edwards, in dessen Komödie *Switch. Die Frau im Manne* Ellen Barkin einen Mann spielt, der zur Strafe im Körper einer Frau klarkommen muss. Natürlich sieht »er« immer umwerfend aus und in Strumpfhosen viel besser als Mel Gibson, aber Kunststück, er ist ja auch Ellen Barkin, und die sähe noch als Ungeheuer vom Amazonas absolut atemberaubend aus. Dieser Film illustriert völlig überzeugend, wie schwierig das Leben mit einem von folgenden drei Gegenständen ist: Abendtasche, kurzes und enges Kleid, hohe Schuhe. Und wie unvorstellbar kompliziert mit allen dreien gleichzeitig. Der einzige andere Film, der dies entsprechend würdigt, ist *Manche mögen's heiß,* bei dem es ebenfalls darum geht, dass zwei Männer zwar nicht im Körper einer Frau, so aber doch wenigstens in ihren Kleidern und Accessoires stecken und diese Herausforderung bewältigen müssen, ohne dass die Tarnung auffliegt. Solange sie sich nicht gerade in der Damenkapelle, in der sie engagiert sind, hinter ihren Instrumenten verstecken können, haben Jack Lemmon und Toni Curtis, der übrigens eine sehr hübsche Frau abgibt, allerhand Probleme mit diesem Zustand, die weit über schiere Handtaschenprobleme hinausgehen. Dem Thema ist wohl doch nur in Form der Komödie beizukommen.

Oder als Krimi: In Alfred Hitchcocks *Fenster zum Hof* vermutet James Stewart, dass sein Nachbar seine Frau umgebracht hat. Seine Freundin Lisa ist skeptisch, bis zu dem Moment, als sie erfährt, dass der Nachbar in der Krokodillederhandtasche seiner Frau herumgestöbert und ihren Schmuck zutage gefördert hat, was natürlich wieder von dem mit Teleobjektiv und Fernglas ausgerüsteten James Stewart, der gegenüber wohnt, beobachtet wurde. Sie kann die These, dass die verschwundene Gattin des Nachbarn einfach nur verreist ist, dadurch entkräften, dass eine Frau niemals ohne ihre Handtasche das Haus verlassen würde – schon gar nicht für längere Zeit. »Das reimt sich nicht zusammen, Jeff«, erklärt Grace Kelly ihrem Freund. »Frauen sind nicht so unberechenbar. Eine Frau hat eine Lieblingshandtasche, die immer am Bettpfosten hängt, wo sie ganz leicht rankommen kann. Und dann eines Tages verreist sie und lässt sie zu Hause. Warum?« Die prophetische Antwort, die sie sich selbst auf diese Frage gibt, ist, dass sie dort, wo sie hinfährt, keine Handtasche braucht. Zudem bemerkt Grace Kelly, die es schließlich wissen muss als Handtaschenprofi, dass keine Frau ihren Schmuck in ihrer Handtasche aufbewahren würde. »Er scheint kein so guter Detektiv zu sein«, bemerkt sie abschließend über Tom Doyle, den Polizeifreund, den James Stewart vorsorglich in seine Ermittlungen einbezogen hat. Stimmt. Wenn Männer mehr über Frauen und deren Gewohnheiten wüssten, würden sie sicherlich mehr Kriminalfälle lösen. Doyle hingegen bürstet Lisas Erkenntnisse arrogant ab: »Dieser weibliche Intuitionsquatsch verkauft sich gut in Magazinen, aber im wirklichen Leben ist es immer noch ein Märchen. Ich weiß nicht, wie viele Jahre ich damit verschwendet habe, Hinweisen nachzugehen, die auf weiblichen Intuitionen beruhen.« Könnte ein Irrtum sein, Tom Doyle, und ist es auch, wie Hitchcock, der unter anderem auch der Meister der weiblichen Intuition ist, den überheblichen Polizeifritzen durch den Ausgang der Geschichte eines Besseren belehrt. Die Tom Doyles sind aber leider allgegenwärtig und »Frauen verstehen« noch immer eine Beleidigung.

Alfred Hitchcock verstand die Frauen zutiefst. Schade, dass er nicht aussah wie George Clooney oder Brad Pitt und für immer jung blieb. Komplett merkwürdig mutet es daher an, wenn Grace Kelly als Margot in dem Alfred-Hitchcock-Film *Bei Anruf Mord* ihrem Liebhaber Mark Halliday kundtut, dass ihr der letzte seiner Liebesbriefe gestohlen wurde, weil sie ihre Handtasche mit dem Liebesbrief darin auf der Victoria Station verloren hat. Verloren? Welche Frau, bitte schön, verliert denn einfach so ihre Handtasche? Liegen gelassen hat sie sie vielleicht, aber auch das ist bei Grace Kelly, der unumschränkten Herrscherin des Handtaschenreichs, schlicht nicht denkbar. Mit dem gestohlenen Liebesbrief wird die schöne, aber leider verheiratete Grace nun erpresst. Gut, wir sehen ja ein, dass Hitchcock irgendein Szenario erfinden muss, warum Margot den Brief nicht mehr besitzt, aber es hätte ihm doch etwas Glaubwürdigeres einfallen können als nun ausgerechnet eine »verlorene« Handtasche, eine gestohlene, eine entrissene, aber doch keine banal und hilflos verlorene.

Natürlich ist das auch nicht so: Es stellt sich nämlich heraus, dass ihr Ehemann Tony das Eintreffen der Liebesbriefe und das Verbrennen aller bis auf den einen verfolgt hatte, und auch, dass Margot ihn von einer Handtasche in die andere gesteckt und immer bei sich getragen hatte. Tony ist – verständlicherweise – besessen davon, herauszufinden, was in diesem einen Brief steht. Er stiehlt ihn samt Handtasche und erpresst seine eigene Frau. Aber damit nicht genug, Tony verfällt zudem auf die Idee, dass er seine Frau umbringen lassen will. Hierbei spielt wieder ihre Handtasche eine Rolle, aus der er ihren Wohnungsschlüssel nimmt, um ihn im Treppenhaus für den Dieb zu deponieren. Alles scheitert daran, dass es ihm nicht gelingt, ihren Schlüssel aus ihrer Tasche zu nehmen, weil sie diese, als er schon bereit zum Aufbruch ist, direkt vor sich hinstellt. Minutenlang sieht man nun Grace Kelly und im Vordergrund, unmittelbar vor der Kamera, ihre Handtasche. Tonys ganzer, kunstvoll ausgedachter Plan droht zu scheitern. In einem Streit des Ehepaares werden die Handtasche und der darin in einer winzig kleinen Börse befindliche Schlüssel zum Sinnbild der weiblichen Freiheit. Die gute Margot will nämlich – *surprise, suprise* – allein ins Kino und braucht daher ihren Schlüssel, den sie ihrem Mann aus diesem Grund nicht borgen kann. Es gibt ein Hin und Her, und Tony weiß keinen anderen Ausweg, als Margot, deren Schlüssel er ja dringend braucht, um ihn im Treppenhaus zu hinterlegen, um etwas Kleingeld fürs Taxi zu bitten. Er macht sich deshalb sogleich, kaum dass sie sich von ihm abgewendet hat, an ihrer Handtasche zu schaffen, die zuvor meisterlich als Objekt der Begierde in Szene gesetzt wurde. »Hey, lass meine Tasche in Ruhe, gib sie wieder her«, reagiert die sonst scheinbar so leidenschaftslose Grace empört. Danke, Alfred, denn auch nach vielen Jahren Ehe und im Angesicht des bevorstehenden, bestellten Todes sollten Männer es sich tunlichst verkneifen, in den Handtaschen ihrer Frauen herumzuwühlen. Tony hält nun gar die Handtasche seiner Frau hinter sich auf dem Rücken, um unbemerkt aus der kleinen, darin befindlichen Börse den Wohnungsschlüssel entwenden zu können, was Margot zu Recht gar nicht komisch finden kann. Es gelingt ihm aber, und Margot samt Handtasche ist fürs Erste die Verliererin in diesem perfiden Plot.

Das setzt sich fort, als durch den wiederaufgefundenen Brief klar wird, dass Liebesbrief und Handtasche für Margot fast synonym sind, dass sie das Intimste sind, was sie hat. Als die Polizei ins Haus kommt, steht ihre Tasche denn auch prompt mitten in ihrem ungemachten Bett. Die Handtasche ist es auch, die das rettende Element darstellt, als Margot schon längst durch eine Kette fies von Tony eingefädelter Umstände zum Tod verurteilt ist. Wenn nämlich ihr Mann zugibt, dass er ihre Handtasche gestohlen hat (um den Brief von Mark Halliday lesen zu können), kann ihr Leben gerettet werden, davon versucht wenigstens ihr Liebhaber ihren Ehemann zu überzeugen. Als Margot schon längst in der Todeszelle hockt, in die ihr Mann sie gebracht hat, als er sich bereits ein Bett im Wohnzimmer aufgeschlagen hat, weil er doch nicht so skrupellos ist, als dass er im gemeinsamen Ehebett noch schlafen könnte, da harrt einsam und verlassen Margots Handtasche seiner auf dem Polizeirevier – angeblich. Denn die kurzfristig und zu Ermittlungszwecken entlassene Margot steht plötzlich mit ihrer Handtasche vor ihrer Wohnungstür, wo ihr eigener Schlüssel nicht mehr passt. So spielt die heimliche Hauptrolle in diesem Film die Handtasche, einmal in Kombination mit dem Liebesbrief, dann wieder zusammen mit dem inkriminierenden Indiz, dem Wohnungsschlüssel. In einer wunderbaren Szene gegen Ende des Films sieht man Tony mit der Handtasche seiner Frau unter dem Arm und dem falschen, aber ihn überführenden Schlüssel in der Hand. Natürlich wird der Schurke verhaftet, und Margot bleibt zu wünschen, dass sie weiter mit dem gut aussehenden Mark eine rasante Affäre haben kann oder in ihm vielleicht sogar den Mann fürs Leben findet. Ende gut, alles gut.

Auf nichts als ein Ende hofft auch Matthias Dell, der in der *Zeit* vom 4. Juli 2002 schildert, wie er in Paris im Gebüsch eine Handtasche findet, die offensichtlich einer Prostituierten gehört, die überfallen worden ist. Dies schließt er aus dem Inhalt der billigen, dunkelblauen Tasche. Wertgegenstände fehlen, aber es finden sich darin: »... ein Paar Frotteehandschuhe, eine schwarze Bürste, in der rot gelockte Haare hingen, Taschentücher, zwei Packungen Sekundenkleber, ein schwarzer Kajalstift, ein beigefarbener Lippenstift, ein kleines Plastikfläschchen Eau de Toilette der Marke Jaipur, das sehr süßlich roch, ein schwarzer, langer Baumwollrock, zwei hautfarbene, halterlose Damenstrümpfe, ein schwarzer Minirock, ein Korken, eine angebrochene Packung mit Rachentabletten, sechs Diaphragmen, vielleicht vierzig Kondome. Und schließlich drei Zettel und eine Visitenkarte mit vier Handynummern.« Während Dell selbst ein wenig Privatdetektiv spielt, die Handynummern anruft und dabei in erster Linie die Besitzerin der Tasche finden will, wird er schon längst von der Polizei observiert, und sein Telefon wird abgehört, da man einen Zusammenhang zwischen der Handtasche und einer im Bois de Vincennes brutal ermordeten Prostituierten vermutet. Dell wird ins Kommissariat einbestellt, die Handtasche muss er mitbringen. Der Schreck fährt ihm verständlicherweise mächtig in die Glieder, war ihm doch seine Neugierde fast zum Verhängnis geworden. Und aus dem Inhalt einer Handtasche die richtigen Schlüsse zu ziehen, war eindeutig eine Nummer zu groß für ihn gewesen. Überwältigt von der unheimlichen Aura, die diese eine Handtasche mit Wucht entfaltet, stellt sich eine Erleichterung erst in dem Moment ein, als die ganze Episode für Dell folgenlos bleibt. Darin ist das Leben gnädiger als das Kino, das ein einziges gigantisches Albtraumszenario aus dieser Ausgangssituation generiert hätte.

The things we do for love

Im artifiziellen Angeberkino von Peter Greenaway, das sich in manchen Filmen partout frauenversteherisch und männerironisch geben will, kommen Handtaschen nicht vor. Da wäre beispielsweise der Film *Verschwörung der Frauen,* in dem Frauen zwar jede Menge missliebige Männer – vorrangig ihre eigenen oder ihre Liebhaber – umbringen, aber weit und breit ist keine Handtasche zu sehen. Das ist doch sogar für Frauen, die ihre Männer am Leben lassen, durch und durch unglaubwürdig. Was soll man aber auch von einem Film halten, in dem Männer, die Hardy heißen, ihre Frauen mit einem Eis am Stiel befriedigen? Man hätte eine Warnung beifügen müssen, dass dies in der Realität zu einer lebensbedrohlichen Infektion führen kann. Kein Wunder, dass es in einem solch wirklichkeitsfernen Film keine einzige Damenhandtasche gibt.

Die Wirklichkeit jedoch kann *stranger than fiction* sein, was sich schon daran ablesen lässt, dass sie Geschöpfe wie Monica Lewinsky hervorzubringen vermag. Die Gute hatte es bekanntlich schwer. Erst machte sich der Präsident der Vereinigten Staaten an ihr zu schaffen, zwar nicht mit einem Eis am Stiel, dafür aber mit einer Zigarre. Und danach hat er vor einem Untersuchungsausschuss Stein und Bein geschworen, dass das gar kein Sex war, so wie Marihuana rauchen, ohne zu inhalieren, ja auch kein Drogenkonsum war. Aber zurück zu Monica Lewinsky, der unser Interesse hier gilt. Sie kann nicht sexuell befriedigt aus dieser dusseligen Affäre, die vermutlich ihr Leben ruiniert hat, hervorgegangen sein, denn sonst hätte sie nicht gegen ihren Ex-Liebhaber ausgesagt. Vermutlich hat sie dieser wirklich bloß ein bisschen mit der Zigarre befummelt, ansonsten geguckt, dass er auf seine Kosten kommt, und alles Weitere aus Angst vor Hillary und im Hinblick auf sein Amt bleiben lassen. Was blieb Monica da anderes übrig als die Flucht in den Verzehr fettiger Speisen, von denen es in den USA wahrhaftig reichlich gibt. So wurde sie – ähnlich wie Anna Nicole Smith und auch aus ähnlichen Gründen – mopsiger und mopsiger, bis sie schon gar nicht mehr in so richtige Klamotten hineinpassen mochte. Im Gegensatz zu Anna Nicole hat Monica jedoch nicht ihre eigene Reality-TV-Show bekommen. (Die gibt es wirklich, und man kann dem ehemaligen Model täglich live dabei zusehen, wie es immer dicker und faszinierenderweise zugleich immer dümmer wird, falls sich ihr komplett unterbelichteter Zustand überhaupt noch steigern lässt. Das Ganze hat nur den einen Sinn, dass man sich, egal wie dick und doof, beim Zuschauen sofort viel besser fühlt.)

Vermutlich verblüfft es gar nicht so sehr, wenn ich enthülle, was Monica Lewinsky derzeit so treibt: Sie entwirft und verkauft Handtaschen. Nein, das ist kein Witz. Diese Geschichte sollte aus dem Bereich der Ironie gerückt werden, und man sollte sie mit dem zutiefst menschlichen Gefühl echter Anteilnahme betrachten. Unter www.therealmonica.com kann man ihre Handtaschenkreationen in aller Ruhe studieren und auch gleich bestellen. Aber was für Taschen sind das? Allesamt, sagt Monica, sind sie nach ihren Entwürfen gefertigt. Ausnahmslos handelt es sich um weiche Stofftaschen, und alle sind in Farben und Mustern gehalten, als seien sie direkt dem Kinderzimmer entsprungen. Lewinsky lässt Interviewpartner gerne wissen, wie sehr sie sich eine Familie und Kinder wünscht, aber diese Taschen zeigen ganz deutlich, dass sie im Grunde genommen nichts sehnlicher möchte, als wieder zurückzukehren in ein Kinderparadies, als noch niemand ihr Böses wollte, als noch nicht die halbe Welt über sie lachte und als alles noch weich und kuschelig, pastellfarben und geblümt war. Die klassischen großen Formen »Tote« und »Carryall« herrschen bei ihren zutiefst konservativen Handtaschenentwürfen vor.

Interessant ist allerdings, dass fast alle von Monicas Taschen zum Wenden sind, sie lassen sich komplett umstülpen, das Innerste lässt sich nach außen kehren, sodass nichts, aber auch gar nichts ein Geheimnis bleibt. Das ist, wie wir wissen, nicht unbedingt der Sinn einer Handtasche, deren schöne Innengestaltung zwar immer eine wichtige Rolle für ihre Trägerin spielt, aber doch vor dem Hintergrund, dass niemand außer ihr selbst mehr als einen flüchtigen Blick darauf erhascht. Das Innenfutter einer Handtasche ist ein noch intimerer Ort als die eigenen Dessous, die man wenigstens ab und an jemandem zeigt, auch wenn es mindestens genauso reizvoll ist, sie nur für sich selbst zu tragen. Die Erfindung der Wendetasche verfehlt den Sinn von Handtasche vollkommen, obwohl sie natürlich dem Namen der Marke »The real Monica« gerecht zu werden versucht, wenn die wirkliche Monica sich damit anpreist, ihr Innerstes nach außen zu kehren.

Wenn dem Verbergen gedroht wird, es in ein Herzeigen zu verwandeln, nimmt das der Handtasche jeglichen Charme. Von praktischen Aspekten mal ganz abgesehen: Egal wie gut man auf seine Tasche auch aufpasst, Spuren der Benutzung, wie Make-up- oder Puderflecken, Kugelschreiberstriche, Tintenkleckse oder Parfümränder lassen sich nicht vermeiden, und bei pastellfarbenem Baumwollstoff scheint mir das ein gänzlich hoffnungsloses Unterfangen. Lewinsky selbst hat eine ganz andere Interpretation parat. In einem Interview mit dem Schweizer Journalisten Peter Hossli sagt sie über ihre Kreationen: »Wir brauchen Dinge, mit denen wir die Hektik des Alltags meistern und die gleichzeitig gut aussehen. Im Übrigen birgt jede Tasche Überraschungen. Man weiß nie, was drin ist. Viele kann man beidseitig tragen.« Im selben Interview erzählt Lewinsky, dass sie auch Taschen für Männer designt, und auf ihrer Homepage gibt es einen entsprechenden Link, hinter dem sich aber nichts verbirgt. Die Seite, die sich aufblättert, bleibt leer und zeigt »0 results«.

Leider entspricht dies dem Fazit aus ihrem bisherigen Leben, denn auch aus der berühmten Affäre, die die halbe Welt 1996 in Atem hielt, ging sie mit »0 results«, dafür aber mit umso mehr Blessuren hervor. Monicas Taschen sind nichts anderes als ein großer, weithin sichtbarer und zudem käuflicher Hilfeschrei: Seht her, ich habe nichts zu verbergen, ihr könnt in mich hineinsehen, ich bin ein pastellfarbener Kinderblütentraum und direkt dem Hasenwunderland entlaufen. Ein Schuft, wer etwas Schlechtes über mich denkt! »Especially made for you by Monica« prangt als Label auf Lewinskys Taschen, und man hat das Gefühl, es könne ebenso gut lauten: »Bitte habt mich lieb!«

Es irgendwie zusammen aushalten

Eine lustige britische Fernsehwerbung zeigt ein Ehepaar beim Autokauf. Auf ein Modell haben sich die beiden offenbar schon geeinigt, und nun fragt der Verkäufer sie nach der gewünschten Farbe. Der Mann zögert und sieht sich hilfesuchend um. Sein Blick bleibt an den schwarzen polierten Schuhen des einzigen anderen Mannes, des Verkäufers, hängen, und er trifft eine von der *peer group* »anderer Mann« beeinflusste Entscheidung. »Schwarz!« Da gibt ihm seine Frau einen ordentlichen Knuff in die Seite mit ihrer knallroten Handtasche, worauf er sich noch einmal korrigiert und »Rot!« sagt – dabei bleibt es dann. Diese Werbung transportiert mehrere Botschaften, unter anderem die, dass es selbstverständlich von vornherein besser gewesen wäre, die eigene Frau in eine ästhetisch so wichtige Entscheidung einzubeziehen, statt sich an einem anderen Mann zu orientieren. Dadurch hätte der Mann sich ein paar blaue Flecke und eine öffentliche Demütigung ersparen können. Dann steckt aber noch eine echte Handtaschenbotschaft in diesem Spot. Beispielsweise hätte man sich ja auch vorstellen können, dass die Frau dem Mann mit roten Schuhen auf den Fuß tritt, um ihr Missfallen auszudrücken und ihn auf die richtige Farbe zu bringen. Oder sie hätte sagen können: »Du, Schatz, Rot gefällt mir besser.« Sie äußert ihre Meinung jedoch mittels ihrer Handtasche, die an der Schulter hängt, auf deren Seite auch der Mann steht. Das ist natürlich alles kein Zufall.

Irgendetwas wird immer zwischen Mann und Frau stehen, scheint diese Fernsehwerbung über die Handtasche auszusagen. Der Mann, der so unmittelbar auf die Korrektur durch seine Frau reagiert, drückt aber auch die Hoffnung aus, dass er den vielfältigen Handtaschensignalen, die vermutlich den ganzen Tag auf ihn einprasseln, nicht ganz verschlossen gegenübersteht, sondern durchaus eine gewisse Aufnahmebereitschaft und Durchlässigkeit zu entwickeln vermag. Das Dreiecksverhältnis zwischen Mann, Frau und Handtasche ist ein konfliktbeladenes, das zudem von Unwissenheit, Eifersucht, Aggression und Angst aufseiten des Mannes und von Beschützerinstinkten und Verteidigungsimpulsen bei der Frau durchzogen ist. Es kann bei Männern wie Frauen zu hässlichen Ausfällen und extremen Szenen kommen, und die vorangegangenen Seiten haben sich bemüht zu zeigen, warum das so ist. An all dem hat die Handtasche einen großen Anteil an Schuld, da sie der Auslöser für viele heftige Reaktionen und absonderliche Gewohnheiten ist. Zudem ist sie so beschaffen, dass sie stets in gleicher Münze zurückzahlen lässt, wie man sie behandelt hat, da ihre Trägerin, die Frau, in Bezug auf dieses Thema keinen Spaß versteht. Weswegen man allen Männern nur raten kann, es mit friedlicher Koexistenz zu versuchen. So bleibt die Frau dem Mann gewogen, und mit der Handtasche wird er sich irgendwie arrangieren müssen.

Der praktische Teil

Der Handtaschen-Psychotest: Welcher Typ sind Sie?

(1) Es regnet in Strömen. Welche Handtasche nehmen Sie?

- Ich bleibe zu Hause, weil ich das meiner Tasche nicht zumuten kann. [3]
- Ich stopfe alles in eine Plastiktüte von Century 21 und wage mich raus. [1]
- Ich suche nach meiner abgelegten Louis-Vuitton-Handtasche und räume alles in diese um. [2]
- Ich nehme die Tasche, die zu meiner Kleidung passt, und bewaffne mich mit einem sehr großen Schirm. [4]
- Ich nehme dieselbe Tasche wie immer. Die paar Schritte bis zum Auto oder zur U-Bahn werde ich schon noch schaffen. [5]

(2) Ihr Partner schenkt Ihnen eine offensichtlich sehr teure Designerhandtasche, die Ihnen aber überhaupt nicht gefällt. Wie reagieren Sie?

- Ich behalte das Ding und biete es am nächsten Tag als brandneu und unbenutzt bei eBay an. [4]
- Ich bin gerührt, dass ich ihm so viel wert bin, und benutze die Tasche ab sofort. [1]

- Ach, was soll's, ich benutze sie trotz offensichtlicher Scheußlichkeit, weil das teure Label jede Menge Neid erzeugt. [2]
- Ich bedanke mich und biege ihm vorsichtig bei, dass sie mir nicht gefällt. Vielleicht kann er sie umtauschen. [5]
- Ich bedanke mich und lasse die Tasche für immer in der hintersten Ecke des Kleiderschranks verschwinden. [3]

(3) Ihre beste Freundin schnappt sich unaufgefordert und ohne vorher zu fragen Ihre Handtasche und fischt sich ein Taschentuch heraus. Was sagen Sie?

- Nichts, das ist völlig okay. Ich mache das bei ihr auch so. [4]
- Nichts, weil sie meine Freundin ist, aber ich beiße echt die Zähne zusammen. [5]
- Ich fange mit ihr ein Grundsatzgespräch über unsere Freundschaft an. [3]
- Du, Susanne, das finde ich jetzt aber nicht so gut, dass du einfach, ohne das vorher mit mir zu klären, in meine Tasche langst. [1]
- Brauchst du auch noch Tampons oder vielleicht mein Feuerzeug? [2]

(4) Sie sitzen an der Bar. Was machen Sie mit Ihrer Handtasche?

- Ich hänge sie an einen der praktischen Haken unter dem Tresen. [5]
- Ich stelle sie neben mein Cocktailglas auf die Bar. [4]
- Ich behalte sie auf dem Schoß. [3]
- Ich stelle sie auf den Boden. [2]
- Ich gebe sie an der Garderobe ab. [1]

(5) Sie dürfen sich eine neue Handtasche aussuchen. Der Preis spielt keine Rolle. Welches Material wählen Sie?

- Nerz, Persianer, Kobra oder Krokodil: Hauptsache teuer! [4]
- Rindsleder, Kalbsleder oder Fohlenfell [3]
- Lackleder oder *fake snake* [2]
- Kunststoff [5]
- Filz [1]

(6) Die suchen Ihren Hausschlüssel. Wie gehen Sie vor?

- Ich greife in meine Hosentasche, wo er ist. [1]
- Ich taste vorsichtig in meiner Handtasche herum, bis ich ihn habe. [5]
- Ich schütte den Tascheninhalt vor meiner Wohnungstür auf den Boden, weil mir das sonst zu lange dauert. [4]
- Ich greife in das kleine Seitenfach meiner Handtasche, wo ich ihn immer verstaue. [3]
- Ich schüttle meine Tasche, bis ich den Schlüsselbund höre, und greife dann in Richtung des Geräuschs. [2]

(7) Ihre bevorzugte Handtaschengröße ist

- nur wenig größer als mein Portemonnaie. [1]
- mindestens DIN-A4-Format, eine Zeitschrift muss locker hineinpassen. [4]
- mir völlig egal. [2]
- mindestens DIN-A5-Format, sodass ein Taschenbuch bequem Platz darin findet. [3]
- größer als meine letzte Tasche. [5]

(8) Sie sitzen auf einem Fensterplatz im Flugzeug. Wo ist Ihre Handtasche?

- Ich halte sie auf meinem Schoß. [3]
- Ich habe sie als Gepäck aufgegeben. [1]
- Gut verstaut unter dem Vordersitz. [2]
- Auf dem Sitz neben mir. [5]
- Im Handgepäckfach über meinem Sitz. [4]

(9) Sie sehen zufällig Ihren Ex mit seiner Neuen. Wo bleibt Ihr Blick hängen?

- Bei ihm. [3]
- Bei ihren Schuhen. [4]
- Bei ihrem Gesicht. [5]
- Bei ihrer Handtasche. [2]
- Nirgendwo, weil ich sofort wegsehe. [1]

(10) Sie rangieren eine alte, aber teure Handtasche endgültig aus. Was machen Sie damit?

- Ich stecke sie in den Mülleimer vorbei ist vorbei. [5]
- Schließlich war die mal teuer; ich biete sie bei eBay als leicht gebraucht zur Versteigerung an. [4]
- Ich gebe sie in die Altkleidersammlung für die Dritte Welt oder so. [1]
- Ich schenke sie einer Kollegin. Die freut sich sicher und würde sich so was ja nie kaufen. [2]
- Ich stelle sie ins Regal zu meinen anderen ausrangierten Designerhandtaschen. [3]

Auflösung

10–17 Punkte: Die Schüchterne
Ja, Sie sind in jeder Hinsicht der eher zurückhaltende Typ, aber das ist überhaupt nichts Schlimmes. In Bezug auf Handtaschen wissen Sie (noch) nicht so genau, welche die Richtige für Sie ist und stopfen notfalls alles in eine Plastiktüte oder einen Rucksack oder gehen nur mit Portemonnaie und Hausschlüssel aus dem Haus. Sie haben das Gefühl, eine Handtasche ist ein Fremdkörper an Ihnen, und vielleicht geht es ohne eine ja doch noch am besten, weil man dann in der Wahl nichts falsch machen kann. Ähnlich vorsichtig gestalten Sie Ihre Beziehungen zu Männern, aber nach einer Phase der Koketterie könnten Sie längerfristig eine ganz treue Seele werden.

Falls Sie sich in der Handtaschenabstinenz wohl fühlen, sollten Sie auf keinen Fall irgendetwas daran ändern und schon gar nicht, weil dieses Buch Ihnen soeben auf rund 300 Seiten einen Handtaschen-Hype suggeriert hat. Sollten Sie aber rauswollen aus einem solch vorsichtigen oder gar handtaschenlosen Zustand, empfiehlt sich die Lektüre des anschließenden Leitfadens zum Handtaschenkauf.

18–25 Punkte: Die Kokette
Eigentlich wollen Sie gerne treu sein, aber es klappt nicht so ganz. Immer mal wieder lassen Sie sich zu einem Ausreißer verführen, ein Urlaubsflirt dort, eine Zufallsbekanntschaft hier und ab und an auch mal ein One-Night-Stand. In Ihrem tiefsten Inneren sind Sie ein eher schüchterner Typ, zeigen es aber nicht. So kommt es, dass Sie sich oft nicht trauen, auch wenn Sie schon lauter eindeutige Zeichen gesendet ha-

ben. Kaum haben Sie eine Tasche gefunden, die Sie mögen, wird es schon Frühling, und eine andere passt viel besser zu Ihrem Gesicht oder Ihrer Jeansjacke. Einen wirklich einheitlichen Stil haben Sie noch nicht entwickelt, werden es vielleicht auch nie, denn Sie kokettieren mit vielen Einflüssen. Das ist vollkommen okay, und wenn Sie wollen, müssen Sie sich nur ein wenig mehr auf ein Modell konzentrieren, und schon sind Sie auf dem schnörkellosen Weg, um eine ganz Treue zu werden.

26–33 Punkte: Die Treue

Sie sind eine durch und durch treue Seele. Der Mann in Ihrem Leben und Ihr anderer ständiger Begleiter, Ihre Handtasche, wissen das zu schätzen. Sie pflegen die wichtigen Beziehungen in Ihrem Leben, und Sie wissen ganz genau, wer zu Ihnen passt und zu Ihnen gehört und auf wen Sie zählen können. Ihren Stil und Ihren Typ(en) haben Sie schon längst gefunden, sodass die Experimentierphase bereits lange hinter Ihnen liegt, falls Sie die überhaupt je durchlaufen haben. Sie sind absolut zuverlässig und erwarten diese Eigenschaft auch von anderen. Da Sie sich einmal entschieden haben, gilt für Sie auch bei widrigen Umständen die Devise: »Stand by your man.« Ihn würden Sie nie verraten und nur aus wirklich gutem Grund verlassen. Ihrer Handtasche aber sind Sie treu bis zum Jüngsten Tag. Sie haben sich auf ein Label oder einen Typ von Tasche festgelegt, den Sie jederzeit durch ein neueres Modell ersetzen können für den Fall, dass Ihr bestes Stück doch einmal nach Jahren den Geist aufgibt. Sogar anstelle eines Abendtäschchens nehmen Sie lieber die Handtasche für alle Tage, die dafür ruhig etwas eleganter und zuweilen auch teurer ausfallen darf.

Sogar im Inneren Ihres getreuen Vasallen herrscht relative Ordnung. Ihre Handtasche befindet sich meist in aufgeräumtem, zumindest aber in gezähmtem oder diszipliniertem Zustand. Ähnlich sieht es in Ihrer Beziehung aus, denn Sie haben die Zügel im Griff oder sind doch zumindest eine vollkommen gleichwertige Partnerin. Andere beneiden Sie um diese Solidität und trösten sich damit, dass das auf Dauer vielleicht langweilig sein könnte. Aber das ist es überhaupt nicht, denn schließlich entscheiden Sie, mit wem Sie sich dauerhaft umgeben, und das kann auch ein durchaus interessantes Exemplar sein.

34–43: Die Freche

Sie wissen, was Sie wollen, und holen es sich, und das kann je nach Laune, Stimmung und Verfassung immer etwas anderes sein. Sie sind nicht einem einheitlichen Stil oder gar einer Marke treu, sondern Sie selbst sind ein Wesen in der Entwicklung (natürlich immer zum Besseren hin), und dem müssen Ihre stets wechselnden Weggefährten sich unterwerfen. Wer nicht mehr mitziehen will, wird kurzerhand gegen ein tauglicheres Modell ausgetauscht. Andere mögen das grausam finden oder verwenden schlimme Wörter wie »Luder«, vor allem diejenigen, die sich als Opfer Ihres Lebensstils sehen. Das muss Sie echt wenig scheren, denn Sie gehen einen ganz geraden Weg, bei dem Sie im Normalfall keinem wehtun. Lustigerweise kann die ganze Laune bei Ihnen von heute auf morgen umschlagen. »Schluss mit dem Lotterleben«, sagen Sie sich, und dann sind Sie eine ganz Treue oder eine durch und durch Vernünftige, ohne aber eine Spur weniger interessant oder begehrenswert zu sein. Manchmal muss halt nur der Richtige kommen, um einen solchen Sinneswandel herbeizuführen. Ach ja, und Ihre Tasche. Sie ist zwar in allen Lebenslagen immer dabei, aber doch nicht so schrecklich wichtig, als dass man ein ganzes Theoriegebäude um sie herumzimmern müsste, oder?

44–50 Punkte: Die Vernünftige

Sie sind die klassische serielle Monogamistin. Wenn Sie mit einer Tasche Schluss gemacht haben, beginnen Sie mit einer anderen eine neue Beziehung, und bei Männern halten Sie es genauso. In der Wahrnehmung durch Ihre Umgebung sind Sie vom Biest nicht weit entfernt. Wer Sie nicht gut kennt, kann Sie als kalt empfinden. Sie wissen es natürlich besser, denn jede Ihrer Dumping-Entscheidungen ist das Ergebnis skrupulöser, von Vernunft getriebener Erwägungen, und das alles fällt Ihnen alles andere als leicht. Mit jeder Ihrer Taschen, die sich im Lauf der Jahre doch schon auf eine stattliche Anzahl belaufen, haben Sie euphorisch eine Beziehung begonnen, als sei sie für die Ewigkeit. Wenn es sich dann doch nach einer Weile totlief, dann immer aus gutem Grund. Niemals haben Sie leichtfertig einer Tasche oder einem Mann den Laufpass gegeben, ganz im Gegenteil. Sie sind eher der Typ, der es so weit kommen lässt, dass der Mann davonläuft, damit Sie nicht schon wieder die ganzen Schuldgefühle auf sich laden müssen. Obwohl Sie Ihre Tasche gründlich entsorgen und so weit in die hinterste Ecke des Schrankes drücken, dass Sie sie mit Sicherheit vergessen, haben Sie Skrupel dabei, und könnte die Tasche wimmern, Sie würden sie wieder hervorziehen. Dabei wissen Sie eigentlich genau, wann Schluss sein muss. Sie leiden bei jeder Abschiebeaktion wahrhaftig, und das Einzige, was Ihnen dabei Auftrieb gibt, ist die Vorfreude auf die nächste Beziehung. Sie sind nämlich eine attraktive Vertreterin Ihrer Spezies und werden nie lange allein bleiben.

Kleiner Designerlabel-Kompass: Welche Marke passt zu Ihnen?

(1) Ihre Haarfarbe ist

- blond (echt) [2]
- blond (nicht echt) [6]
- dunkelbraun oder schwarz [3]
- grau [5]
- rot (echt oder nicht) [1]
- immer anders [4]

(2) Sie verbringen Ihren Urlaub am liebsten

- auf dem Land [5]
- in New York [4]
- irgendwo in Italien [3]
- an der Cote d'Azur [6]
- in Asien [1]
- auf einer Insel [2]

(3) Die vorherrschenden Farben Ihrer Kleidung sind

- Schwarz und Anthrazit [3]
- je nach Mode und Saison [4]
- zarte Pastelltöne [2]
- kräftige Farben [1]
- Dunkelblau [5]
- Beigetöne [6]

(4) Ihre Lieblingsschuhe sind

- Riemchensandalen mit *stiletto heels* von Manolo Blahnik [4]
- Sneakers von Puma oder Nike [1]

- Gucci Loafers oder Todd's [3]
- Halbschuhe von Bally [5]
- schwarze, halbhohe Pumps [2]
- welche mit goldenen Applikationen oder Schleifchen [6]

(5) Ihr wichtigstes Basic-Kleidungsstück ist

- eine Jeans [1]
- ein Armani-Blazer [5]
- ein weißes T-Shirt [6]
- ein Hermès-Schal [2]
- ein schwarzer Rollkragenpullover [3]
- das kleine Schwarze [4]

(6) Ein modisches Verbrechen ist für Sie

- die Kombination zweier unvereinbarer Grautöne [3]
- ein zu kurzer Rock [5]
- ein zu großes T-Shirt [4]
- Abendgarderobe ohne Strümpfe [6]
- wenn sich der Verschluss des BH abzeichnet [2]
- goldene Applikationen, egal wo [1]

(7) Sie tragen Ihre Handtasche am liebsten

- in der rechten Hand [5]
- in der linken Hand [1]
- in der Armbeuge [2]
- an Kette oder Riemen über der Schulter, sodass sie auf Hüfthöhe baumelt [6]
- eingeklemmt unter dem Arm [4]
- über der Schulter, sodass sie knapp unterhalb der Achsel klemmt [3]

(8) Was ist Ihr Lieblingswagen?

- ein Rolls Royce Silver Shadow [2]
- ein alter Käfer [1]
- ein Alfa Romeo Spider in Rot [3]
- ein New Yorker Taxi [4]
- ein Range Rover oder ein anderes stabiles Fahrzeug der gleichen Klasse [5]
- ein 7er-BMW oder ein Mercedes der S-Klasse [6]

Auflösung

8–14 Punkte: Der Prada-Typ

Sie sehen mit den wechselnden Modellen von Prada am besten aus, denn Sie sind ein jugendlicher Typ, gehen gerne mit der ganz aktuellen Mode und sind alles andere als konservativ. Sie mögen es gerne *casual,* aber dennoch hip. Alles Neue sieht gut an Ihnen aus, weil Sie ein dynamischer Typ sind. Falls Sie noch die Marke suchen, die am besten zu Ihnen passt, dann schauen Sie sich die laufende Kollektion von Prada oder Marc Jacobs getrost einmal an. Ihr *role model* in den 90er-Jahren war Kate Moss, und heute finden Sie Franka Potente und Chloé Sevigny gut. Erschwinglichere Alternativen, falls Prada Ihren Geldbeutel derzeit überstrapaziert, sind Biasia und Coccinelle.

15–21 Punkte: Der Hermès-Typ

Sie lieben es klassisch und schlicht und wären gerne wie Grace Kelly oder Gwyneth Paltrow mit einer angeborenen Grazie und natürlichen Eleganz ausgestattet, und weil Sie über Disziplin und Selbstkontrolle verfügen, sind Sie nicht weit von diesem Ziel entfernt. Ihre Marke ist Hermès, egal wie jung Sie sind. Da die meisten von uns sich aber Hermès-Handtaschen erst nach der Heirat mit einem Multimillionär leisten können und Sie in dieser Lebensphase vielleicht noch nicht angekommen sind, empfiehlt sich als erschwinglichere Zwischenlösung Kate Spade oder Longchamp. Und wenn Sie der etwas verspieltere Typ sind und es nicht unbedingt eine lederne Tasche sein muss, dürfen Sie getrost zu Lulu Guinness greifen.

22–28 Punkte: Der Gucci-Typ

Sie sind die Gucci-Frau, die Business mit Eleganz und einen nicht ganz so formellen Stil dennoch mit Korrektheit verbindet. Auch wenn sie als Frauen nicht unbedingt Ihr Typ sind, haben Sie Respekt vor dem guten Geschmack einer Jackie Kennedy und einer Audrey Hepburn. In Ihrer Garderobe befinden sich wenige, sehr gut ausgewählte Kleidungsstücke. Höchste Zeit, dass Sie diesen eine Gucci-Tasche zur Seite stellen. Mit der sind Sie in allen Lebenslagen und zu jeder Tages- und Nachtzeit gut angezogen. Hier gibt es keine Alternative; hier müssen Sie investieren und dafür lieber ein Jahr lang nicht in den Urlaub fahren.

29–35 Punkte: Der Fendi-Typ

Sie sind eine echte Großstädterin, auch wenn Sie dort nicht wohnen. Sie denken urban und sehen auch gerne so aus. Sie haben einen leichten Hang zum *fashion victim,* was bisweilen Ihr Budget komplett ausreizt. Sie sehen gerne *Sex and the City* und erkennen sich dabei meist in Carrie Bradshaw wieder. Fendi ist genau Ihr Ding wegen der großen Vielfalt an Formen, Farben und Stilen, die doch alle unverkennbar Fendi sind. Sie sind ja auch immer Sie selbst, egal in welche extravaganten Klamotten und in welch ausgefallenes Schuhwerk Sie sich stürzen. Die Alternative zu Fendi heißt bei Ihnen: Sie kaufen weiterhin alles bunt durcheinander, wie es Ihnen gefällt, und pfeifen auf eine bestimmte Marke.

36–42 Punkte: Der Ferragamo-Typ

Sie sind in Ihren Ansichten eine eher robuste Frau und durch nichts so leicht zu erschüttern. Das ist gut so, denn damit haben Sie Ihren ständigen Begleiter gefunden, der zu Ihrem selbstsicheren Auftreten passt. Mit diesem Label setzen Sie sich durch, wenn Sie sich für ein Modell entschieden haben, das Ihnen genau zusagt. Jodie Foster und andere Frauen, die clever sind und sich für etwas engagieren, sind Ihre *role models.* Für den Fall, dass Ihnen Ferragamo zu sehr nach »Iron Lady« aussieht oder schlicht zu teuer ist, schauen Sie sich bei Mandarina Duck um. Die Taschen sind originell, robust und sehr schön. Die No-Nonsense-Gestaltung, die hohe Belastbarkeit und die lange Lebensdauer werden Ihrem Wesen entgegenkommen.

43–48 Punkte: Der Chanel-Typ

Sie haben eine Weile herumprobiert, bevor Sie Ihren Stil gefunden haben, und zu anderen würde er auch nicht unbedingt passen, aber bei Ihnen ist er ganz stimmig. Sie lieben Chanel, und zwar durchaus wegen seiner eleganten, klassischen Ausstrahlung, aber auch wegen der Erkennbarkeit der Marke. Es ist Ihnen nämlich schon wichtig, dass Ihre Freundinnen und Fremde auf der Straße sehen, was Sie da am Arm herumschlenkern. Sollten Sie aus irgendeinem Grund mit Chanel nicht klarkommen, dann kann Sie vielleicht Louis Vuitton glücklich machen. Alte Handwerkskunst und ein etabliertes Label verbinden sich hier mit innovativen Designideen. Die Gefahr bei Louis Vuitton: Sie brauchen dauernd eine neue, um auf der Höhe der Zeit zu sein. Und fragen Sie jetzt bloß nicht nach einer preisgünstigen Alternative. Sie wollen mit einem Designerlabel glänzen, und das hat nun mal seinen Preis.

Kleiner Leitfaden für den Kauf einer neuen Handtasche

- Lassen Sie sich von Ihrem innersten Wesenskern, Ihrem Stil und Geschmack und davon, wer Sie sind, leiten, statt auf Marken oder auf das Preisschild zu schielen – oder darauf zu zielen, wer Sie sein wollen
- Überlegen Sie nicht, was Ihre Freundinnen zu dieser Tasche sagen werden. Die Erzeugung von Sozialneid macht zwar Spaß, aber Sie müssen jeden Tag mit der Tasche klarkommen.
- Überlegen Sie nicht, was Ihr Mann/Freund zu dieser Tasche sagen wird. Wenn es nach ihm geht, brauchen Sie gar keine. Oder er findet die Tasche seiner Mutter am besten. So oder so: Er ist kein Maßstab.
- Kaufen Sie nie eine neue Handtasche, wenn Sie unter Zeitdruck sind, es regnet, Sie Ihre Tage haben oder kurz davor sind, Sie verkatert sind, Sie sich mit Ihrer Mutter gestritten haben, es im Job gerade nicht so gut läuft.
- Gute Kaufsituationen sind: erste warme Frühlingstage (wenn Sie erstmals andere Klamotten als im Winter tragen), Vorweihnachtszeit, wenn Sie sich gerade mit Ihrem

Freund/Mann gestritten haben, wenn man Ihnen gerade ein gutes Ergebnis beim jährlichen Gesundheitscheck mitgeteilt hat, wenn Sie gerade den Job gewechselt haben oder befördert worden sind.

- Wie bei Schuhen und Kleidung gilt auch hier: Spontankäufe sind besser als gezieltes Kaufen. Gehen Sie mit der Absicht los, eine Handtasche zu erstehen, und haben Sie nach drei Stunden noch immer keine, steigt die Gefahr eines Notkaufs. Den sollten Sie aber unbedingt vermeiden. Dafür ist der Gegenstand einfach zu kostspielig, und dafür, dass Sie die Tasche womöglich zwei Tage später wieder umtauschen, hätten Sie sich das ganze Theater glatt sparen können. Der Vorteil an Spontankäufen hingegen ist, dass Sie das erwerben, was Ihnen wirklich gefällt und was zu Ihnen passt.
- Kaufen Sie niemals eine Tasche, ohne sie zur Probe getragen zu haben. Probieren Sie die Handtasche mit und ohne Mantel oder Jacke aus, denn sie darf nicht zu klein oder zu groß sein. Wenn man den Trageriemen abnehmen kann, tun Sie es. Probieren Sie die Tasche als Henkeltasche aus und prüfen Sie den Verschluss, während Sie die Tasche tragen.
- Achten Sie auf die Ausstrahlung einer Tasche und überprüfen Sie kritisch, ob sie diese Ausstrahlung auch noch hat, wenn sie über Ihrer Schulter oder an Ihrem Arm hängt. Es ist genau wie mit Parfüm: Es mag zwar gut riechen, wenn man an der Flasche schnuppert oder es auf ein Kärtchen sprüht, entscheidend ist aber, welchen Geruch es auf Ihrer Haut entfaltet.
- Überlegen Sie gut, ob Farbe oder Muster zu Ihrer Garderobe passen, denn die tollste Tasche nützt nichts, wenn Sie

sie später kaum in Gebrauch nehmen können. Tragen Sie vorwiegend Schwarz, können Sie problemlos alle grellen Farben und gemusterten Taschen erstehen. Herrschen in Ihrem Kleiderschrank Beige, helles Grau oder Pastelltöne vor, sind Sie mit einer dunkelbraunen oder schwarzen Tasche nicht schlecht beraten, auch wenn dies auf den ersten Blick wie ein harter Kontrast scheinen mag.

- Kaufen Sie lieber eine einzige Tasche für den täglichen Gebrauch bei Tag und am Abend und für alle Jahreszeiten statt für jede Garderobe und für jede Jahreszeit eine. Inzwischen gibt es auch sehr schöne Businesstaschen, die mit Aktentaschen nichts zu tun haben und die Sie genauso gut abends tragen können.
- Leider gilt bei Taschen wie bei Schuhen: Sparen lohnt nicht. An einer billigen Tasche werden Sie nicht lange Freude haben. Achten Sie deshalb auf Material und Verarbeitung. Schauen Sie sich Nähte, Verschluss und Riemen gründlich an, insbesondere die neuralgische Stelle, an der Riemen und Tasche miteinander verbunden sind.
- Prüfen Sie sorgfältig das Innenleben Ihrer neuen Tasche. Sie müssen sie schließlich tausende von Malen öffnen und von innen betrachten, darin herumsuchen, sie aus- und wieder einräumen. Daher sollte das Innenmaterial nicht nur attraktiv und dennoch strapazierfähig sein, sondern Sie sollten auch die Einteilung, die einzelnen Fächer daraufhin überprüfen, ob sie Ihren Bedürfnissen gerecht werden.
- Wenn es denn unbedingt ein teures Designerlabel sein muss (manchmal muss es das), dann kaufen Sie die Tasche nur im Fachhandel oder in dem entsprechenden Designerladen oder Showroom, damit man Sie nicht übers Ohr haut.

- Wollen Sie sich auf Schnäppchenjagd begeben, dann machen Sie sich vorher mit den Echtheitsmerkmalen der Marke vertraut, die Sie erwerben wollen, damit man Ihnen nicht eine Fälschung andreht.
- Finger weg von *fakes*. Niemand, der sich auch nur ein bisschen auskennt oder Geschmack und Klasse hat, wird glauben, dass Sie da eine echte Bulgari oder Fendi unter dem Arm klemmen haben. Lieber eine innovative Tasche von einem noch unbekannten Designer als eine plumpe Fälschung! *Fakes* sind meist aus minderwertigen Materialien und schlecht verarbeitet. Sie können außer ein paar Landpomeranzen niemanden damit beeindrucken und haben selbst keine Freude daran.
- Manchmal fragt man sich wirklich, warum man diesen Markenwahn noch weiter unterstützen sollte, statt ihn anarchisch zu unterlaufen. Außerdem: Wenn Sie einmal in einer Hermès-Boutique von den dortigen Verkäuferinnen, die eine Primzahl nicht vom Radetzkymarsch unterscheiden können, behandelt wurden, als seien Sie der letzte Putzlappen, auch wenn Sie in zwei Fächern promoviert sind, eine Professur am Max-Planck-Institut und eine Publikationsliste vorweisen können, die Sie zweimal um den ganzen blöden Laden wickeln können, schreit Ihr Inneres nach Rache in Form einer Fälschung, und dann muss diese auch her. Es muss aber eine wirklich gute Fälschung sein, und die gibt es. Gerade von Hermès und Louis Vuitton kursieren täuschend echte Fälschungen (und nicht nur in Hongkong, eBay ist eine wahre Fundgrube!), und wenn es auf den ersten, zweiten, dritten Blick keiner sieht, können Sie auf alle Echtheitszertifikate und Prägestempel getrost pfeifen. Achten Sie darauf, dass die Quali-

tät stimmt. Geben Sie sich aber keinen Illusionen hin: Gute Fälschungen haben durchaus ihren Preis.

- Nach dem Kauf: Verraten Sie nie – niemals! – Ihrem Mann/Freund den Preis. Zahlen Sie notfalls bar, um den Posten aus der Kreditkartenabrechnung oder dem Kontoauszug fern zu halten, und verstecken Sie den Kassenzettel am besten gleich in der neuen Handtasche (nicht wegschmeißen wegen der Garantie, die nur zusammen mit dem Kassenzettel wirksam wird). Taschen, die ein absolutes Schnäppchen sind, werden von Männern grundsätzlich mit Ausrufen wie »So viel Geld! Für eine Handtasche?!!« quittiert, von teuren Taschen ganz zu schweigen.
- Haben Sie unvorsichtigerweise den Preis verraten, lassen Sie sich nicht auf eine Diskussion ein. Hinweise, was sein Koffer oder seine Joggingschuhe gekostet haben, sein Schiebedach im Auto oder sein *Playboy*-Abonnement, schüren das Feuer nur, werden aber männlicherseits zu keinem Erkenntnisgewinn beitragen. Ganz vermeiden sollten Sie Sätze wie: »Die ist aber von Kate Spade.« Weil er den Namen noch nie gehört hat, ist ihm das nur Wasser auf seine Mühlen. Schweigen Sie lieber eisern.

Kleine, ganz persönliche Auswahl interessanter Adressen für Handtaschen

Berlin

Milkberlin. Almstadtstr. 5. 10178 Berlin (Mitte). Tel. 030/24630867

www.milkberlin.com

Wem die Freitag-Taschen schon zum Hals heraushängen, der findet hier robuste Kunststoff-Umhängetaschen in vielen verschiedenen Mustern mit einem orangefarbenen Gurtband als Markenzeichen.

Penthesileia. Lederdesign/Täschnerhandwerk. Sylvia Müller & Anke Runge. Tucholskystr. 31. 10117 Berlin (Mitte). Tel. 030/2821152

www.penthesileia.de

Ein sehr schöner Laden mit überaus freundlichen Inhaberinnen und originellen, aber auch ganz klassischen, individuell gefertigten Taschen in vielen Farben und Formen.

Rossi. Swiss Design. Alte Schönhauser Str. 29, 10119 Berlin (Mitte), Tel. 030/28045972

www.rossis.com

Den geschmackvollen und doch funktionalen Rossi-Taschen sieht man in Teilen noch ihre alte Freitag-Herkunft an, denn die Designer waren einst Kompagnons. Alle Rossi-Taschen sind innen mit leuchtend orangefarbenem, abwaschbarem Material ausgeschlagen, sodass man auch in der finstersten Ecke findet, was man sucht. Wer die elegantere Version der Freitag-Idee sucht, hier ist sie.

Unikat. Constance Hildebrandt & Katrin Fischer. Taschendesign. Auguststr. 86. 10117 Berlin (Mitte). Tel. 030/97894504

www.unikat-bag.de

Wie der Name schon sagt, sind in diesem ungewöhnlichen Laden alle Taschen Unikate. Manche sind etwas gewöhnungsbedürftig (zum Beispiel die mit den eingearbeiteten Unterhosen), andere auch bei einem konservativeren Geschmack durchaus tragbar. Der Laden führt auch Herrenhandtaschen. Hildebrandt & Fischer bieten zudem essbare Taschen, einen Handtaschen-Verleihservice und ein Taschen-Lifting zum Verschönern und Verjüngen alter Taschen an.

München

Kiki Haupt. Herzogstr. 89. 80796 München (Schwabing). Tel. 089/30767969

www.kikihaupt.de

Wundervolle, handgenähte Taschen (alles Einzelstücke) aus Stoff in verschiedenen Formen und Größen mit romantischverspielten Elfen-, Mops- oder Tigermustern. Alle Taschen mit Handyfach und Spiegel. Schön und praktisch sind die eckigen Taschen. Preise je nach Material zwischen 450 und 1200 Euro.

Hamburg

Freitag. Flagship-Store. Klosterwall 9. 20095 Hamburg. Tel. 040/3287020

www.freitag.ch

Bereits ein Klassiker: Umhängetaschen in mehr als zehn Größen aus alten LKW-Planen. Neu hinzugekommen: Fahrradtaschen. Weiterer Flagship-Store in Davos. Preise zwischen 79 und 140 Euro.

London

Angela Hale. 5 The Royal Arcade, 28 Old Bond Street. London W1X 3HD. Tel. 0044-207-495-1920

www.angelahale.co.uk

In diesem winzigen Laden wird man fündig, wenn man Accessoires der 1920er, 30er, 40er und 50er bevorzugt, denn hier ist alles in diesem Stil designt. Nichts ist gebraucht, alle Stücke sind Neuanfertigungen.

Covent Garden. The Piazza and Central Market, Covent Garden. London WC2. Täglich von 10 Uhr bis Einbruch der Dunkelheit.

Auch wenn es von Touristen dort nur so wimmelt, Covent Garden lohnt immer einen Besuch, da man bei den unzähligen Ständen und in den vielen Läden jede Menge interessante Handtaschen aufstöbern kann.

Lulu Guinness. 3 Ellis Street. London SW1X 9AL. Tel. 0044-207-823-4828

Lulu Guinness. 66 Ledbury Road. London W112AJ. Tel. 0044-207-221-9686

www.luluguinness.com

Verspielte, aber vergleichsweise teure Taschen aus Stroh oder Leinen, die man dann am Arm von Björk, Liz Hurley, Patsy Kensit und Jerry Hall wiedersieht. Innen sind die Taschen besonders liebevoll gestaltet. Fünf von Lulu Guinness' Kreationen sind in der ständigen Sammlung des Victoria and Albert Museum in London zu sehen. Läden auch in New York in der Bleecker Street (Soho) und in der West 3rd Street in Los Angeles. In USA zudem bei Neiman Marcus zu bekommen.

Portobello Road. Notting Hill. London W11. Antiquitätenmarkt am Freitag 9–16 und am Samstag 8–17 Uhr.

Dieser Antiquitätenmarkt in Notting Hill ist nicht unbedingt ein Handtaschenparadies, aber hin und wieder wird man fündig, kann aber nicht wirklich billig etwas ergattern, da die Leute, die hier verkaufen, den Wert ihrer Sachen kennen und nicht groß mit sich handeln lassen.

Vanilla B. 165 Old Brompton Road. London SW5. Tel. 0044-207-370-2266

Wechselnde, sehr originelle Stücke, zum Beispiel gibt es hier von einer australischen Designerin Handtaschen-Köfferchen aus kubanischen Zigarrenkisten, die mit rosa, schwarzem, rotem oder getigertem Samt ausgeschlagen und mit einem Bambusgriff versehen sind.

Wink. 105 Great Eastern Street. London EC 2A. Tel. 0044-207-608-2323

Im hippen Clerkenwell gelegen, versammelt dieser Laden eine Menge cooler Klamotten und Accessoires, inklusive Handtaschen.

Amsterdam

Antonia by Yvette. Gasthuismolensteeg 12. 1016 AN Amsterdam. Tel. 0031-20-6272433

www.antoniabyyvette.nl

Hier lohnt es sich, auch außer bei den Erwachsenen (direkt auf der Ecke Herengracht) unmittelbar nebenan in der Kinderabteilung zu schauen. Dort gibt es zum Beispiel die Kunstrasentasche eines italienischen Designers in zwei Größen komplett mit Plastikblumen.

Hester van Eeghen. Hartenstraat 37. 1016 CA Amsterdam. Tel. 0031-20-6269212

www.hestervaneeghen.com

Eine Amsterdamer Institution mit halbjährlich wechselnden Kollektionen. Van Eeghen designt alles vom Shopper aus grünmetallisch glitzerndem Leder über elegante schwarze Aktenmappen für Frauen bis zum Abendtäschchen oder Portemonnaie aus knallorangefarbenem oder giftgrünem Fell. Exquisite Verarbeitung und sehr schöne Innengestaltung der Produkte, die trotz allem nicht überteuert sind. Zudem lohnt sich der Besuch des minimalistisch ausgestatteten Ladens, bei dem der Fokus allein auf die Präsentation der Taschen gerichtet ist.

In der Hartenstraat Nr. 1 hat Hester van Eeghen einen Schuhladen eröffnet, der ähnlich interessant wie ihr Taschengeschäft ist.

Hester van Eeghen verkauft ihre Taschen in Deutschland unter anderem bei Ware Werte in Hamburg und im Museum für Angewandte Kunst in Köln. In den USA sind ihre Taschen im Museum of Modern Art in New York, bei Stitch in Chicago und bei Atys in San Francisco erhältlich.

New York

Blue Bag. 266 Elizabeth Street. New York City 10012. Tel. 001-212-966-8566

Der unangefochtene Handtaschenhimmel, denn in diesem Laden gibt es sie in allen erdenklichen Materialien, Formen und Größen. Selbst wenn man gerade keine Tasche kaufen will, ist der Laden einen Besuch wert, denn die Taschen sind in Farbfamilien gruppiert und eine absolute Augenweide.

Bond 07 by Selima. 7 Bond St. New York City. Tel. 001-212-677-8487

Handtaschen großer Labels und eher unbekannte Designer lassen sich in diesem Accessoire-Paradies gleichermaßen finden.

Catherine. 468 Broome Street. New York City 10013. Tel. 001-212-925-6765

Einer der schönsten Läden in New York mit wechselnden Angeboten von Handtaschen unterschiedlicher Designer, die man nicht an jeder Ecke findet.

Jack Spade. 56 Greene Street. New York City 10012. Tel. 001-212-625-1820

www.jackspade.com

Der Mann von Kate Spade, Jack Spade, hat seine eigene zurückhaltend klassische Kollektion von Reisetaschen und Trenchcoats für Männer entworfen. Jack Spade hat unter anderem die Arzttasche neu erfunden, schön und schlicht.

Jamin Puech. 252 Mott Street. New York City 10012. Tel. 001-212-334-9730

www.jamin-puech.com

Hier stellt nur ein Designer aus, und zwar Jamin Puech. Die Taschen sind überaus charmante und höchst tragbare Gebilde im Patchwork- und Hippiestil aus wertvollen Materialien wie Straußenleder, Fohlenfell und Seide.

Jeffrey New York. 449 West 14th Street. New York City 10011. Tel. 001-212-206-1272

Wundervolle, vergessene Stücke aus zum Teil längst vergangenen Kollektionen, unter anderem von Alexander McQueen, Burberry, Helmut Lang, Yves Saint Laurent. Hier findet sich viel Schönes und Ungewöhnliches.

Jutta Neumann. 158 Allen Street. New York City 10014. Tel. 001-212-982-7048

www.juttaneumann-newyork.com

Jutta Neumann fertigt und verkauft ihre Handtaschen in ihrem Laden, der halb Werkstatt, halb Ausstellungsraum ist. Obwohl hoch qualifizierte handwerkliche Arbeit in jeder einzelnen Tasche steckt, sind sie durchaus bezahlbar.

Kate Spade. 454 Broome Street. New York City 10013. Tel. 001-212-274-1991

www.katespade.com

Schlichte Eleganz beherrscht Kate Spades vornehm durchgestylten Laden, in dem sie ihre Schuhe, Handtaschen und ihr Briefpapier präsentiert. Der Besuch lohnt auch, wenn man nicht vorhat, etwas zu kaufen. Abstinenz fällt allerdings schwer. Weitere Läden in Boston, Chicago, San Francisco.

Kazuyo Nakano. 223 Mott Street. New York City 10012. Tel. 001-212-941-7093

www.kazuyonakano.com

Wunderschöne und meistenteils überaus praktische Taschen des japanisch-amerikanischen Designers Kazuyo Nakano, der eine Handtasche als Instrument der Selbstverwirklichung betrachtet und ihr zuschreibt, Auskunft über die Persönlichkeit oder das momentane Lebensgefühl ihrer Trägerin zu geben. Angenehm bezahlbare Preisgestaltung.

TG-170. 170 Ludlow Street. New York City 10002. Tel. 001-212-995-8660

www.tg-170.com

Hier gibt es einige interessante innovative Designer zu entdecken, zum Beispiel T. Angelo und Michele Lockwood. Zudem wundervolle Taschen aus alten Kimonostoffen mit traumhaften Mustern, Stofftaschen von Patch New York und superschöne, kleine bunte Ledertaschen von Metropolitan. Alles preislich vernünftig unter 100 Dollar angesiedelt.

Los Angeles

Betsey Johnson. 8050 Melrose Avenue. Los Angeles CA 90046. Tel. 001-323-852-1534

www.betseyjohnson.com

Betsey Johnson ist eine zutiefst amerikanische Designerin und sicher nicht jedermanns Geschmack. Alles bei ihr ist gerüscht, bestickt oder sonst wie auf niedlich getrimmt. Kein Wunder, dass sie auch unzählige Läden im Mittleren Westen unterhält. Dies hier ist aber ihr Flagship-Store und lohnt in jedem Fall einen Besuch. Und für mädchenhafte Modelle ist Betsey Johnsons Laden genau richtig.

Harari. 110 North Robertson. Los Angeles CA 90048. Tel. 001-310-275-3211

In diesem asiatisch angehauchten, ungewöhnlichen Laden finden sich Handtaschen einiger weniger mit Geschmack und Verstand ausgesuchter Designer. Sie sollten also nicht in der »Meditationszone«, die es bei Harari gibt, hängen bleiben, sondern sich getrost dem Konsumrausch hingeben.

San Francisco

Laku. 1069 Valencia Street. San Francisco CA 94110. Tel. 001-415-695-1462

Die Designerin Yaeko Yamashita fertigt ihre edlen Samt-, Seide- und Leinenkreationen in ihrem Laden, der einen Besuch unbedingt lohnt, auch wenn man sich vorher in den Kopf gesetzt hat, keine Handtasche zu kaufen.

Primadona. 2103 Union Street. San Francisco, CA 94123. www.jilledesigns.com

Boutique mit wundervollen, tragbaren und dennoch originellen Modellen unbekannter Handtaschendesigner wie beispielsweise Jill E. Die ideale Adresse, wenn man von Chanel, Dior, Louis Vuitton die Nase voll hat und den Geldbeutel schonen will. Preise beginnen bei rund 80 Dollar.

Sydney

Carolyn Price. Werkstatt und Showroom im Argyle Center, einem Ensemble umgebauter alter Lagerhäuser, 18–24 Argyle Street, The Rocks/Sydney. Täglich geöffnet von 9–20 Uhr.

Die sympathische Designerin fertigt schöne Stücke aus alten Stoffen und aus Fell mit besonders schönem Innenfutter.

Paddington Bazaar. 395 Oxford Street in Paddington/Sydney. Anfahrt mit den Buslinien 378, 380 oder 382. Jeden Samstag von 10–16 Uhr (im Sommer bis 17 Uhr).

Ein atmosphärischer Markt unter freiem Himmel, bei dem sich jede Menge Handtaschen auftun lassen, die man sonst garantiert nirgendwo kriegt. Auch Second-Hand-Stände.

The Rocks Market. Samstags und sonntags ab 10 Uhr in der George Street, The Rocks/Sydney.

Der Australier als solcher unternimmt gerne, was nur immer geht, draußen, so auch das Einkaufen, und deshalb ist dies ein weiterer Wochenendbasar, allerdings etwas kunstgewerblicher ausgerichtet als der in Paddington und, was Handtaschen angeht, deshalb weniger interessant.

Auktionen

Sotheby's. Vorab informieren über www.sothebys.com, wo die Auktion stattfindet. Dafür im Suchlauf »handbag« eingeben, im erweiterten Suchlauf kann man noch die preislichen Vorstellungen eingrenzen. Nur erstklassige Ware und unter Garantie authentisch. Hauptsächlich Hermès, Chanel, Gucci, oft aus den 60er- und 70er-Jahren. Anhand der professionellen Fotos kann man sich auf der Homepage vom sehr guten Zustand der Taschen ein Bild machen, ohne teure Kataloge kaufen oder sich die Taschen vorher ansehen zu müssen. Die Auktionen selbst können überall stattfinden: in Europa, hauptsächlich in England, oder in den USA.

Auktionen im Internet

eBay. www.ebay.de zum Registrieren. Über »Kaufen« gehen, dann entweder den gewünschten Designer oder Modellnamen unter »Finden« eingeben oder unter Kleidung, Accessoires, Designerhandtaschen suchen. Für coole Marken wie Marc Jacobs und Kate Spade oder für originelle, seltene gebrauchte Taschen *(vintage bags)* unter www.ebay.com einloggen. Vor dem Bieten aufpassen, ob der Anbieter auch wirklich nach Deutschland verschickt, und wenn ja, zu welchen Konditionen.

Sell.com. www.sell.com ist eine sehr gute Seite für Designerhandtaschen und dazu passende weitere Accessoires oder Schuhe und für große Marken. Man muss sich durch weniger unansehnlichen, mediokren Schrott durchwühlen als bei eBay. Eine echte Alternative.

Shops im Internet

BrandsBoutique. www.brandsboutique.com bietet echte Designerware von Armani bis Yves Saint Laurent zu deutlich reduzierten Preisen. Gebrauchte Markentaschen gibt es bei www.luxuryvintage.com und preiswertere Modelle bei www.valuebags.com.

Imageofstyle.com. www.imageofstyle.com hält eine gute Auswahl großer Labels parat und ist preisgünstiger als zum Beispiel www.neoluxury.com. Bei allen Internetshops gilt: Ein Preisvergleich lohnt immer, und wenn man authentische Stücke will, sollte man sich die entsprechenden Echtheitszertifikate unbedingt mitliefern lassen. www.imageofstyle.com bietet das von sich aus an. Wenn einem die Authentizität schnuppe ist und eine Fälschung es auch tut, dann unbedingt sparen, was das Zeug hält, denn viele *fakes* sind sehr gut gemacht. Finger weg von kruden Fälschungen, egal, wie preiswert sie sind, denn diese Taschen sind nicht nur billig, sondern sie sehen auch so aus.

Jill E. Designs. www.jilledesigns.com. Die Taschen von Jill E., die allesamt traumhaft schöne, handgenähte Stücke und unter anderem bei Primadona in San Francisco zu kaufen sind, können auf der Homepage ausgiebig betrachtet und dort auch gleich bestellt werden. Das vorherrschende Material ist Satin, die meisten Taschen haben Bambusgriffe. Alle Taschen sind mit passenden Innenfuttern und Handyfach ausgestattet. Obwohl es sich bei Jill E. Bags nicht im Wortsinn um Einzelstücke handelt, so sind sie doch sehr selten, da die Designerin von jedem Modell nur wenige Exemplare herstellt. Jill E. hat originelle Abendtaschen im Angebot und wechselt ihre Kollektionen halbjährlich. Für deutlich unter 100 Dollar wird man bereits bei kleinen Taschen fündig.

NeoLuxury. www.neoluxury.com. Ein wunderbarer Internetshop für Designerware mit einer großartigen Auswahl erstklassiger Handtaschen. Übersichtlich gestaltet, wenn auch nicht ganz billig. Für Schnäppchen empfiehlt sich der Besuch der Hot Sales, bei denen man bis zu 50 Prozent sparen kann.

Oldbagonline. www.oldbagonline.com bietet im Gegensatz zu den meisten anderen Shops den charmanten Service, dass man die Tasche am Arm einer Frau bewundern kann. Alle Taschen sind nämlich in ziemlich gute Modezeichnungen eingefügt. So kann man sich ein genaues Bild von den Proportionen und den Relationen in Bezug auf den eigenen Körper machen, und wir alle wissen, wie wichtig das ist. Alle Taschen werden beschrieben – auch ihr aktueller Zustand – und haben feste Preise.

Sujata New York. www.sujata.com. Hier kann man sowohl bereits fertige Taschen bestellen, als auch eine Tasche nach einer Vorgabe von vielen verschiedenen Formen, Materialien und Farben selbst designen und dann anfertigen lassen. Vorher kann man bestimmen, welcher Handtaschentyp man ist: The Classic Girl, The Fun Girl oder The Wow Girl, dann wird man über eine Reihe von Fragen an die ideale Tasche herangeführt: Wie sieht meine Garderobe aus? Will ich eine Tasche für tagsüber oder für abends oder eine, die sich jederzeit eignet? Trage ich meine Tasche in der Hand oder lieber über der Schulter? Je nach Größe und Material liegen die Taschen zwischen 98 und 160 Dollar. Macht Spaß und ist eine unterhaltsame Beschäftigung für verregnete Nachmittage.

Register